KB022920

미래 유망직업을 위한 학생부 완성

AI·SW·반도체계열 진로 로드맵_심화편

미래 유망직업을 위한 학생부 완성
AI·SW·반도체계열 진로 로드맵_ 심화편

펴낸날 2021년 3월 10일 1판 1쇄

지은이 정유희·이희성·강건
펴낸이 김영선
책임교정 이교숙
교정·교열 양다은
경영지원 최은정
디자인 박유진·현애정
마케팅 신용천

펴낸곳 (주)다빈치하우스-미디어숲
주소 경기도 고양시 일산서구 고양대로632번길 60, 207호
전화 (02) 323-7234
팩스 (02) 323-0253
홈페이지 www.mfbook.co.kr
이메일 dhhard@naver.com (원고투고)
출판등록번호 제 2-2767호

값 16,800원
ISBN 979-11-5874-110-5 (43370)

● 이 책은 (주)다빈치하우스와 저작권자와의 계약에 따라 발행한 것이므로 본사의 허락 없이는 어떠한 형태나 수단으로도 이 책의 내용을 사용하지 못합니다.
● 미디어숲은 (주)다빈치하우스의 출판브랜드입니다.
● 잘못된 책은 바꾸어 드립니다.

미래 유망직업을 위한 학생부 완성

AI·SW·반도체계열

심화편

진로 로드맵

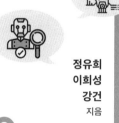

정유희
이희성
강건
지음

미디어숲

추천사

입학사정관 활동을 하면서 눈길이 가는 생활기록부와 자기소개서가 있는가 하면 활동이 부족한 경우도 많았습니다. 대학에서는 많은 것을 원하는 것이 아니라 학생들이 고등학교에서 학업 외에 열심히 노력한 열정을 보고 있습니다. 2~3개의 심화 활동에서 진로역량을 나타내어 지원대학의 관심을 사로잡을 필요가 있습니다. 이 책은 학생들이 관심 있게 읽을 최근 기사 및 도서를 활용하여 심화활동을 잘 제시하고 있어 적극 추천합니다.

국민대학교 입학사정관팀 조은진 사정관

학력 수준이 비슷한 학생들이라도 대학입학 후 전공과목을 소화해내는 능력에서는 차이가 납니다. 고등학교 때 자신의 진로에 맞는 다양한 심화활동을 한 학생은 어려운 프로젝트가 주어져도 재미있어 하며 발전하는 모습을 보입니다. 학생들이 쉽게 접할 수 있는 시사나 도서, 학교활동 등에 '관심이 있다'에서 그치지 않고 심화 역량을 키운다면 자신의 꿈을 좀 더 쉽게 이룰 수 있습니다. 이 책에 실린 솔루션들이 그 꿈에 다가설 수 있도록 도와줄 것입니다.

경상대학교 물리학과 정완상 교수

〈진로 로드맵 시리즈〉는 단순한 입시 서적이 아니다. 자신의 적성에 맞는 진로 로드맵을 체계적으로 그려가는 것이다. 이번에 출간되는 〈진로 로드맵_심화편 시리즈〉는 학생들의 지적 호기심을 충족시키는 데 있어서 한 걸음 더 나아가는 모습을 보인다. 학생들의 진로 도우미로서 이 책은 한층 더 많은 인사이트를 제공할 것으로 확신한다.

서정대학교 대외협력처장 조훈 교수

미래 비전과 함께 학생들이 선호하는 AI·SW·반도체계열의 경쟁률은 치열할 것이라 예상합니다. 진로 로드맵을 짤 때, 다른 학생들과의 차별화된 학생부와 면접, 자기소개서 준비를 어떻게 구성할지 한 번 정도 생각해볼 필요가 있습니다. 학교활동에 시사, 논문 그리고 노벨수상자까지 탐구하여 심화된 역량을 나타낼 수 있다면 보다 수월하게 자신을 표현할 수 있을 것입니다. 심화학습이 필요한 학생들은 꼭 참고해야 할 책입니다.

호서대학교 정남환 교수

이과 최상위권 학생들이 지원하는 컴퓨터·SW계열은 공과대학에서 최상위 학과에 속할 정도로 인기있다. 교과성적뿐만 아니라 수학과 정보 교과활동을 통해 전공 적합성에 맞는 비교과 활동을 얼마만큼 수준 높게 갖췄는지가 결정적 변수가 될 것이다. 학생부 기재글자수가 줄어들면서 다른 학생들과 차별화된 심화활동이 꼭 필요하다. 입시를 여러 해 동안 겪어본 교육컨설턴트로서 이 책은 정말 유용하게 활용할 가치가 높다고 평가한다.

종로하늘교육 임성호 대표

이번에 출간되는 〈진로 로드맵_심화편〉은 사회 이슈 기반의 탐구, 논문 기반의 탐구, 노벨상 수상자 탐구를 시작으로, 학생부와 독서, 마지막으로 자소서와 면접으로 마무리되는 학생부종합전형을 위한 종합서이다. 이 책은 공학계열 진로로드 맵의 심화버전으로 AI·SW·반도체 계열 전공에 대한 역량이 한 단계 높아질 것 으로 기대한다.

오늘과 내일의 학교(봉사단체) 정동완 회장

대학입시에 큰 변화가 생기는 이 시점에서 학생들이 가장 집중해야 하는 부 분은 바로 학생 개인의 특성과 탐구능력을 잘 나타내는 학생부를 만드는 것이 다. 이러한 측면에서 〈진로 로드맵_심화편〉 책을 잘 활용한다면 차별적이면서도 심화된 전공적합성과 탐구능력을 나타낼 수 있는 유용한 활동을 진행할 수 있 을 것이다. 또한 이를 잘 녹여내 학생부에 나타낸다면 최상의 학생부를 만들 수 있을 것이다.

대구 영남고 진로부장 김두용 교사

"꿈을 정하래서 정했는데, 그다음엔 어떻게 해야 할지 모르겠어요." 진로진학 의 중요성은 계속해서 강조되고 있지만, 맞춤형 진로진학은 교사에게도 학생에 게도 어려운 일이다. 잘 짜인 진로 로드맵은 이런 학생들에게 단비와 같은 책이 될 것이다. 아직도 진로에 대한 방향성이 불투명하다면 오아시스와 같은 이 책 을 읽고 꼭 꿈을 이룰 수 있기를 바란다.

청주외고 김승호 교사

최근 인공지능의 발전으로 컴퓨터공학, 소프트웨어공학, 반도체공학 경쟁률 이 높아지고 있다. 이런 움직임에 따라 인공지능을 활용하여 코로나 백신을 개 발하고, 3분 진단키트를 개발하는 등 인공지능 활용능력이 더욱 중요해졌다. 이 책은 코로나로 인한 등교일 감소와 학생부 기재 축소로 어떤 부분의 역량을 채

워야 할지 고민인 학생, 학부모, 교사들의 좋은 지표가 될 수 있을 것이라 기대가 되는 책이다.

거창고 손평화 교사

학생부종합전형을 준비하면서 학부모, 학생이 겪는 가장 큰 어려움은 '어떻게 준비하지?'라는 것입니다. 누구도 자세히 알려주지 않기 때문입니다. '언제 무엇을 어떻게' 해야 하는지에 대한 명쾌한 매뉴얼인 이 책을 통하여 학종을 준비하기 바랍니다. 특히 학생들에게 선호도가 높은 AI·SW·반도체계열에 대하여 탐구활동, 학생부관리, 독서, 자기소개서, 면접까지 완벽하게 안내해주는 이 책을 적극 추천합니다. 이 책은 제가 컨설팅을 맡은 학생들에게 처음 선물해 주고 싶은 책이 될 것 같습니다.

코스모스과학학원 원장, 위즈컨설팅 컨설턴트 이범석

현장에서 진로 진학지도에 실질적인 도움을 주었던 〈진로 로드맵 시리즈〉의 '심화편'이 출간된다니 매우 반가웠다. 교내에서 다양한 활동을 진행하지만 학생 개인이 갖는 의미와 후속활동은 자신의 진로에 따라 다를 수밖에 없다. 이 시리즈는 학생 자신의 진로를 대한 활동의 스토리텔링을 엮어줄 수 있는 진짜 지도와도 같은 책이 될 것임을 믿어 의심치 않는다. 또한 여러 관점과 입장에서 연구를 통해 아직 진로를 정하지 못한 학생이나 학부모에게 미래사회 핵심 역량과 결부된 진로 선택의 동반자 역할까지 해줄 것이라 생각된다.

벌교고 고호섭 교사

과학고등학교에서 근무하면서 가장 어려운 업무가 학생들의 입시지도였습니다. 대부분의 아이들이 학생부전형으로 가기 때문에 수업을 할 때에도 아이들에게 발표를 시킬 때 어디까지 심화한 내용을 제시해야 할지 몰라서 난감한 적이 많았습니다. 이 책이 조금만 더 빨리 나왔다면 조금 덜 고생했을 것 같고 아이들에게 좋은 정보를 줄 수 있었을 것이라는 생각이 듭니다. 특히 최신 뉴스와 논문 소재로 트렌드에 맞춘 면접문항을 제시한 것이 정말 좋았습니다.

대전동신과학고 전태환 교사

AI·SW·반도체를 희망하는 학생들에게 직접 진로 관련 심화 내용을 찾아 탐구하는 것은 갈수록 어려워지고 있습니다. 이 책에서는 그런 학생들에게 필요한 자료를 바로 찾아 활용할 수 있도록 신문기사, 논문, 노벨상 수상자 탐구활동, 권장도서 등을 엄선하여 제시하고, 그에 따른 학생부 기록 사례, 자기소개서, 면접문항까지 학생들에게 필요한 모든 것을 담았습니다. 이 책은 진로 로드맵 심화편으로 학생들이 성장할 수 있도록 돕는 정말 좋은 길잡이가 될 것으로 기대합니다.

경북교육청 교육과정컨설턴트 노병태 교사

한국창의재단 교사 및 컨설턴트로 중·고등학교 인공지능·반도체 관련 강의 시 심화된 활동을 하고 싶다는 질문들이 쏟아졌지만 1:1로 솔루션을 주기에는 한계가 있었습니다. 이 책을 읽어보니 생명과학 교사로서도 흥미로운 부분들이 많았고, 학생들 스스로 심화된 내용을 찾아 수행평가나 과제탐구보고서를 쓸 수 있을 것 같습니다. 학생, 교사, 학부모님께 도움이 되는 책을 출간해 주셔서 감사합니다.

고성고 생명과학 정재훈 교사

이 책은 AI·SW·반도체계열을 희망하는 학생들에게도 도움이 되겠지만 과학고를 진학하고자 하는 학생들이 진로를 탐색하고 면접을 대비하는 데도 도움이 되는 책입니다. 학교생활기록부의 중요성이 날로 커져가고 있는 이때 〈진로 로드맵_심화편〉 책은 교과별 특기사항을 메타인지 독서 및 시사와 연계하여 다양한 수행평가 보고서를 작성하는 데 크게 도움이 될 것입니다. 또한 특성화고등학교 학생들이 공사나 대기업 취업 면접 대비할 때에도 도움이 되는 매우 좋은 책이라 적극 추천합니다.

항동중 진로진학상담 노성빈 교사

미래정보사회에서는 학생 스스로 자아정체성과 자신감을 가지고 자신의 삶과 진로에 필요한 기초적 능력과 자질을 갖추어 자기 주도적으로 살아갈 수 있는 자기관리 역량이 필요하다. 공학계열에 적합한 진로 로드맵 안내서는 학생들의 교내외 활동을 통한 폭넓은 기초 지식을 바탕으로 다양한 전문 분야의 지식, 기술, 체험을 체계적으로 활용할 수 있도록 도와줄 것이다. 학생들의 장점을 잘 이끌어내는 기록이자, 학생의 꿈과 끼가 최대한 잘 드러나도록 성장을 담는 구체적이고 신뢰성 있는 이력서를 갖출 수 있도록 훌륭한 길잡이가 될 것이다.

익산 남성여고 진로부장 이용환 교사

2015개정 교육과정이 학교현장에 정착되고 실제 자신들이 진로에 맞는 과목을 선택하면서 느끼는 가장 큰 고민은 교과별 관심있는 학습단원을, 전공하고자 하는 학과와 관련하여 어떻게 참고문헌을 검색하고 활용할 것인지에 있다고 볼 수 있습니다. 이러한 현장의 목소리에 부응하여 이 책은 실제 학생부종합전형을 준비하는 많은 수험생들과 학부모님들에게 탐구활동을 하는 데 매우 유용하면서도 질적으로 높은 수준의 자료들을 가이드하고 있습니다. 또한 이러한 자료들을 활용하여 기재되는 학교생활기록부 예시와 자기소개서 작성까지 보여주어 진로선택에 따른 입시로드맵을 찾는 분들에게 필독을 권하고 싶습니다.

강대마이맥 입시전략연구소장 전용준

프롤로그

빠르게 변화하고 있는 시대,
진로를 정하기 막연하고 두려운 이 시기
어떤 교육이 필요한가

　인구수가 줄어들고 있다. 누구나 대학을 갈 수 있는 시대가 되었다. 이제는 대학을 가는 것이 중요한 게 아니라, 비정형화되고 복잡한 문제를 어떤 역량으로 해결할 수 있는지 보여줄 수 있는 '창의융합형 인재'가 필요한 때다.

　학교와 학원에서 정해진 내용을 배우고 외우는 기존 학습방식에서 궁금한 점을 스스로 찾아보면서 탐구한 내용으로 보고서 쓰기, 친구들과 스터디를 구성하여 팀 프로젝트 수업을 하면서 지적능력을 확장시켜 나가는 시대로 변화하고 있다.

　교육부에서 학생중심수업, 프로젝트형 수업, 거꾸로 수업(플립러닝) 등 다양한 수업을 진행하고 있다. 여기에 발맞춰 정부에서는 학생들이 자신이 배울 과목을 선택하여 스스로 생애 전반에 걸쳐 삶을 설계하고 관리할 수 있는 역량을 키우기 위해 '2015 개정 고등학교 교육과정'을 운영하고 있다. 특히, 자신의 진로와 흥미에 맞는 과목을 선택할 수 있도록 진로선택 과목과 전문교과 과목을 개설하여 미래사회에서 요구하는 인재로 거듭날 수 있도록 다양한 기회를 제공하고 있다.

4차 산업혁명 시대를 살아갈 학생들이 정보지능기술을 활용하는 가운데 비판적 사고력, 정보판별력, 공감 소통능력 등을 길러 문제를 해결할 수 있도록 인공지능을 학교 교육에 적극 도입하기로 하였다. 특히 인공지능 기초, 인공지능 수학 과목을 들을 수 있도록 하였다.

IBM의 뉴칼라 인재를 양성하기 위해 세명컴퓨터고와 경기과학기술대를 연계한 인공지능 실무형 인재를 교육하고 있다. 또한 미래산업과학고와 명지전문대를 연계하여 4차 산업혁명시대 인공지능, 사이버 보안, 데이터사이언티스트, 클라우드 전문가 등 산업군이 필요로 하는 새로운 인재를 양성하고 있다.

차세대 반도체 전문인력을 양성하기 위해 반도체설계교육센터(카이스트, 경북대, 광운대, 부산대, 성균관대, 전남대, 전북대, 충북대, 한양대), 시스템 반도체 융합전문인력 양성센터로 서울대(AI 반도체), 성균관대(IoT 반도체), 포스텍(바이오메티컬 반도체)에서 우수한 인재를 교육하고 있다.

이런 학생들이 대학에서 원하는 역량들을 어느 정도나 준비할 수 있을까? 대학에서는 학업 역량도 중요하지만, 전공에 대한 이해도와 관심을 바탕으로 본인의 진로를 스스로 결정하기를 원한다. 이 책은 앞으로 유망한 계열별 진로를 더욱 심층적으로 살펴보고자 한다.

- 약대바이오계열 진로 로드맵
- 의·치·한의학계열 진로 로드맵
- 간호·보건계열 진로 로드맵
- AI·SW·반도체계열 진로 로드맵

• 화공·에너지·로봇계열 진로 로드맵

위 5가지 계열별 진로 로드맵은 진로·진학 설계를 위한 최근 시사 및 논문을 활용한 탐구, 노벨상 수상자의 탐구활동, 합격한 선배들의 창의적 체험활동과 교과 세부능력 및 특기사항 엿보기, 독서, 영상, 다양한 참고 사이트 등을 소개하여 진로를 결정하고, 선택된 진로를 구체화할 수 있도록 자세하게 안내한다.

저자 정유희, 이희성, 강건

일러두기

이 책에 실린 내용들을 다 공부해야 하는 것은 아닙니다. 관심 있는 분야 2~3개를 심화학습해 전공적합성을 드러내면 됩니다. 또한 이 책을 통해 추가적으로 관심을 가지고 있는 분야를 확장시킬 수 있는 여러 사이트를 살펴보고 이를 활용한다면 충분히 우수한 학생으로 평가받을 수 있을 것입니다.

신문을 활용한 탐구활동

관심 있는 기사는 읽어보고, 인터넷을 이용하여 추가된 기사를 더 찾아보고, 이 사건이 지금은 해결이 되었는지, 연구결과는 나왔는지 확인해보면서 더 심화된 학습을 할 수 있습니다.

논문을 활용한 탐구활동

아직도 논문을 이용한 활동은 어렵다고 생각하나요? 논문은 심화활동을 할 때 활용하면 좋습니다. 또한 가고 싶은 대학의 학과 실험실에서 본인이 하고 싶은 연구가 어느 정도 진행되고 있는지도 확인할 수 있습니다. 우선 이 책에서 관심 있는 논문을 읽어보고 궁금하거나 더 알고 싶은 내용은 논문을 더 찾아보는 것도 좋은 방법입니다.

노벨상 수상자 탐구활동

의치한의학 계열의 친구들은 2011년부터 지금까지의 노벨상에 관심을 가져야 합니다. 학생부 연관 활동에도 많이 쓰이고, 노벨상 수상자의 강연을 직접 듣고 활용하는 학생들이 이미 많이 있습니다. 특히 면접에서도 그해 노벨상 수상자 질문은 많이 등장합니다. 수상한 연구의 논문이라면 원문 전체를 찾아보고 깊이 있는 학습을 하는 것도 추천합니다.

창의적 체험활동 기록

나의 생활기록부에 있는 활동을 확인하고, 이전 학년에 했던 활동을 심화활동으로 확장시킬 수 있습니다. 더 알아보고 싶은 점은 다음 학년 탐구활동의 주제로 활용합니다. 이 책에 그 질문하는 방법과 심화 내용들이 잘 구성되어 있으니 이를 활용한다면 자신이 전공하고 싶은 분야와 연계할 수 있을 것입니다.

교과 세특 기록 사례

대학에서 학업 역량을 확인할 때 교과 세특을 많이 반영합니다. 특히 교과별 위계성이 있는 과목들은 학년이 올라갈수록 심화 있는 활동이 필요합니다. 선배들의 학생부 기록을 참고해 본인의 학생부 세특을 확인하여 질문을 통한 심화학습으로 연계하여 탐구하면 좋습니다.

독서로 심화

독서활동은 학생들이 활용할 수 있는 가장 좋은 방법입니다. 교과와 진로에 관련된 독서를 하고, 발표나 토론, 프로젝트에 활용하면 좋습니다. 요즘은 독서 후, 심화활동으로 또 다른 독서를 하거나 논문, 대학강의를 시청하는 학생들도 많아졌습니다. 독서활동 후 반드시 궁금한 내용을 질문으로 만들어 스스로에게 물음을 던지는 과정이 필요합니다.

자소서를 통한 활동

선배들의 합격 자소서를 확인하여 본인의 활동을 점검하는 시간으로 활용할 수 있습니다. 그리고 학생들의 부족한 활동들을 보완하는 시간을 확보할 수 있습니다. 특히 대학에서 할 수 있는 활동을 확인하여 미래를 설계하는 것도 좋은 방법이 될 수 있습니다.

부록 활용법

실전 면접에서 활용할 수 있는 특급 노하우를 알려줍니다. 면접 때 급하게 준비하기보다는 평소에 심화내용들을 정리한다면 실전 면접에 잘 대비할 수 있으며 좋은 결과를 얻을 수 있을 것입니다.

*이 책의 링크주소들은 블로그에 바로가기 클릭으로 편리하게 이용할 수 있습니다.
 자료 모음 블로그 : https://blog.naver.com/youhee77

차례

사회 이슈 기반 탐구

PART
2

학생부 기록 사례 엿보기

독서 심화 탐구

PART 4 자소서 엿보기

부록

사회 이슈
기반 탐구

신문을 활용한
탐구활동

 불량 검사도 인공지능으로

불량 검사도 인공지능으로 개요

인공지능 제조 플랫폼(KAMP, Korea AI Manufacturing Platform)의 인공지능 분석 도구를 활용해 전남 광양시 소재 조선내화(주)의 실제 생산 데이터를 기반으로 제품 불량 여부를 검사했다. 전문지식이 없는 사람도 간단한 마우스 조작만으로 제품의 불량 여부를 정확히 판별할 수 있었다.

"인공지능 제조 플랫폼(KAMP) 참여자 간 합의된 규약에 따라 제조 데이터를 공유·거래하고 합리적으로 이익을 나누어 갖는 '마이 제조 데이터' 체계를 구축해 프로토콜 경제 시대를 열어가겠다."라고 향후 정책 방향을 발표했다. 또한 민간 클라우드 기반의 인공지능 제조 플랫폼(KAMP)을 구축, 데이터와 인공지능을 중심으로 스마트공장을 고도화하겠다는 계획을 밝혔다.

▶ **인공지능 제조 플랫폼을 만들면 얻는 이점은 무엇인가요?**

인공지능과 데이터 기반의 제조 플랫폼은 스마트공장의 현장에서 생산되는 제조 데이터를 기반으로 작업하면 해외 거대 플랫폼에 뒤지지 않는 환경을 만들 수 있습니다. 특히 운영비 등에 매우 어려움을 겪고 있는 중소벤처기업들이 저렴한 비용으로 스마트제조 설비와 솔루션을 도입하여 경쟁력을 얻을 수 있습니다. 사람의 논리적인 사고로는 발견하지 못하는 제조 공정의 개선점을 데이터를 학습한 인공지능이 찾아낼 수도 있고, 사람의 눈으로는 발견하지 못하는 불량품의 기준도 정립해 줄 수 있을 것입니다.

〈인공지능 제조 플랫폼(KAMP) 개요〉

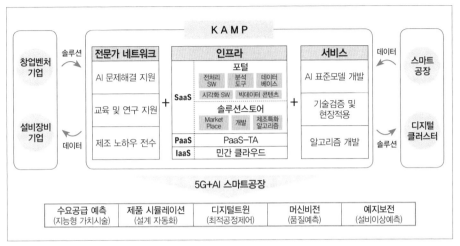

출처 : 중소벤처기업부

▶ 디지털 트윈기술은 무엇인가요?

디지털 트윈기술은 IoT, AI, AR/VR 등 다양한 혁신 기술을 복합적으로 응용하여, '현실 속 사물의 쌍둥이(디지털 트윈)를 컴퓨터 속 가상 공간 안에 만들고, 그 안에서 가상 시뮬레이션을 통해 상황을 예측하는' 제조 시뮬레이션 모델입니다. 주로 기획 및 설계과정에서 다양한 IoT 센서로 생산 전 과정의 데이터를 입수하고, AI 및 빅데이터 알고리즘으로 실시간 정보를 분석해 자산 운영 예측도를 비약적으로 높입니다. 분석한 데이터를 다시 설계나 생산 역량 개선에 반영해 실패 위험을 파악하고, 다운타임을 줄이며, 설비 과부하나 부품 교체 주기 등을 실시간으로 파악하여 예방 정비하는 데 도움을 주고 있습니다. 디지털 트윈이 수집하는 방대한 양의 데이터를 시각화하여 전문 인력은 물리적 위치나 거리에 구애받지 않고 웨어러블 등 다양한 형태의 AR/VR 기기를 사용해 원격으로 설비를 진단할 수 있게 되어 최적의 생산라인을 구축할 수 있습니다.

관련 단원

정보_1단원 정보문화_정보사회와 정보과학
정보_3단원 문제해결과 프로그램_알고리즘
수학Ⅰ_1단원 지수함수와 로그함수
수학Ⅱ_2단원 미분, 3단원 적분
공통사회_9단원 미래와 지속 가능한 삶
생활과 윤리_3단원 과학 기술, 환경, 정보 윤리

보도자료 / 관련 논문

중소벤처기업부_AI 제조 플랫폼(KAMP) 운영
계획 발표
https://c11.kr/k8wf

중소벤처기업부_스마트제조 2.0 본격 시동,
인공지능(AI) 활용한 제조 플랫폼 구축
https://c11.kr/k8wi

관련 영상

제조업의 미래, 스마트 팩토리_YTN 사이언스
https://www.youtube.com/
watch?v=Tv16LzOTUSM

대학강의

한국산업기술대학교_스마트팩토리
https://c11.kr/k9gh

스마트팩토리
한국산업기술대학교 이준열, 조영환, 배경한, 유석규, 박성봉, 강도원, 박용운, 안용호, 황규순

주제분류	공학 〉컴퓨터 · 통신 〉소프트웨어공학
강의학기	2020년 1학기
강의계획서	강의계획서 〉

스마트 팩토리 구성_요소 사례

 미·중 반도체 전쟁

미·중 반도체 전쟁 개요

미국은 전 세계 반도체 시장의 48%를 장악하고 있다. 중국 역시 반도체 산업에 많은 관심을 가지고 있으며 국산화를 위해 2025년까지 최대 1조 위안(170조 원)을 투자할 반도체 성장 정책 '반도체 굴기(崛起)' 추진 중에 있다. 중국은 세계에서 반도체를 가장 많이 소비하는 나라로 세계 수요의 60% 가까이 소화하고 있다. 미국은 이런 중국의 정책과 변화에 불편함을 느끼고 있다. 마이크 폼페이오 미국무장관은 세계 유일의 EUV(Extreme Ultra-Violet, 첨단 자외선 반도체 인쇄 기술) 제조업체인 ASML을 방문해 중국에 해당 기기 판매를 못 하도록 압력을 가했고 미국 상무부는 중국 화웨이 제품을 판매할 때 미국 정부의 허가를 받아야 한다고 했다.

▶ 미·중 반도체 전쟁으로 한국 반도체 산업도 피해가 클 것이라고 생각했는데, 수익이 증가하게 된 이유가 궁금해요.

단기적으로는 한국의 대중국 반도체 수출이 상당한 타격을 입게 됩니다. 2020년 1~7월 반도체 총 수출액 547억 4,000만 달러 가운데 224억 9,000만 달러가 중국으로 수출한 것입니다. 무려 41.1%를 차지할 정도로 비중이 큽니다. 이 가운데 중국 우회 수출까지 포함하면 대중 반도체 총 수출액은 더 늘어날 것입니다. 또한 화웨이를 제외한 다른 기업으로의 수출이 늘어난 풍선효과도 발생했습니다.

중장기적으로는 우리 반도체 산업에 위기이면서 또 하나의 기회일 수 있습니다. 즉 한국 기업은 단기적 매출 감소는 어쩔 수 없지만, 스마트폰 시장에서 화웨이의 점유율을 우리나라 삼성전자와 LG전자가 흡수하였다는 것과 5G 통신 장비 시장에서 화웨이의 퇴출로 삼성전자가 반사이익을 누리고 있어 수익이 증가하였다는 것입니다.

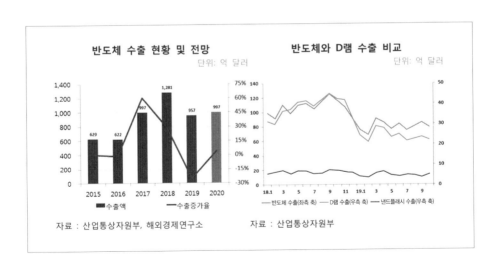

▶ 반도체 생산에 ASML기업의 EUV가 꼭 필요한가요?

꼭 필요한 것은 아닙니다. 그러나 초미세한 반도체를 생산하기 위해서는 필요한 기술입니다. 반도체에 회로 패턴을 그리는 노광기술이 있는데, ASML기업의 EUV가 있어야 7나노 이하의 초미세 반도체를 생산하는 데 도움을 얻을 수 있습니다.

▶ EUV 이외에 초미세회로를 설계할 수 있는 기술은 없나요?

네, 있습니다. 삼성전자는 EUV가 아닌 GAA(Gate-All-Around)기술로 3nm 제품 개발을 진행하고 있습니다. 1세대 3GAE(3nm Gate-All-Around Early), 2세대 3GAP(3nm Gate-All-Around Plus)에서 GAA로 발전되었습니다. GAA는 전류가 흐르는 원통 채널 전면을 게이트가 둘러싸 전류를 더 세밀하게 제어할 수 있습니다. 이를 통해 3GAE 공정의 경우 7nm 핀펫(FinFET) 대비 소비전력 50%, 칩 면적 45%의 감소 효과와 35%의 성능 향상을 이뤄낼 수 있습니다.

관련 단원	보도자료 / 관련 논문
공통과학_1단원 물질과 규칙성_신소재의 개발과 이용 공통과학_4단원 환경과 에너지_발전과 신재생에너지 화학I_2단원 개성 있는 원소 지구과학I_1단원 소중한 지구_지구의 선물 물리I_2단원 물질과 전자기장	전국경제인연합회_미중 통상전쟁 한국 기업 대응방안 세미나 https://c11.kr/k8y0 한국수출입은행_2020년 메모리반도체산업 전망 https://c11.kr/k8xv
관련 영상	대학강의
2천 억짜리 반도체 장비 리뷰_주연 ZUYONI https://www.youtube.com/watch?v=wH7D8V47etk	세종대학교_반도체나노공정 https://c11.kr/k9gf

 AI 반도체의 등장

AI 반도체의 등장 개요

AI 반도체는 AI 연산을 수행하는 데 특화된 시스템 반도체이다. AI 반도체는 기술에 따라서 4가지 유형으로 나뉜다. GPU(그래픽처리장치), FPGA(현장 프로그래밍 가능 게이트 어레이), ASCI(주문형 반도체), NPU(뉴로모픽 프로세서) 등이다. GPU는 병렬처리 기반 반도체이다. 수천 개의 코어를 탑재했기 때문에 대규모 데이터 연산과정 때 CPU보다 성능이 우수하여 데이터센터, 자율주행차 등에 활용된다. FFGA는 회로 재프로그래밍을 통해 용도에 맞게 최적화해 변경이 가능한 반도체이다. 번역 작업에 최적화해 사용하다가 회로 구성을 다시 설정해 가상 비서 서비스에 맞춰 사용할 수 있다. ASCI는 특정 용도에 맞게 제작된 주문형 반도체이다. 속도가 가장 빠르며 에너지 효율이 높다. NPU는 인간의 뇌를 모방한 비(非) 폰노이만 방식의 인공지능 전용 반도체이다. 연산처리, 저장, 통신 기능을 융합한 가장 진화된 반도체 기술이다.

▶ **삼성전자에서 NPU(신경망처리장치) 기술을 육성한다고 발표한 이유는 무엇인가요?**

2030년 시스템 반도체 분야의 글로벌 1위를 위해 NPU기술을 육성하고 있습니다. 삼성전자 종합기술원은 컴퓨터 비전 분야의 글로벌 최대 학회인 CVPR(Computer Vision and Pattern Recognition)에서 세계 최고 수준의 '온 디바이스 AI 경량화 알고리즘'을 발표했습니다. 기존 대비 4배 이상 가볍고, 8배 이상 빠른 AI 알고리즘입니다. AI 반도체에서 전력 소모와 연산 기능을 획기적으로 향상시켜 메모리 반도체에 이어 시스템 반도체에서도 글로벌 1위를 달성하기 위해 육성하고 있습니다. 인간의 뇌, 특히 뉴런들이 이어진 신경회로 구조는 정보를 효율적으로 처리하고 전달할 수 있는 고도로 발달한 구조입니다. 컴퓨터 과학 및 반도체 이론만으로는 해결할 수 없는 계산복잡도, 공간복잡도 측면의 명확한 한계를 이러한 뇌의 신경 회로 구조를 모방함으로써 극복해보자는 취지입니다. 유전자 알고리즘이나 뉴럴 넷 등 공학에서 생물학적 요소를 응용한 경우는 어렵지 않게 찾아볼 수 있습니다.

▶ AI 경량화 알고리즘은 무엇인가요?

이 기술은 반도체가 특정 상황을 인식할 때 정확도가 떨어지지 않으면서 기존 32비트로 표현되는 서버용 딥러닝 데이터를 4비트 이하로 낮추는 것입니다. 딥러닝 데이터 크기가 32비트에서 4비트로 줄어들기 때문에 기기에서 AI 연산을 수행할 때 속도는 반대로 8배 이상 높아지게 됩니다. 이번에 개발한 알고리즘은 '양자화 구간 학습기술(QIL, Quantization Interval Learning)'을 바탕으로 의미 있는 범위의 데이터만 동일한 값으로 간주하여 데이터의 비트 수를 줄여도 성능 저하를 최소화할 수 있게 되었습니다. 웨어러블 디바이스에 이를 접목하여 스마트사회를 구현할 수 있습니다.

▶ SoC 반도체가 더 널리 활용되나요?

단일 칩 시스템(System on chip)은 하나의 집적회로에 마이크로컨트롤러, 마이크로프로세서나 디지털 신호 처리기, 롬, 램, 플래시 메모리 등이 단일 칩에 구현되어 있습니다. 단일 칩 시스템 설계는 일반적으로 멀티 칩 시스템보다 소비 전력이 적고 생산단가가 저렴하며 높은 신뢰성을 갖습니다. 또한 여러 패키지를 사용하는 시스템보다 조립 비용이 크게 감소한다는 장점이 있습니다.

관련 단원	보도자료 / 관련 논문
물리I_반도체와 다이오드	과학기술정보통신부_'인공지능(AI) 반도체 산업 발전전략' https://www.korea.kr/news/pressReleaseView.do?newsId=156414999 산업통상자원부_시스템반도체 비전과 전략 https://eiec.kdi.re.kr/policy/materialView.do?num=188089

관련 영상	대학강의
시스템반도체 육성 전략...산업부장관에게 듣는다_YTN https://youtu.be/KPo6Ka0ECb4	세종대학교_반도체 제조공학 https://c11.kr/k9ge

📍 소프트웨어 인재 양성기관 '싹' 출범

소프트웨어 인재 양성기관 '싹' 출범 개요

서울산업진흥원(SBA)이 소프트웨어(SW) 인재 양성기관 '싹(SSAC, Seoul Software Academy Cluster)을 출범했다. 1기는 7개 교육과정의 120명 수강생을 모집하여, 현업개발자가 직접 개설한 10명 내외의 소규모 클래스 3개 과정을 운영하고 있다.

2기 교육은 앱, AI, 빅데이터 3개 분야를 4개 과정으로 나눠 교육한다. '싹'의 모든 교육과정은 무료로 진행되지만, SBA는 교육 의지 제고를 위해 2% 수준의 예치금을 받아 수료 이후 반환하는 방식으로 운영한다.

▶ 이노베이션 아카데미와 어떤 차이점이 있나요?

3무 정책으로 교수, 교재, 학비 없이 프로젝트만 이수하면 상위 단계로 올라갈 수 있습니다. 최고의 소프트웨어 개발자로 성장할 수 있는 반면, '싹'은 그 이름처럼 개발자를 꿈꾸는 사람들을 데뷔할 수 있도록 돕는 교육 아카데미입니다. Post-A그룹(실무 레벨업이 필요한 현업 재직 및 활동그룹, 재직자 과정), Pre-A 그룹(SW개발 분야에 관심과 학습 의지가 있는 그룹, 입문과정), A그룹(기초레벨 이상의 학습수준의 갖춘 그룹, 활용과정)으로 3개 그룹으로 나누어 진행합니다.

운영교육 과정은 총 7개 과정으로 이루어져 있습니다. 웹 기반 AI 융합 개발자 양성 과정, 스타트업에서 요구되는 풀스택 개발자 양성 과정, Flutter 기반 멀티플랫폼 모바일 앱 개발자 데뷔 과정, AI 영상 처리를 위한 인공지능(머신러닝/AI) SW개발자 양성 과정, pytorch 기반의 실전 문제풀이 딥러닝 과정, IoT/로봇(Linux/ROS 기반)과 IoT/AI로봇 임베디드 SW개발자 전문과정, R Python을 활용한 빅데이터 예측 분석 전문가 과정 이렇게 총 7개 과정입니다.

▶ 온라인에서 소프트웨어 수업을 무료로 들을 수 있는 곳이 많은가요?

네, 많이 있습니다. SW중심사회 온라인 배움터(http://www.software.kr/)에서 무료로 배울 수 있습니다. 또한 KOCW(www.kocw.net)의 SW교육에서 관련 과정과 대학강의를 들을 수 있습니다. 국내 대학은 물론 해외 오픈교육 자료까지 OCW와 연계하여 강의자료 정보를 얻을 수 있습니다. 분야별, 주제별 테마에 따른 맞춤별 큐레이션 서비스를 제공하기 때문에 전공 관련 다양한 관심을 해

소할 수 있는 좋은 사이트입니다. 추가로 전공에 도움이 될 수 있는 사이트는 K-MOOC(www.kmooc.kr), STAR-MOOC(www.starmooc.kr) 등이 있습니다.

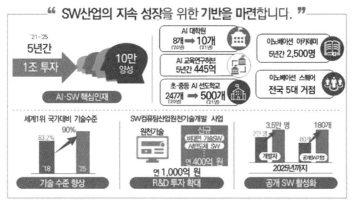

출처 : 과학기술정보통신부

관련 단원

공통과학_1단원 물질과 규칙성_신소재의 개발
과 이용

공통과학_4단원 환경과 에너지_발전과 신재생
에너지

화학Ⅰ_2단원 개성 있는 원소

지구과학Ⅰ_1단원 소중한 지구_지구의 선물

물리Ⅰ_2단원 물질과 전자기장

관련 영상

세상의 시작과 끝, 소프트웨어 편_한국경제TV
https://www.youtube.com/
watch?v=i7Aks0L80lM

보도자료 / 관련 논문

과학기술정보통신부_인공지능강국 실현을 뒷받
침하는 소프트웨어 인재양성 본격 추진
https://www.korea.kr/news/pressReleaseView.
do?newsId=156371913

과학기술정보통신부_인공지능·소프트웨어 핵
심인재 10만명 양성
https://www.korea.kr/news/pressReleaseView.
do?newsId=156400390

대학강의

숭실대학교_소프트웨어공학
https://c11.kr/k9gc

소프트웨어공학
숭실대학교 고일주

주제분류	공학 > 컴퓨터·통신 > 소프트웨어공학
강의학기	2019년 1학기
강의계획서	강의계획서 >

이 강좌는 소프트웨어공학과 UX개발을 이해하기 위한 강좌이다

📍 미래 게임 산업, 클라우드

미래 게임 산업, 클라우드 개요

마이크로소프트(MS), 아마존, 구글, 애플 등에서는 미래의 게임산업, 클라우드 게임 서비스에 인프라
투자까지 진행하고 있다. 기존 넷플릭스, 디즈니플러스 게임처럼 다운받을 필요 없이 이용할 수 있다
는 것이 클라우드 플랫폼의 가장 큰 특징이다.
IT 업계 전문가들은 마이크로소프트(MS)가 이 시장에서 유리한 고지를 선점할 것으로 예상한다.

MS는 기존 게임 플랫폼인 '엑스박스'를 20여 년간 유지하면서 쌓아온 독점 게임들과 많은 콘텐츠를 보유하고 있으므로 이를 클라우드 게임 형태로 서비스를 제공한다면 기존 클라우드 게임 시장의 순위가 바뀔 수 있다.

▶ 5G 기술의 상용화가 클라우드 게임에 어떤 영향을 줄 수 있나요?

클라우드 게임을 하기 위해서는 최소 인터넷 속도가 10Mbps이므로 4G 네트워크 환경에서도 클라우드 게임 서비스 운영은 가능합니다. 클라우드 게이밍은 PC, 스마트폰, 노트북, 태블릿 등 기기 종류나 성능에 관계없이 동영상 스트리밍(재생)하듯 간편하게 게임을 즐길 수 있는 게임 서비스입니다.

4G에 비해 5G 통신의 데이터 최대 전송 속도 및 체감 전송 속도가 훨씬 빠르고 전송 지연도 확연히 감소하기 때문에, 5G 통신으로 보다 원활하게 게임을 활용한 다양한 서비스를 제공할 수 있습니다. 따라서 구글, 마이크로소프트(MS), 아마존, 엔비디아 등이 클라우드 게이밍 플랫폼을 내놓은 가운데 페이스북마저 가세하면서 차세대 게임 플랫폼은 한층 더 치열해질 전망입니다.

▶ 코로나 이후 게임산업이 더 성장하게 된 이유가 궁금해요.

코로나 사태의 영향이 극심했던 1분기 구글플레이와 앱스토어의 다운로드가 2019년 3분기 대비 20억 건 이상 증가한 130억 건을 넘어섰습니다. 이 중 앱스토어의 다운로드는 전년 대비 35% 증가한 30억 건에 달했고, 구글플레이는 38% 증가한 103억 건으로 증가했습니다. 이는 코로나19 영향으로 인해 재택근무나 이동제한 등으로 전 세계 모바일게임 사용시간이 증가했기 때문입니다. 특히, 해외 매출 비중이 높은 펄어비스, 넷마블, 컴투스, 더블유게임즈 등은 코로나 사태 장기화로 매출이 크게 증가했습니다.

또 하나 눈여겨볼 점은 노년층 게임 플레이어가 크게 증가했다는 것입니다.

50세 이상 게이머들로 인해 포커, 퍼즐 맞추기 등 캐주얼게임 사용량이 크게 증가하면서 전체적인 게임 산업이 성장하게 되었습니다.

▶ e-스포츠 산업도 같이 성장할 것이라고 생각하나요?

스포츠 전문 채널 ESPN의 번성 또한 큰 역할을 했습니다. e-스포츠 경기장이 관중으로 만원을 이루면서, ESPN 같은 스포츠 전문 채널의 매출도 두 자릿수 성장을 하고 있습니다. 수억 명으로 늘어난 팬을 보면, 이제 e-스포츠가 주류로 올라섰다 해도 과언이 아닙니다.

e-스포츠 산업의 성장은 지금의 청년층이 어려서부터 게임을 하면서 자란 세대라는 것과 e-스포츠가 가장 인기를 얻고 있는 아시아 지역 소비자들의 구매력이 향상된 것, 인터넷의 발전 및 새로운 기술의 탄생 등에 힘입은 것입니다. e-스포츠 팬은 1억 6,500만 명의 열혈 팬을 포함해 2억 1,500만 명에 달합니다. 이 중 대다수(약 53%)가 아시아 태평양 지역에 거주하고 있습니다. 중계권 수

입이 72.1%로 가장 빠른 성장이 예상된다는 점이 인상적입니다. 스폰서 부문은 53.2%의 성장이 전망되고 있습니다.

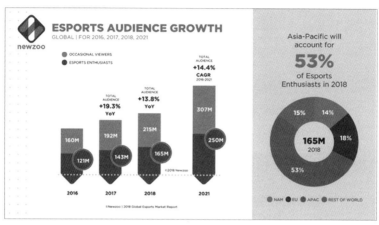

출처 : NEWZOO 2020글로벌 게임 시장보고서

관련 단원

정보_1단원 정보문화_정보윤리_저작권 활용
정보_2단원 자료와 정보_자료와 정보의 분석
정보_3단원 문제해결과 프로그램_알고리즘
정보과학_1단원 프로그래밍
정보과학_3단원 알고리즘

관련 영상

'집콕' 늘면서 클라우드 게임 서비스 확산…"기기·장소 제약 없이 … / YTN 사이언스
https://youtu.be/6Qby-tzuJI0

보도자료 / 관련 논문

과학기술정보통신부_게임산업, 5G 시대 맞아 클라우드 기반으로 진화
https://c11.kr/k98x

문화체육관광부_코로나19 이후 시대, 게임산업이 대한민국 혁신 성장으로
https://www.mcst.go.kr/kor/s_notice/press/pressView.jsp?pSeq=17981

대학강의

숙명여자대학교_클라우드 컴퓨팅 게임
https://c11.kr/k9g9

클라우드 컴퓨팅 게임

숙명여자대학교 제이 클로슬러

주제분류   공학 >기타공학 >기타
등록일자   2017.10.20
네트워크,클라우드컴퓨팅

제공처: Jay Crossler

 공인인증서 폐지, 민간인증서 안전한가

공인인증서 폐지, 민간인증서 안전한가 개요

각종 플러그인과 액티브X 설치 등으로 불편을 줬던 공인인증서가 21년 만에 사라지게 됐다. '전자서명법 개정안' 시행으로 공인인증서가 폐지되면서 인터넷뱅킹 외에 근로자 연말정산과 주민등록등본 발급 등에도 '민간인증서'가 사용된다. 민간인증서는 카카오페이 인증과 통신 3사의 패스(PASS) 등이 있다. 기존 공인인증서에 비해 새로운 보안기술로 무장한 민간인증서들은 기술적으로 다중생체정보인식 기술을 도입하여 보안적인 측면에서나 사용의 편의성 측면에서 보다 뛰어나다는 평가를 받고 있다.

▶ 생체정보인식이 해킹된 사례가 있는데 안전한가요?

생체인증은 홍채, 정맥, 얼굴, 목소리, 지문인식 등 보편성(모든 사람들이 가지고 있음)과 유일성(사람마다 패턴이 다 다름)을 만족시키는 각종 생체 데이터를 이용한 인증 방식으로, 다양한 비접촉식 결제 방법과 높은 편의성을 제공한다는 장점을 지니고 있습니다. 다른 인증 방식에 비해 분실이나 도난, 누설의 위험이 적지만 그럼에도 해킹된 사례가 있기 때문에 홍채, 정맥, 얼굴인식을 통한 생체인증뿐만 아니라 6자리 비밀번호 입력 및 서명 과정을 추가하여 공용 단말기나

PIN패드에 대한 물리적 접촉 없이 결제 프로세스 수행이 가능합니다. 이런 다중 생체정보인식 기술을 도입하면 기존 인증방식에 비해 결제속도가 빠르며, 여러 보안매체를 해킹하기 어렵고, 도용 위험도 적어 더 안전하다고 할 수 있습니다.

▶ **갤럭시A 퀀텀 폰은 기존 폰보다 얼마나 안전한가요?**

SK텔레콤과 삼성전자는 세계 최초로 '양자난수 암호화' 기술을 적용한 5G스마트폰 갤럭시A 퀀텀을 발표했습니다. 이 폰은 양자난수생성 칩셋을 탑재하여 예측 불가능하고 패턴이 없는 순수 난수를 만들어 스마트폰 이용자가 특정 서비스를 안전하게 사용하도록 도와주고 있습니다. 그런데 이상진 고려대학교 정보보호대학원장은 갤럭시A 퀀텀에 적용된 기술에 대해 "암호화 키(key)인 난수를 생성하는 데 양자의 특성을 이용했다는 것은 난수생성 방법 중 하나일 뿐"이라며 "이외 시스템은 똑같기 때문에 기존 휴대폰의 안전성과 전혀 다를 바가 없다."고 말했습니다. 무작위성이 높은 암호화 키를 생성한다고 해도 악성코드를 심어 데이터를 빼가는 해킹에 무방비가 될 수 있다는 지적입니다. 양자난수 생성기 기능을 제대로 사용하기 위해서는 키 보관, 분배, 암호화 등 다음 단계의 기술도 뒤따라야 안전하게 지킬 수 있습니다.

관련 단원	보도자료 / 관련 논문
공통수학_2단원 방정식과 부등식 기하_1단원 이차곡선 기하_3단원 공간도형과 공간좌표 물리학1_3단원 정보와 통신 물리학2_4단원 미시 세계와 양자현상 정보_3단원 문제해결과 프로그램_알고리즘 정보과학_3단원 알고리즘	한국인터넷진흥원_한국 모바일 바이오인식 국제표준 채택, 생체신호 인증기술 승인 https://c11.kr/k9bj KISTI_양자암호통신서비스로 과학기술데이터 보호한다 https://repository.kisti.re.kr/handle/10580/8443

관련 영상	대학강의
내 몸의 보안장치, 생체인식_YTN 사이언스 https://www.youtube.com/watch?v=-EoY6DYIvO0	숭실대학교_4차 산업혁명 시대의 정보보안 https://c11.kr/k9g6

4차 산업혁명 시대의 정보보안

숭실대학교 장의진

주제분류	공학 > 컴퓨터 · 통신 > 정보통신공학
강의학기	2019년 2학기
강의계획서	강의계획서 >

 스마트시티로 교통·안전·환경 해결한다

스마트시티로 교통·안전·환경 해결한다 개요

교통·안전·환경 등 도시문제를 스마트시티 기술로 해결하기 위해 노력하고 있다. 스마트주차장, 지능형교통체계, 보행객체인식 횡단보도, 비대면 문화예술 온택트 플랫폼, 드론이용 무인순찰 서비스, IoT 무인 공영자전거, 먹거리 구독서비스 등 다양한 실행과제를 구축하여 살맛나는 도시로 만들기 위해 노력하고 있다.

정부는 기존 규제를 과감하게 풀어 빅데이터, 자율주행차, 스마트에너지, 인공지능 등 미래 기술을 육성하기 위한 테스트베드(시험무대) 성격의 새 도시를 만들기로 하였다. 시범 사업지로 세종과 부산을 선택하여 단지를 조성할 계획이다.

▶ 스마트시티에는 어떤 종류가 있나요?

스마트시티는 시티 챌린지(대규모), 타운 챌린지(중규모), 솔루션 챌린지(소규모)가 있습니다. 시티 챌린지는 대·중소기업, 새싹기업 등 민간이 보유한 혁신적인 아이디어를 활용하여 종합적인 솔루션으로 도시 전역의 교통문제해결을 위해 시민의 모든 이동 과정에 통합, 모빌리티 솔루션을 도입한 사업입니다. 총 4

년간 진행되며, 3년간 국비 150억 원(지방비 50% 매칭)을 지원합니다.

타운 챌린지는 리빙랩 등 지역 거버넌스 운영을 통해 도시 내 일정 구역의 수요에 최적화된 특화 솔루션으로 공업단지 등 미세먼지가 심각한 구역의 미세먼지를 저감하는 사업입니다. 총 2년간 진행되며, 국비 20억 원(지방비 매칭 50%)을 지원합니다.

솔루션 챌린지는 대·중규모 사업 추진이 어려운 곳을 중심으로, 스마트 횡단보도, 스마트 놀이터 등과 같이 시민 생활과 밀접한 단일 솔루션을 보급·확산하기 위한 사업입니다. 국비 3억 원(지방비 50% 매칭)을 지원합니다.

시티 챌린지	타운 챌린지	솔루션 챌린지
대규모 ('19년 신설)	중규모 ('18년 신설)	소규모 ('20년 신설)
민간기업의 아이디어로 도시전역의 문제해결을 위한 종합솔루션 구축	리빙랩 운영을 통해 도시 내 일정구역의 수요에 최적화된 특화솔루션 구축	중소도시를 중심으로 시민 체감도가 높은 단일 솔루션 구축

	시티 챌린지	타운 챌린지	솔루션 챌린지
지원 규모	315억원(계획 15·조성 300) 4년(계획·조성)	43억원(계획 3·조성 40) 2년(계획·조성)	6억원 1년(조성)
사업 범위	도시 전역	도시 내 특정 구역	중소도시 전역
솔루션 규모	종합 솔루션 (복수 분야·복수 솔루션)	특화 솔루션 (단일 분야·복수 솔루션)	단일 솔루션 (단일 분야·단일 솔루션)

출처 : 스마트시티 속도내다...통합 스마트챌린지 출범_국토교통부

▶ **스마트시티에 블록체인 기술을 접목하는 이유가 궁금해요.**

스마트시티에서는 미세먼지, 주차, 악취 같은 다양한 도시 데이터들을 실시간으로 수집·분석한 뒤, 이를 정책 수립에 활용합니다. 특히, IoT센서를 통해 수집하는 도시 데이터는 스마트시티를 구현하는 원천이 됩니다. 그런데 여기서 문제는 도시 전체에서 수집된 방대한 데이터들을 누가 어디에 저장·보관해 둘 것인

지입니다. 바로 이러한 문제를 해결하는 데 블록체인 기술을 접목합니다. 블록체인은 소규모 데이터(블록)를 체인 형태로 연결하여 관리하는 분산 컴퓨팅 기술로 모든 사람이 정보를 공유하기 때문에, 소수의 거대 기업이 정보의 독점이나 관리의 독점을 피할 수 있으며, 집단 지성을 활용해 합리적으로 스마트시티를 발전시켜 나갈 수 있습니다.

관련 단원

정보_1단원 정보문화_정보사회와 정보과학
정보_3단원 문제해결과 프로그램_알고리즘
수학I_1단원 지수함수와 로그함수
수학II_2단원 미분, 3단원 적분
공통사회_9단원 미래와 지속 가능한 삶
생활과 윤리_3단원 과학 기술, 환경, 정보 윤리

관련 영상

스마트시티_YTN 사이언스
https://www.youtube.com/
watch?v=Z2sPpoO5VGw

보도자료 / 관련 논문

국토교통부_스마트시티 속도 낸다…통합 스마트챌린지 출범
https://c11.kr/k9dl

국토교통부_혁신기업과 함께 세계 최고의 스마트시티 만든다
https://c11.kr/k8wi

대학강의

한국산업기술대학교_재미있는 유비쿼터스 시대
https://c11.kr/k9g3

재미있는 유비쿼터스 시대
한양대학교 조병완

주제분류   공학 >컴퓨터 통신 >정보통신공학
강의학기   2012년 1학기
첨단과학기술의 발전으로 사물이 지능을 갖고, 사물간
술과의 융합을 통해 새로운 유비쿼터스 문명을 선도할

사물 스스로 판단해 움직이는 AI 기술 '액션브레인'

사물 스스로 판단해 움직이는 AI 기술 '액션브레인' 개요

사물들이 알아서 필요한 행동을 결정해 주어진 일을 하게 만드는 인공지능 기술 '액션브레인(ActionBrain)'을 개발했다. 사물인터넷(IoT)에서 지능 대응 기술은 주로 개발자가 미리 정의한 규칙에 기반해 기계동작을 수행하는 방식으로 개발됐다. 하지만 액션브레인은 예측하지 못한 상황이 발생하거나 급격한 환경변화에 사물 자율지능을 구현하여 다양한 산업 분야의 지능화에 도움이 될 전망이다.

이 기술은 임무 수행에 필요한 행동을 사물들이 스스로 결정하고 똑똑하게 실행한다는 장점이 있다. 또한 로봇 제어 소모 시간을 줄이고 공장 가동 시간을 늘려 비용을 절감할 수 있다.

▶ **액션브레인(ActionBrain)은 어디에 사용하나요?**

액션브레인은 딥러닝 기술인 모방학습(좋은 전략을 모방함으로써 학습이 일어남), 강화학습(행동에 따른 보상을 받아서 학습이 일어남), 동적 플래닝(큰 문제를 부분적인 작은 문제들로 쪼개서 생각하는 알고리즘) 기술을 조합해 여러 사물들이 서로 협동하면서 복잡한 임무를 수행할 수 있는 기술입니다. 우선적으로 이 기술은 스마트공장 등 제조 분야에 적용될 수 있습니다. 기존 산업계에서는 생산용 로봇을 많이 도입하지만 초기 로봇 환경 설정과 생산 공정 변화에 따른 번거로움이 있었습니다. 그런데 이 기술을 로봇에 적용하면 생산노동자의 행동을 인식하고 모방해 빠른 학습이 가능합니다. 또한 다른 로봇들과 소통이 가능한 최적화된 산업현장을 만들 수 있습니다.

▶ **이러한 기술을 재난현장에도 도입하면 좋을 것 같습니다.**

네, 그렇죠. 재난현장에서 재난 상황과 구조를 요청하는 사람 등의 현장 정보를 파악하기 위해서는 탐색지능을 갖춘 자율무인정찰 시스템이 필요합니다. 다양한 가상공간에서 병렬 강화학습을 통해 높은 탐색지능으로 예측 불가능한 재난지역에서 드론끼리 서로 협동해 주어진 공간을 빠르게 탐색할 수 있습니다. 그리고 구조대원의 위험도와 탐색 시간을 줄여 골든타임 내에 인명을 구조할 확률을 높일 수 있습니다. 앞으로 액션브레인은 제조, 재난, 국방, 물류 등 다양한 분야에 도입이 가능합니다.

 양자 컴퓨팅의 등장

양자 컴퓨팅의 등장 개요

천재 물리학자 리처드 파인만은 양자 역학 원리를 활용하는 컴퓨팅 이론을 제시했다. 현재 양자 컴퓨터에 가장 가깝다고 말할 수 있는 D-Wave는 선거 전략, 자동차 운전, 통행시간 단축 등 최적화 문제에선 뛰어난 성능을 보이지만 다른 문제를 풀 수 없어 범용 양자 컴퓨터로 인정하지 않았다.
지금은 구글, IBM, MS 같은 세계적인 IT기업과 각국 연구기관 및 대학이 집중적으로 양자 컴퓨터 개발에 투자하고 있다. 국내에서도 기초과학연구원(IBS), 한국표준과학연구원, 한국과학기술연구원 등에서 양자 컴퓨터 연구를 하고 있다.

▶ **기존 컴퓨터와 양자 컴퓨터의 가장 큰 차이점은 무엇인가요?**

일반적으로 컴퓨터가 데이터를 처리하는 과정에서 0 아니면 1의 두 숫자 중 하나로 표시되고 이를 비트(bit)라고 합니다. 이와 달리 양자 컴퓨터는 특정 시점에서의 상태가 0일 수도, 1일 수도, 0과 1 모두일 수도 있습니다. 이를 큐비트(Qubit)라고 합니다. 0과 1로 하나의 비트만 표시하는 일반 컴퓨터보다 연산 속도가 빠를 수밖에 없습니다. 한 번에 처리하는 정보량이 비트 체계의 컴퓨터와는 비교할 수 없습니다. 양자 컴퓨터는 슈퍼컴퓨터로 수백 년 걸릴 연산을 수초에 해결할 수 있는 장점이 있습니다.

▶ 양자 컴퓨터는 실제 어떤 곳에 쓰일 수 있나요?

기존 컴퓨터로 해결할 수 없었던 문제들이 양자 컴퓨터의 주 역할로 예상됩니다. AI 개발에 필수인 방대한 데이터 처리와 효율적으로 문제를 처리해야 하는 최적화 문제, 그리고 실시간으로 오르내리는 주식투자 예측 등 데이터 처리 분야에서 많은 활약이 기대됩니다. 앞으로 4차 산업혁명의 핵심 AI와 ICBM(사물인터넷·클라우드·빅데이터·모바일) 분야에 양자 컴퓨터가 적용되어 연구가 이루어질 것입니다.

▶ 최근 양자 컴퓨터는 얼마나 연구되었나요?

인텔에서는 49-큐비트 양자칩 'Tangle-Lake'를 발표했습니다. 구글에서는 72-큐비트칩 'Bristlecone'을 발표했고, IBM에서는 50-큐비트 연산이 가능한 양자 컴퓨터가 연구 중인 IBM Q 시스템 원을 선보였습니다. IBM은 2021년 127큐비트와 433큐비트의 중급형 양자 컴퓨터를 개발하고, 이후 그 성능을 업그레이드해 2023년 1000큐비트의 양자 컴퓨터를 완성하겠다는 계획을 세우고 있습니다. 양자 역학에 의해 연산을 수행할 초전도체를 만드는 일 역시 중요한 과제로 남아 있습니다.

관련 단원	보도자료 / 관련 논문
기하_3단원 공간도형과 공간좌표 물리학1_3단원 정보와 통신 물리학2_3단원 파동과 빛_불확정성 원리, 　　　　슈뢰딩거 방정식 물리학2_4단원 미시 세계와 양자현상 정보_3단원 문제해결과 프로그램_알고리즘 정보과학_3단원 알고리즘	서울대학교_빠른 오류 제어가 가능한 양자컴퓨팅 방법 개발 https://www.snu.ac.kr/snunow/ press?md=v&bbsidx=128832 한국뇌연구원_포스텍 확장형 양자 컴퓨터 기술 융합 플랫폼센터와 MOU 체결 https://c11.kr/k9f5

관련 영상	대학강의
인공지능을 향한 양자 이론 / YTN 사이언스 https://youtu.be/hKVetXnH__o	숙명여자대학교_양자 컴퓨터 수업 https://c11.kr/k9g2

양자컴퓨터 수업 : 제1강

숙명여자대학교   아베 에이스케

주제분류   공학 >기타공학 >기타
등록일자   2017.10.20
응용과학, 컴퓨터과학, 양자컴퓨터, 큐비트, 양자게이트

제공처: 게이오대학

5G·AI 기반 확장현실(XR) 플랫폼

5G·AI 기반 확장현실(XR) 플랫폼 개요

스마트클라우드쇼 2020에서 인공지능(AI)의 발전과 확장현실(XR)은 5G 기술과 함께 앞으로 5년 간 게임, 엔터테인먼트, 여행, 커뮤니케이션 등 다양한 영역에서 완전히 새로운 세계를 열 것이다. 지난 5년 동안 증강현실(AR)을 비롯해 VR 등의 분야에서 장족의 발전이 있었으며, 향후 5년간 더욱 발전할 것이다. 여기에 AI, 5G 기술이 더해지면서 물리 세계를 실시간으로 디지털 세계로 재구성하는 XR(eXtended Reality 확장현실)기술이 더욱 빠르게 발전할 것이다.

▶ 실감형 콘텐츠 사용 시 두통 등 불편감 문제도 개선이 될 수 있나요?

실감형 콘텐츠 사용에서 체험 피로감은 크게 현실과의 불일치감과 휴먼팩터(불편한 구조, 안구의 피로) 때문에 발생합니다. 따라서 사용자의 체험 피로감을 저감하는 방향으로 실감형 콘텐츠를 제작하기 위해서는 크게 콘텐츠 연출, 콘텐츠 씬 관리, 콘텐츠 씬 생성, 실감형 콘텐츠 디스플레이 기기 세팅, 휴먼팩터 관리 및 구동 환경 관리의 측면에서 검토합니다.

실감형 콘텐츠의 화면을 구성하는 비주얼 씬 관리를 위해서는 비주얼 씬 구성 공간 안에서 위치 이동 효과를 내는 가상 카메라의 움직임을 최적화해야 합니다. 그로써 사용자의 체험 피로감을 최소화할 수 있습니다. 비주얼 씬 생성을 위해서는 다중 카메라를 사용하여 360° 영상을 얻어, 스티칭(Stitching) 과정을 거친 후 각 카메라에서 캡처된 개별 씬 영상을 하나의 영상으로 이어 붙일 수 있습니다. 인체공학적으로 편한 기기 제작을 위한 연구나 눈의 피로를 줄이기 위한 필터 기술도 계속해서 발전하고 있습니다.

▶ **실감형 콘텐츠를 제작하기 위한 직업이 궁금해요.**

실감형 콘텐츠 제작과정에서의 역할에 따라 콘텐츠 디자이너, 콘텐츠 프로그래머, 콘텐츠 플레이어 및 콘텐츠 평가자 등으로 나눌 수 있습니다.

콘텐츠 디자이너는 실감형 콘텐츠의 기획단계에서 콘텐츠의 세계관에 맞게 캐릭터를 디자인하고, 각 비주얼 씬과 스테이지를 설계하여 실감형 콘텐츠의 디스플레이 화면을 구성합니다. 콘텐츠 프로그래머의 경우 실감형 콘텐츠 내에서 구동 규칙과 소프트웨어 모듈을 콘텐츠 엔진 기반으로 구현합니다. 콘텐츠 플레이어는 실감형 콘텐츠를 체험하는 최종 콘텐츠 소비자로 볼 수 있습니다. 또는 출시되기 전 베타버전을 테스트하는 사람도 있습니다. 콘텐츠 평가자의 경우는 콘텐츠의 상용성을 평가하고 콘텐츠 배포를 담당하며 실감형 콘텐츠의 선택 기준 혹은 분류 기준에 따라 콘텐츠 등급을 매기는 일을 합니다.

▶ **퀄컴 스냅드래곤 XR2 플랫폼은 어디에 사용되나요?**

공개된 퀄컴 스냅드래곤 XR2 플랫폼은 XR, 5G, AI를 통합해 홀로그래픽 텔레프레젠스(Holographic Telepresence)에 사용될 수 있습니다. 이는 VR과 AR 헤드셋을 통해서 얼굴 표정과 신체 움직임을 포착해 아바타로 구현할 수 있습니다. 오큘러스 퀘스트2가 대표적인 퀄컴 스냅드래곤 XR2 플랫폼을 탑재한 기기입니다. 기존에 경험할 수 없었던 게임 몰입감과 우수한 성능을 보여줄 수 있는 VR 헤드셋입니다. 이는 퀄컴과 페이스북이 수년에 걸쳐 만든 결과물입니다.

관련 단원

정보_3단원 문제해결과 프로그램_알고리즘
정보과학_3단원 알고리즘
인공지능과 피지컬 컴퓨팅_1단원 인공지능
인공지능 수학_2단원 데이터의 표현과 가공
　　　　　　　3단원 기계학습과 문제해결
기초실용영어_One Step Closer to Your Future
사회문화_5단원 현대의 사회 변동

관련 영상

2020 스마트 클라우드 쇼 – XR, 5G, 그리고 AI가 함께 여는 새로운 세상
https://youtu.be/IvSHqU3hrgk

보도자료 / 관련 논문

문화체육관광부_콘텐츠산업 3개 혁신전략
https://www.korea.kr/special/
policyCurationView.do?newsId=148866166
문화체육관광부_5세대 이동통신 시대, 실감형 콘텐츠가 미래를 연다
https://mcst.go.kr/kor/s_notice/press/
pressView.jsp?pSeq=17204

대학강의

순천향대학교_VR·AR의 이론과 실제
https://c11.kr/k9g0

논문을 통한
심층 탐구활동

📍 자율주행자동차 안전사고와 시사점(정원준, 정보통신정책연구원)

자율주행자동차 안전사고와 시사점 개요

신성장동력으로 부상하고 있는 자율주행자동차 시장은 최근 해외 주요국에서 일반도로 시험운행을 허가하고 성공적인 주행 테스트 성과를 보이기 시작하면서 본격적인 상용화 단계에 근접하고 있다. 현대자동차는 국내 최초로 고속도로 내 대형트럭 군집주행 시연에 성공했다.

자율주행기술 도입 시 가장 큰 위험요소로 평가되는 안전문제 관련 규제 이슈를 분석하여 향후 우리나라 규제 방향 설정에 미치는 시사점을 도출하고자 탐구하였다.

첫째, 자율주행 운행 중 긴급 상황 발생 시 윤리적 결정에 있어 인공지능시스템이 어떠한 결정을 내리도록 설정할 것인지 사회적 논의가 필요하다. 둘째, 도로교통법상의 주체를 '운전자' 즉 사람으로만 한정하는 기존 법령을 개정한 현 시점에서 이에 수반되는 쟁점으로서 민형사상 책임의 주체를 누구에게 부여할 것인지 논의가 필요하다. 셋째, 차량 내 데이터 수집장치를 이용하여 제동상황, 운전 거리, 운전 습관 등 각종 데이터가 기록되고 있는 상황에서 기존의 전통적인 자동차보험 프로세서의 변화가 필요하다. 넷째, 국제표준 설정과 국제적 논의 기준에 부합하는 적절한 규제 수준을 설정해야 할 필요가 있다.

▶ **자율주행 중이던 테슬라 전기자동차가 넘어진 화물차에 추돌한 이유가 궁금해요.**

테슬라뿐만 아니라 대부분 자동차 회사에서 사용하고 있는 레벨2 시스템은 특정 유형의 도로에서만 사용하도록 설계되어 있습니다. 특정 유형이란 주간 고속도로(interstate)와 프리웨이(freeway)처럼 교차로나 신호등이 없고 보행자로부터 자유로운 도로를 말합니다. 이들 시스템은 신호등이나 교차로에 대응하지 못하는 데다 ACC(Adaptive Cruise Control)테스트가 지적한 것처럼 정지 차량에 취약하다는 단점이 있어 이를 인지하지 못하고 충돌하였습니다. 이는 레이저 기반 센서 기술인 라이다(LiDAR)를 적용한 기업보다 카메라만 의지하는 시스템에서 빈번하게 발생합니다.

▶ **그렇다면 테슬라가 라이다 기술을 적용하지 않는 이유는 무엇인가요?**

자율주행 기술 중에서는 주변 물체를 효과적이고 정확하게 인식할 수 있는 식별 기술이 중요합니다. 라이다는 레이저를 이용한 고가의 주변 식별 기술인데, 테슬라는 고가의 '라이다'를 사용하지 않고 카메라 기반의 컴퓨터 비전 고도화로 자율주행을 구현하는 '오토파일럿'을 사용하고 있습니다. 테슬라가 카메라를 고집하는 이유는 자율주행을 가능하게 하는 핵심장치인 카메라, 레이더, 초음파센서, GPS 중에서 카메라를 활용하여 상용화가 가장 쉬울 것으로 생각되고, 이미지 인식 AI기술을 접목하여 스스로 자율주행 능력을 향상시키는 데에 가장 적합하다고 생각하기 때문입니다.

▶ **군집주행을 하면 어떤 점이 도움이 되나요?**

'군집주행'은 대형 화물차 여러 대가 무리를 지어 자율협력주행기술로 이동하는 기술입니다. 운전을 담당하는 선두 차량을 중심으로 다른 차량들이 플랫폼을 통해 합류, 서로 통신하며 자율주행으로 이동합니다. 군집에 합류한 추종 차량은 레벨3 수준의 자율주행으로 운행합니다. 대열운행으로 공기저항이 감소해 차량 연비를 개선할 수 있고, 화물차 운전자의 피로도를 줄여 사고 위험을 낮출 수 있어 주목받고 있는 기술입니다.

자율주행기술의 기술단계 구분

기술단계		기술설명(SAE 기준)	조향, 가속 및 제동 작동 주체	주행 환경 모니터링	주행 중 비상 상황 대응 책임	운전자 사용유무 (NHTSA 기준)		
SAE	NHTSA					발 (가감속)	손 (조향)	눈 (전방 주시)
Level 0	Level 0	시스템에 의한 개입 또는 경고에 의해 도움받을 수 있지만, 주행하는 동안 항상 운전자가 모든 운전조작 수행 (시스템→운전자지원시스템)	운전자	운전자	운전자	○	○	○
Level 1	Level 1	시스템이 주행환경 정보를 이용하여 특정 주행모드에 대한 가·감속 또는 조향 작동을 수행함으로써 운전자의 운전조작 지원 (시스템→운전자지원시스템)	운전자/ 시스템	운전자	운전자	×	○	○
Level 2	Level 2	시스템이 주행환경 정보를 이용하여 특정 주행모드에 대한 가·감속 및 조향 작동을 수행함으로써 운전자의 운전조작 지원 (시스템→운전자지원시스템)	시스템	운전자	운전자	×	×	○
Level 3	Level 3	운전자가 개입 요구에 적절히 반응할 것이라는 기대를 전제로, 시스템이 특정 주행모드에서 모든 운전조작 수행 (시스템→자율주행시스템)	시스템	시스템	운전자	×	×	△
Level 4	Level 4	운전자가 개입 요구에 적절히 반응하지 않더라도 시스템이 특정 주행모드에서 모든 운전조작 수행 (시스템→자율주행시스템)	시스템	시스템	시스템	×	×	×
Level 5		운전자가 수행할 수 있는 모든 도로 및 주행 조건에서 주행하는 동안 항상 시스템이 모든 운전조작 수행 (시스템→자율주행시스템)	시스템	시스템	시스템	–	–	–

출처 : NHTSA 가이드라인, 국토교통과학기술진흥원(2016) 등을 토대로 재구성

관련 단원	보도자료 / 관련 논문
공통과학_1단원 물질과 규칙성_신소재의 개발과 이용	국토부_세계 최초 부분자율주행차(레벨3) 안전 기준 제정
공통과학_4단원 환경과 에너지_발전과 신재생 에너지	https://c11.kr/k7zy
화학I_2단원 개성 있는 원소	금융위원회_4차 산업혁명 기술의 발전에 따른 자율주행차 전용 보험상품 도입
지구과학I_1단원 소중한 지구_지구의 선물	https://c11.kr/k7zz
물리I_2단원 물질과 전자기장	

관련 영상	대학강의
테슬라 완전자율주행 베타버전 발표_NEO지식창고	충북대학교_스마트자동차 실험
https://www.youtube.com/watch?v=IHevJSBvuYE	https://c11.kr/k9fy

스마트자동차 실험

충북대학교   기석철

주제분류	공학 >전기 · 전자 >제어계측공학
강의학기	2017년 2학기
강의계획서	강의계획서 ▶

🔍 인공지능 기술의 미래 활용을 위한 준비(한국산업기술진흥원)

인공지능 기술의 미래 활용을 위한 준비 개요

미 연방정부는 주요 기관들의 임무 수행을 위한 인공지능 활용 역량을 향상시킬 수 있는 방안을 모색하기 위해 조사를 실시하였다. 그리고 인공지능의 발전을 지속적으로 모니터링하고 기초 및 장기적 인공지능 연구를 우선순위에 두었다. 또한 인공지능의 발달이 특정 유형의 일자리 감소와 소득 불평등으로 이어질 가능성에 대한 우려가 있는 만큼 미 정부는 인공지능과 자동화의 영향을 추가로 조사하여 정책 대안을 마련하고자 하였다.

인간에 대한 중요한 결정에서 인공지능을 이용하는 경우 정의, 공정성, 책임성을 어떻게 보장할 것인지 논의하여 인공지능 시스템 효율성과 공정성 보장을 위한 노력을 하고 있다.

인공지능의 신중한 이용은 인간의 지능을 보완하여 더욱 현명한 방법을 찾을 수 있도록 도와줄 것이다. 따라서 산업, 시민사회, 정부 및 대중이 신중한 주의를 기울이고 위험을 관리하면서 기술개발을 지원한다면 인공지능은 경제 성장과 사회적 진보의 주요 동력이 될 수 있을 것이다.

▶ **인공지능이 인간의 지능을 뛰어넘을 수도 있다고 하는데 그런가요?**

미래학자 레이 커즈와일의 경우에는 2045년이면 기계의 지능이 인간의 지능을 뛰어넘는 특이점(singularity)에 도달한다고 경고했습니다. 로빈 핸슨은 로봇이 제공하는 노동으로 인간이 부자가 될 것이라고 답한 반면, 개리 마커스는 과학과 의학 분야에서 큰 도움을 받을 것이라 답했습니다. 레이 커즈와일은 AI를 대규모 뇌확장기로 간주하면서 문제해결, 삶의 질 개선 등에 기여할 것으로 예상했습니다. 유르겐 슈미트후버는 AI가 방대한 가능성에 매력을 느끼고 스스로 동기를 부여해 독자적인 목표를 추구할 것이라고 예상하고 있습니다.

▶ **인공지능을 단기·중기·장기적으로 어떻게 활용하면 좋은가요?**

단기적 : 원래 인간이 잘 하지 못하는 문제, 즉 많은 양의 데이터를 분석해 결론을 내리거나 판단하는 문제에 그치지 않고 편견이 없는 인공지능 기술을 적극적으로 활용하는 것입니다. 예를 들면, 의학 분야의 치료, 법률상담, 기후예측, 교통제어, 금융투자 등에서 인간의 의사결정을 돕는 방향으로 활용할 수 있을 것입니다. 이때 생명이나 재산과 같은 민감한 사안이 걸린 문제에 지나치게 의존하지 않도록 하는 장치를 마련하는 것이 필요할 것입니다.

중기적 : 출산율 저하와 고령화에 따른 생산가능 인구의 감소문제를 해결하는 생산성 향상의 도구로 활용하는 것입니다. 일각에서는 인공지능으로 인한 일자리 감소문제를 심각하게 고민하고 있지만, 사실 그 이전에 이미 현대사회에 만연

해 있는 노동인구나 사회복지인구의 부족이 더 심각한 현실입니다. 새로운 일자리를 창출하기 위한 기존 인력의 재교육과 더불어, 부족한 노동력을 인공지능의 자동화로 해결할 가능성에 주목할 필요가 있습니다. 이로 인해 줄어든 노동시간과 고용구조의 변화, 그리고 인공지능으로 대체 불가능한 분야의 노동 가치 상승은 여가시간을 증대시켜 새로운 라이프스타일을 가능케 할 것입니다.

장기적 : 핵가족화, 일인 가족화에 따른 고독감이나 소외감 같은 사회문제를 해결하는 동반자로 활용하는 것입니다. 이미 일본이나 미국 등의 선진국에서는 실버세대의 심리적 안정을 위해 인공지능이 탑재된 로봇을 개발하고 있습니다. 효율성이나 생산성을 넘어서 인간과 교감하면서 인류에게 도움을 주는 방향으로 활용될 것입니다. 인간화된 지능기술을 적극적으로 활용하여 가상 비서나 가상 벗과 같은 인공지능 시스템이 사회의 구성원이 되어 건전한 사회를 형성하는 동반자가 될 것이라 기대됩니다. 결국 편의성과 효율성 증대를 통하여 인간 삶의 질을 높이는 방향으로 활용될 것입니다.

관련 단원	보도자료 / 관련 논문
공통과학_1단원 물질과 규칙성_신소재의 개발과 이용	과기부_인공지능(AI) 국가전략 발표 https://c11.kr/k801
공통과학_4단원 환경과 에너지_발전과 신재생 에너지	DGIST-SKT, 인공지능(AI) 분야 인재양성에 나서 https://c11.kr/k803
화학I_2단원 개성 있는 원소	
지구과학I_1단원 소중한 지구_지구의 선물	
물리I_2단원 물질과 전자기장	

관련 영상	대학강의
모두를 위한 인공지능_세바시 강연 https://www.youtube.com/watch?v=BKj3fnPSUIQ	건국대학교_인공지능의 이해 https://c11.kr/k9gj

인공지능의 이해

건국대학교 백우진

제프 딘

구글AI 총괄 시니어 펠로우

Building AI for Everyone
: 모두를 위한 인공지능

주제분류	공학 > 컴퓨터 · 통신 > 컴퓨터공학
강의학기	2019년 2학기
강의계획서	강의계획서 >

초연결 시대로의 변화와 대응 방향(김현중, 정보통신산업진흥원)

초연결 시대로의 변화와 대응 방향 개요

초연결 시대는 Connected Life의 욕구를 증대하는 세대의 등장과 연결 비용의 감소 및 연결 속도의 증가로 디지털화가 가속화될 것이다. 개방형 혁신으로의 혁신 메커니즘이 변화되고, 경험의 전략적 중요성이 증대되며, 롱테일의 가치가 증대될 것이다. 이처럼 새로운 환경 변화를 주도하고 있는 메가트렌드가 자리를 잡을 것이다.

초연결 시대로의 변화는 모바일 중심의 데이터 트래픽 증가로 그래픽 성능이 중요해지고, 산업 내/산업 간 경계가 파괴될 것이다. 즉, 초연결 시대는 IT를 통해 다양한 사회적 문제를 해결하고 새로운 가치를 창출할 것이다. 또한 친환경적인 기술개발로 지속 가능한 전략을 위해 융합적인 지식을 가진 인재가 필요하다.

우리는 불확실한 미래에 대한 도전을 통해 국가 경제의 핵심 산업으로 성장하였으며, 미래 초연결 시대를 주도하기 위해 우리 IT가 보유하고 있는 핵심 역량을 더욱 강화해야 할 뿐만 아니라 부족한 역량을 확충해야 할 필요가 있다.

▶ **초연결시대에 5G 통신이 중요한 이유가 궁금해요.**

자율주행차, 스마트 시티, 스마트 팩토리 등의 확산 및 발전을 위해서는 대용량 데이터를 지연 없이 실시간 처리하는 5G의 초저지연 기술이 필수적입니다. 또한 스마트폰을 포함한 다양한 형태의 스마트기기의 확산과 사물인터넷 활성화로 데이터 트래픽이 폭발적으로 증가하게 되는데 데이터 사용량 폭증에 대비할 수 있는 5G 통신의 초고속, 대용량 데이터 처리기술이 필요합니다.

<참조: ITU-R, 5G 시나리오 / 삼정KPMG 경제연구원>

▶ 스마트폰으로 우리 주변 사물을 조절할 수 있는 원리는 무엇인가요?

스마트기기는 인터넷으로 연결되어 서로 정보를 주고받아야 합니다. MQTT(Message Queueing Telemetry Transport)와 CoAP(Constrained Application protocol)는 인터넷 기반의 리소스가 풍부한 디바이스로부터 IoT 기반의 리소스가 제한된 디바이스로 통신을 지원하는 경량 애플리케이션입니다. MQTT는 'publish/subscribe' 모델을 사용하며, MQTT 네트워크 노드 간에 메시지를 관리하고 라우팅하기 위해 중앙 MQTT 브로커(broker)가 필요합니다. 이클립스는 MQTT를 중앙 브로커를 통해 다중 클라이언트 간에 메시지를 전달하는 '다대다(many-to-many)' 통신 프로토콜입니다.

MQTT는 TCP를 사용하여 '고신뢰성, 정렬, 에러 검사'를 특징으로 하는 트랜스포트 계층을 구현합니다. CoAP는 인터넷에서 사물인터넷 디바이스처럼 제한된 컴퓨팅 성능을 갖는 디바이스들의 IoT 통신을 위해 만들어진 표준화된 프로토콜입니다. 기존의 HTTP는 많은 제약조건이 있는 IoT 환경에서는 적합하지 않아 이를 보완하기 위한 통신 프로토콜이 CoAP입니다.

MQTT 및 CoAP는 클라우드와 스마트폰에 대한 통신을 지원한다

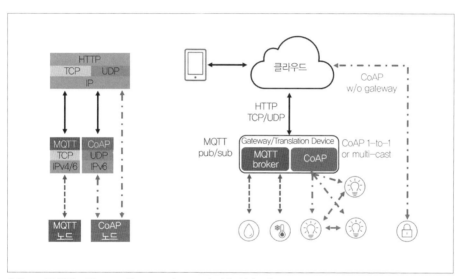

출처 : IoT를 위한 표준 프로토콜 MQTT 및 CoAP의 이해, 실리콘랩스

▶ IoT 서비스는 어떻게 구현되나요?

빅데이터로 학습된 AI(뇌·신경)가 판단하고 신경세포(블록체인이나 IoT)로 연결되어 AR/VR, 디스플레이 장치로 표현됩니다. 이는 데이터를 실시간으로 공유하고 처리하는 것이 가능하도록 해주는 클라우딩 컴퓨팅이 있어야 보다 빠르게 처리될 수 있습니다.

4차 산업혁명 구현 기술(예시)

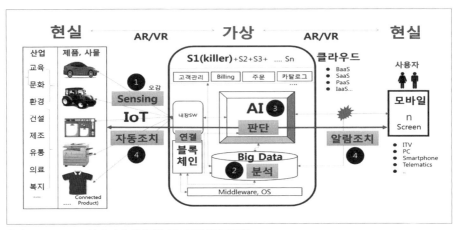

출처 : 오픈소스 중요성과 시사점(이진휘, 정보통신산업진흥원)

▶ 사물인터넷(IoT)이 적용된 대표적 서비스에 대해 알고 싶어요.

유형	적용 분야
위치 추적	• 위치 추적 시스템을 통한 사물 및 사람 추적 • 물류 배송을 추적하여 예상 시간 안내
자동차	• 차량제어, 자동비상 콜, 차량 도난방지, 결제 등의 텔레매틱스 • 차량 관리, 차량 및 운전자 안전, 실시간 교통정보 제공, 내비게이션 지도 업데이트, 통행료 지불, 원격차량 진단 등 • 커넥트 카, 자율주행기술 등 • 고속버스 차량 관제사업, 콜택시 사업, 시내버스 관제 및 도착시간 안내
원격관리 제어	• 가스, 물, 전기 등 사용량 원격 검침 • 고객관리, 수요관리, 실시간 과금 • 산업자동화, 센서로 이상 유무 확인, 디지털 트윈 기술로 점검 및 수리
물류, 유통, 금융	• 물류관리 시스템, POS시스템, 택배서비스, 배달서비스 등 • ATM 금융시스템, 휴대폰 결제 솔루션
보안, 공공안전	• 무선보안 시스템, CCTV 보안, 감시 시스템, 빌딩관리 등
의료	• 혈압, 산소포화도, 당뇨 등 개인건강 체크솔루션, 생체신호모니터링 • 노약자 및 장애인 원격 관리 및 진료

자산관리	고정자산 원격 관리, 유동자산 실시간 정보를 바탕으로 이윤 창출
가전	디지털 액자, 디지털 액션 카메라 보안서비스, 보일러 작동, 가정관리 허브 등
원격유지보수	교량, 유적, 빌딩 등 유지 모니터링 등
환경 감수	대기오염 모니터링, 하천오염도 측정, 해수측정 등
기상청	기상관측 및 예보, 유관기관 정보 제공 등
보호관찰소	관찰대상자 위치 확인, 전자발찌 부착 감시, 생체 모니터링 확인 등

 OLED의 현황과 전망(조남성, 한국전자통신연구원)

OLED의 현황과 전망 개요

LCD TV시장은 포화상태이며, 중국 기업의 사업 확장에 따른 수익성 악화로 새로운 디스플레이의 필요성을 느끼게 되었다. 초경량이면서 얇고, 높은 효율과 긴 수명을 가진 새로운 소재의 필요성으로 자발광하는 OLED(Organic Light Emitting Diodes, 유기 발광 다이오드) 기술을 개발하였다. OLED 마이크로디스플레이는 가상/증강현실 기기에서 가장 유력한 차세대 디스플레이 솔루션으로 주목받을 정도로 그 중요성이 점점 증가하고 있다.

▶ 다른 디스플레이보다 OLED 디스플레이의 장점이 무엇인가요?

OLED는 형광성 유기화합물에 전류가 흐르면 빛을 내는 '전계 발광 현상'을 이용하여 스스로 빛을 낼 수 있는 다이오드를 뜻합니다. 우수한 화질과 빠른 응답 속도를 가지고 있고, 백라이트를 사용하지 않기 때문에 부피 및 무게가 작고 이로 인해 광학계 역시 더 간단해질 수 있습니다. 뿐만 아니라, LCD보다 사용 가능 온도 범위가 넓어 대부분의 군용 디스플레이로 OLED 디스플레이가 사용되고 있습니다.

OLED 면광원과 타 조명용 광원과의 특성 비교

구분	OLED	LED	형광등	백열등
특징	면광원	점광원	선광원	원광원
광원 밝기	보통	강함	보통	약함
광원효율(lm/W)	50	100	70	20
주 사용처	가정	신호등, 자동차, BLU 등	가정	가정
수명(시간)	20,000	100,000	10,000	1,000
단가($/Klm)	–	100	10	1
장점	높은 연색성 다양한 형태 등기구화 효율 우수	고휘도	저렴한 가격	저렴한 가격
단점	R&D 투자 필요	부품 추가 소요 조명 공해 유발	중금속 오염	낮은 효율

출처 : OLED의 현황과 전망(조남성, 한국전자통신연구원)

▶ OLED 디스플레이는 앞으로 어떻게 활용될까요?

디스플레이는 접는(폴더블) 디스플레이, 돌돌 마는(롤러블) 디스플레이에 이어 화면의 뒷면이 훤히 보이는 투명 디스플레이가 시장의 주목을 받을 것입니다. 투명 디스플레이를 활용하면 창에서 날씨나 일정 등 각종 정보를 확인할 수 있고, 자율주행차 유리창에서 영화 등을 감상할 수 있습니다. SF 영화에서나 나오는 장면이 현실화되는 것입니다. 이런 것이 가능한 것이 OLED 디스플레이입니다.

오픈소스 중요성과 시사점 개요

오픈소스는 SW의 내용을 프로그래밍 언어로 나타낸 설계도인 소스코드가 공개되어, 특정 라이센스 방식을 통해 배포되고 수정, 복제, 사용, 재배포가 자유로운 SW를 지칭한다. 상용 SW는 저작권자가 저작물 코드를 공개하지 않고 적정한 사용료를 요구하는 반면에, 오픈소스 저작권자는 특정 라이센스로 소스코드를 공개하고 누구나 복제, 설치, 사용, 변경, 재배포가 자유롭도록 허용하고 있다.

최근 SW는 오픈소스를 의미하며, 유능한 SW개발자는 오픈소스에 익숙하고, 활용능력을 보유하고 있다는 가정이 당연시되는 시대이다. 오픈소스는 인터넷을 이용하여 세분화된 노동 분업으로 생산되는 디지털 시대 이전의 생산방식과는 완전히 다른 혁명적 SW생산 방식이다.

통상 전부(All)를 공개하지 않고, 선택적(selectively)으로 일부를 공개하고 있다. 부분적으로 공개하는 것은 고객 관점에서 소스코드에 대한 접근 및 사용 등을 특정 그룹에게만 부여하는 것이다. 이해관계자 그룹별로 차별되게 공개하여 영리와 비영리 목적으로 이종(Hybrid) 라이센스를 얻기 위한 목적과 유능한 개발자를 끌어들이기 위한 목적이 있다.

▶ **오픈소스를 공개하는 이유는 무엇인가요?**

기업이 소스코드를 공개하는 이유는 4차 산업혁명 플랫폼에서 타 기업과 협업하지 않으면 살아남기 힘들고, 많은 사람이 동일한 소스코드를 사용할 경우 그 활용성이 넓기 때문입니다. 또한 코드를 공개하면 유능한 개발자를 끌어들여 SW개발의 힘의 승수효과를 얻어 더 빠르게 프로그램을 업데이트할 수 있습니다. 그리고 유능한 개발자를 채용하는 데 활용할 수 있습니다.

▶ **오픈소스를 커뮤니티에 공개하는 이유가 궁금해요.**

오픈소스 커뮤니티 참여자들을 통해 프로그램을 검토, 수정을 통해 체계적인 형식지로 통합이 가능합니다. 또한 최초 SW를 공개하면 공개된 실행파일과 소스코드의 유용성으로 인해 개발자 사회에서 큰 관심을 받을 수 있습니다. 그리고 개발자는 공개된 소스코드에 자신만의 새롭고 개선된 코드를 추가하거나 버그를 보고하고 수정하는 기여자, 커미터, 메인테이너 등의 역할로 커뮤니티에 참여하여 프로그램의 완성도를 높일 수 있습니다.

MQTT

출처 : 오픈소스 중요성과 시사점(이진휘, 정보통신산업진흥원)

▶ **인공지능에 오픈소스를 활용한 사례에 대해 소개해주세요.**

인공지능 세부 기술 중에서 딥러닝, 시각 혹은 이미지(Computer vision), 자연어 처리 분야(NLP) 등에서 다양한 오픈소스 프로젝트가 진행 중입니다. 학습, 추론, 인식 등 알고리즘을 개발할 수 있는 인공지능 플랫폼이 오픈소스로 공개되면서 이를 활용한 기술과 서비스 개발이 비약적으로 증가했습니다.

〈인공지능 주요 분야별 오픈소스 프로젝트 현황〉

기계학습(딥러닝)	이미지처리	음성처리	자연어(NLP)처리	감성처리

• TensorFlow
• Theano
• Torch
• Keras
• CNTK
	• OpenCV
	• MatLab
	• VlFeat
	• CUDA
	  (NVIDIA)
		• Kaldi
		• Julius
		• Wav2Letter++
		• DeepSpeech2
		• CMUSphinx
			• NLTK
			• Apache Lucene
			• and Solr
			• Apache
			• OpenNLP
				• JSiento
				• Synesketch
				• emotionrecognit
				  ionneuralnetwor
				  ks

• PyTorch
• Apache MXNet
• Apache SINGA
• BigDL
• Caffe
• Chainer
• Deeplearning4j
• Dlib
• Intel Data
• Analytics
• OpenNN
• MATLAB +
• H2O,ai
	• pcl
	• AForge
	• SimpleCV
	• GPUImage
	• BoofCV
	• DLib
	• OpenFace
	  (CMU)
	• Colorado State
	• University
	  (CSU)
	• YOLO
	• openBR
	• openGL
	• SPM
	• MIA
	• SciPy
		• Mozilla
		• open source
		• speech to text
		• HtK
		• Dragon
		  Naturally
		• speaking
		• SimonVoxForge
		• SPRAAK
		• SPRACH
		• Project
		  DeepSpeech
		• SRILM
		• GMTK
			• GATE and
			• Apache UIMA
			• Apache cTakes
			• Apache Mahout
			• SpaCy
			• TextBlob
			• Textacy
			• PyTorchNLP
			• Retext
			• Compromise
			• MALLET
			• Natural
			• Nlp.js
			• OpenNLP
			• CogCompNLP
				• Emotion
				  Recognition
				• face_classification
				• Emotion
				  Recognition
				  RNN
				• EmotionNet
				• emotionconvnet
				• DeepSentiment
				• VoiceEmotion
				  Detect
				• Emotion_
				  Recognition
				• Emotion_Voice_
				  Recognition
				• Chainer

출처 : 오픈소스 중요성과 시사점(이진휘, 정보통신산업진흥원) 〈※밑줄 친 부분은 많은 사람이 자주 사용하는 오픈소스〉

 분자 스핀트로닉스의 현황과 전망(허원도, 한국과학기술정보연구원)

분자 스핀트로닉스의 현황과 전망 개요

최근 금속산화물 등의 다양한 재료에 대한 스핀 이동 및 스핀 의존 전도(spin-dependent transport) 현상이 보고되고 있다. 분자 스핀트로닉스(molecule spintronics)는 유기분자나 나노카본 분자를 대상으로 스핀운동을 연구하는 것이다.

MOS(Metal Oxide Semiconductor) 트랜지스터와 유사한 고성능 스핀 트랜지스터나 양자계산 소자의 개발이 가능하다. M. Shiraishi는 분자 스핀트로닉스의 핵심 재료로 그래핀(graphine)을 선택하고, 이 재료가 나타내는 스핀 전도(spin transport)를 연구했다.

조성재 한국과학기술원(KAIST) 물리학과 교수 연구팀이 그래핀으로 자성체(磁性體) 없이 스핀 전류를 생성·검출하는 실험에 성공했다.

▶ 스핀트로닉스로 반도체를 만들 때 어떤 좋은 점이 있나요?

스핀파의 경우 작동 주파수가 수 GHz에서 THz에 이르기까지 매우 높은 영역에 분포하고 전력의 소비가 매우 작으므로 초고속 저전력 소자에 적용이 가능합니다. 서로 다른 방향으로 세차운동을 하는 스핀들이 만들어 내는 스핀파는 그 위상이 다르므로 이들 두 스핀파의 동시 입사 등을 제어하게 될 경우, 보통의 웨이브를 제어하면서 MRAM(자기메모리: Magnetic Random Access Memory)처럼 집적도가 높고, 플래시 메모리처럼 전원이 나가도 정보가 그대로 남아 있으며, SRAM처럼 빠른 특성을 얻을 수 있습니다.

▶ 자성메모리의 동작원리는 어떻게 되나요?

자성메모리의 동작은 스핀 전류를 자성 소재에 주입해 발생하는 스핀토크로 이뤄지기 때문에 스핀 전류의 생성효율이 자성메모리의 성능을 결정합니다. 일반적인 전류는 전자가 가지고 있는 전하(charge)의 흐름을 말하지만 스핀 전류는 전자의 스핀이 이동하는 현상으로 주울렬(Joule heating)로 인한 전력 손실로부터 자유롭다는 장점이 있습니다. 스핀트로닉스는 이 같은 전자의 고유 성질인 스핀을 디지털 신호로 활용하여 빠른 동작 속도, 비휘발성 등의 특성으로 기존의 반도체 전자소자가 가지고 있는 근본적인 문제를 해결할 수 있는 장점이 있습니다.

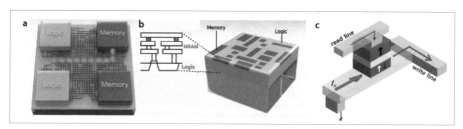

출처 : 박병국 KAIST 교수팀이 자성메모리를 이용해 개발한 차세대 컴퓨터 구조 및 스핀궤도토크 소자 개념도,
한국연구재단

관련 단원	보도자료 / 관련 논문
공통과학_1단원 물질과 규칙성_신소재의 개발과 이용	KIST_전기가 아닌 열로 작동하는 초고속 메모리
공통과학_4단원 환경과 에너지_발전과 신재생 에너지	https://c11.kr/k801
화학I_2단원 개성 있는 원소	DGIST-SKT, 인공지능(AI) 분야 인재양성에 나서
지구과학I_1단원 소중한 지구_지구의 선물	https://c11.kr/k804
물리I_2단원 물질과 전자기장	

관련 영상	관련 영상
스핀에 대한 설명_카오스 사이언스	전자스핀의 발견은 양자역학의 역사_안 될 과학
https://www.youtube.com/watch?v=WKW42pT4uJ4	https://www.youtube.com/watch?v=owZ5pEHDDU4

 전력반도체 시장 및 기술개발 동향(전황수, 한국전자통신연구원)

전력반도체 시장 및 기술개발 동향 개요

전력반도체는 전기에너지를 활용하기 위해 직류·교류 변환, 전압, 주파수 변화 등의 제어처리를 수행하는 반도체로 전력을 생산하는 단계부터 사용하는 단계까지 여러 단계에서 다양한 기능을 수행한다. 전력반도체 소자는 1960년대부터 실리콘(Si)이 주로 사용되어 왔다.

실리콘은 가격이 저렴하고, 동작 온도 범위가 넓으며 산소와 반응해 자연적으로 산화막을 형성하는 장점이 있으나, 스위칭 손실, 스위칭 속도, 내환경성 등에 한계가 있다. 최근에는 기존 실리콘 기반 반도체의 한계를 극복하기 위해 탄화규소(SiC) 반도체와 질화갈륨(GaN) 반도체 등이 차세대 반도체 소자로 부상하고 있다.

전력반도체는 전기자동차, 태양광발전 등 다양한 분야에 적용이 확대되고 있으며, 스마트폰과 태블릿 PC 등 모바일 디바이스의 급성장으로 수요가 증가하고 있다. 특히, 4차 산업혁명 시대의 도래로 인해 스마트카, 자율주행차, 로봇, 태양전지, 사물인터넷(IoT), 스마트그리드, 항공우주, 5G 이동통신 등 관련 산업이 성장함에 따라 수요가 급격히 늘어날 것으로 예상된다.

▶ SiC, GaN 전력반도체의 특징이 궁금해요.

실리콘반도체에 비해 3배나 넓은 에너지 틈(energy gap)이 있어 매우 큰 절연파괴 전압을 구현할 수 있습니다. SiC는 규소(Si)와 탄소(C)로 이루어진 물질로 매우 강하고, 산에 침식되지 않아 고전압·고내열 등 에너지를 대폭 절감할 수 있습니다. 또한 고출력·고효율의 전력변환 스위칭소자로 우수한 전기적 특성을 얻을 수 있어 태양광 인버터, 전기자동차, 모터 드라이브 분야에 적용되고 있습니다. GaN 소자는 넓은 에너지 틈, 높은 절연파괴 전압, 낮은 임피던스(impedance), 빠른 스위칭 속도의 특성이 있어 차세대 화학물 반도체 플랫폼으로 각광받고 있습니다. 저전압 응용 분야에 강점을 가지고 있어 전원공급장치, IDC(인터넷 데이터센터), 전기자동차 및 하이브리드차에 적용될 전망입니다.

▶ USB-PD충전기에도 전력반도체가 들어가 있나요?

네, 들어가 있습니다. 전력전달제어(Power Delivery Controller) 반도체와 보안칩(Secure Element IC)을 하나로 통합한 제품입니다. 충전기가 전자기기와 연결되면 상호 간에 규격 인증을 받은 정품인지를 판별해 정해진 조건에서만 고속충전이 가능합니다. 25~100W(와트)를 조절하여 충전해주고 있으며, 전자기기 해킹과 데이터 손상을 방지하는 특징까지 갖추고 있습니다.

스마트 모빌리티 서비스의 현황과 미래(조영빈, 한국정보화진흥원)

스마트 모빌리티 서비스의 현황과 미래 개요

최근의 이동성 패러다임은 정보통신 기술에 기인한 논리적 네트워크에 그 기반을 두고 있으며, 정보의 교류에 따른 데이터 교환과 함께 물리적 물자교환이 동시에 이뤄져야 하는 상황에 이르렀다. 물론 아직까지는 논리적인 교환과 물리적인 교환의 시공간적 제약이 해결되지 못했지만, 먼 미래에 이 제약이 스마트 모빌리티 기술로 해결될 것이다.

재활용 로켓을 활용한, 스페이스-X사의 세계 어디든 1시간 내에 이동할 수 있는 교통형 로켓 콘셉트로 주요 노선은 30분이면 닿을 수 있는 '스타쉽-어스 투 어스'가 있다. PAV(Personal Air Vehicle)는 단거리 이착륙 방식과 수직 이착륙 방식으로 구분될 수 있으며, 자동차와 항공기의 융합화된 듀얼모드 구조가 향후 확산되어 항공과 ktx 등은 역이나 공항에 가는 시간, 대기하는 시간, 그리고 목적지까지 가는 시간 등 소요되는 시간을 절반 이상 줄여줄 수 있다.

▶ 모빌리티마다 소요시간은 어떻게 되나요?

공항이나 역까지 이동하는 시간과 대기시간이 없어 그만큼 소요시간을 줄여줄 수 있습니다. 예를 들어 서울에서 부산까지 가는 시간을 소개하면 다음과 같이 1시간 30분이면 목적지에 도착할 정도로 시간을 많이 단축할 수 있습니다.

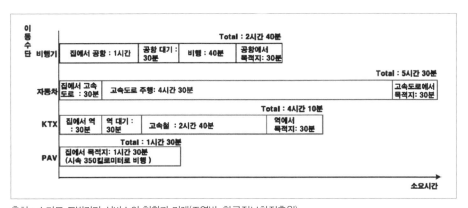

출처 : 스마트 모빌리티 서비스의 현황과 미래(조영빈, 한국정보화진흥원)

▶ PAV와 같은 모빌리티는 도심지에서도 활용이 가능한가요?

네, 가능합니다. 도시 인구가 증가하면서 교통 체증이 심각하여 이동하는 데 시간이 많이 걸립니다. 하지만 도심지 빌딩 옥상의 헬기 착륙장을 활용한다면 교통 체증에 영향을 받지 않으면서 빠르게 이동할 수 있습니다. 또한 전기로 운항이 되기에 환경오염도 줄일 수 있는 이점이 있습니다.

▶ 자율주행차가 상용화된다면 공유자동차가 더 활성화될까요?

네, 더 활성화될 것입니다. 차량공유는 크게 '쏘카'나 '그린카'처럼 전통적인 렌터카 사업과 비슷하나 영업소를 통해 차량을 빌리는 것이 아닌 플랫폼을 사용하여 간편하게 차량을 대여하는 '카셰어링(Car-Sharing)'과 '카카오 택시'와 '우버'처럼 이동을 원하는 소비자와 이동서비스를 제공하는 사업자를 실시간으로 연결하는 '카헤일링(Car-Hailing)', '풀러스'와 같이 자동차를 함께 타는 '라이드셰어링(Ride-Sharing)' 등으로 나뉠 수 있습니다.

우리나라는 카셰어링을 제외한 차량공유 서비스가 매우 제한적으로 제공되고 있습니다. 공유경제에 대한 관심 속에서 차량공유 시장은 가파르게 성장하고 있습니다. 글로벌컨설팅업체 맥킨지는 차량공유의 확산으로 2030년에는 일반소비자 자동차 구매가 현재보다 최대 연간 400만 대 감소하고, 차량공유용 판매는 200만 대 증가할 것으로 전망했습니다. KPMG는 2035년부터 완성차 수요가 연평균 4.4%씩 감소하는 반면, 전 세계 공유차량 보유 대수가 2040년에는 16%까지 증가함에 따라 차량공유 시장은 2040년까지 가파른 성장률을 기록하여 장기적으로는 공유차량 보유 대수가 완성차 수요를 앞지를 것으로 전망하고 있습니다.

차량공유 종류			대표기업
카셰어링	P2P (Peer-to-peer)	기존 자동차 소유자가 다른 사람들에게 짧은 시간 동안 차량을 대여해주는 서비스 방식	스냅카
	B2C (Stationary car sharing)	이용자가 서비스 지점으로 이동하여 차를 대여 및 이용 후 다시 해당 지점으로 반납하는 방식	집카 플링스터
	B2C (Free-floating car sharing)	이용자가 주변에 이용가능한 차량을 검색하여 대여 및 이용 후 반납장소(노상주차장 내 전용주차구역 등)를 검색하여 반납하여 단방향(Oneway) 이용 가능	셰어나우 윗카
라이드셰어링 (Ride Sharing)		카풀의 개념과 같으며 이동을 원하는 차를 보유한 개인과 목적지 방향이 유사한 개인을 연결해주는 서비스	풀러스 우버풀 벅시
카헤일링 (Car Hailing)		이동을 희망하는 고객과 차량을 보유한 사업자를 직접 연결해주는 서비스로 원하는 위치와 시간에 승차 서비스를 이용할 수 있는 호출형 승차공유 서비스, 공유 자동차를 원하는 위치로 부르는 호출형 차량공유 서비스가 있음 *기존의 라이드셰어링이 라이드헤일링으로 변화되는 추세임	우버 리프트 디디추싱 그랩 카카오택시

출처 : TaaS투자로 본 모빌리티 비즈니스의 미래 재구성_KPMG

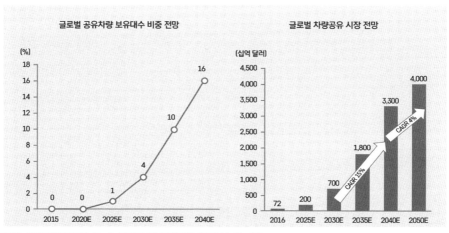

출처 : KPMG(2019.8.), TaaS 투자로 본 모빌리티 비즈니스의 미래

양자 통신 및 양자 암호(손일권, 고려대학교)

정보통신망에서 개인정보의 유출로 인한 사회문제가 최근에 큰 이슈가 되면서 정보통신의 보안 기능이 더욱 주목을 받고 있다. 차세대 통신기술은 정보의 전송 속도나 전송 효율성보다 정보의 보안성이 중요해지고 있다. 정보보호의 기초는 암호화와 복호화를 통하여, 정보가 노출되어도 원래의 정보를 파악할 수 없도록 만드는 것이다. 암호화와 복호화를 위한 암호키의 생성 및 관리기술의 발전이 곧 암호 및 정보보안 기술의 발전과 궤를 같이 한다. 암호키 관리의 새로운 패러다임으로 양자 암호기술이 두각을 나타내고 있다.

▶ 양자 암호기술의 원리는 무엇인가요?

양자 암호기술은 양자 키 분배 프로토콜 중에서 대표적인 방법으로 BB84프로토콜이 있습니다. BB84프로토콜은 찰스 베넷(Charles Bennett)과 질 브라사드(Gilles Brassard)가 1984년에 제안한 프로토콜로 불확정성의 원리에 기반하여 도청의 위험성이 없는 키 분배 기술입니다.

송신자가 수신자에게 정보를 보낼 때, 송신자가 랜덤한 비트 수열을 정하고 각각의 비트를 편광시킬 편광 판 또한 임의로 고릅니다. 결정한 두 랜덤 수열을 바탕으로 각각의 비트를 편광시켜서 수신자에게 전송하는데, 이때 누군가 도청 장치를 통해 전송되는 정보를 관측했다면 불확정성 원리에 의해 전달되던 광자 형태의 정보가 영향을 받아 전달 오류가 발생합니다. 이 때문에 도청 사실을 바로 알아챌 수 있게 되는 것입니다.

이러한 원리를 기반으로 서로에게 온전하게 전달된 도청되지 않은 정보만으로 비밀 키를 만들고, 다음 그림과 같은 후처리 과정을 거친 후 서로에게 분배되어 더욱 정확하고 안전한 통신을 할 수 있습니다.

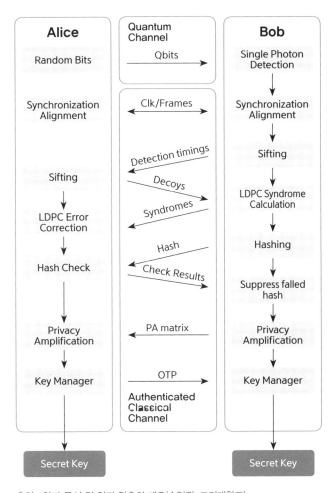

출처 : 양자 통신 및 양자 암호의 개요(손일권, 고려대학교)

▶ 양자 암호기술의 표준을 통해 서로 호환이 되면 좋지 않나요?

네, 그렇습니다. 그래서 국가에서 양자 암호기술 표준을 만들고자 노력하고 있습니다. 원천 기술을 경량화하고, 고속 암호기술을 통한 양자 암호기술과 지문, 말소리, 홍채 등 다중생체신호를 이용한 바이오인식기술을 표준화하는 기술을 선도하고 있습니다.

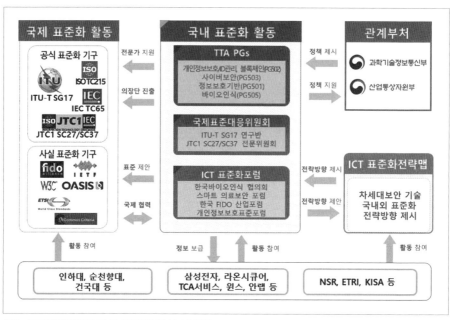

출처 : ICT표준화전략맵 2019, 한국정보통신기술협회

관련 단원

공통과학_1단원 물질과 규칙성_신소재의 개발
과 이용
공통과학_4단원 환경과 에너지_발전과 신재생
에너지
화학I_2단원 개성 있는 원소
지구과학I_1단원 소중한 지구_지구의 선물
물리I_2단원 물질과 전자기장

관련 영상

해킹이 불가능한 꿈의 신기술 양자암호통신_지
식보관소
https://www.youtube.com/
watch?v=SHmB6zxqzP8

보도자료 / 관련 논문

국립전파연구원_양자암호통신 네트워크 프레임
워크 기술 세계 최초 ITU 국제표준으로 채택
https://c11.kr/k807

전력연구원_양자암호기술 연구개발로 전력통신
망 강화한다.
https://www.kepri.re.kr:20808/board/news_
data/990

대학강의

한양대학교_정보이론특론
https://c11.kr/k9gx

 게임 프로그래밍에 관한 소프트웨어 교육 연구(한정민, 한국교원대 컴퓨터교육과)

게임 프로그래밍에 관한 SW교육 연구 개요

디지털 혁명 시대를 살아갈 학생들에게 컴퓨팅 사고력 함양을 위한 소프트웨어 교육은 필수적이다. 특히 게임 소프트웨어를 개발하는 프로젝트 수업은 학생들의 학습 동기를 유발하고, 흥미로운 학습 환경을 제공할 수 있다. 따라서 본 연구에서는 게임 프로그래밍에 관한 소프트웨어 교육 연구 사례를 분석하고 시사점을 도출하였다.

게임 프로그래밍을 통해 이루고자 하는 목적은 문제해결력 향상, 자기효능감 증진, 융합교육을 위한 소프트웨어 교육 모델 제시로 각각 상이하였다. 하지만 게임 프로그래밍은 문제해결력 및 자기효능감을 향상시키고 융합교육을 위한 소프트웨어 모델로 적합함을 알 수 있다.

▶ 게임을 교육에 접목하면 어떤 이점이 있을까요?

게임과 교육을 묶어 학습에 흥미를 유도할 수 있는 장점이 있습니다. 교육 전문가들은 게임이 가지는 속성 중 '몰입성'을 가장 큰 장점으로 꼽고 있습니다. 게임을 통해 재미있게 학습을 유도하고, 집중하고 몰입하게 만들면서 원하는 소기의 학습효과를 가질 수 있다는 것입니다. 게이미피케이션(Gamification)은 보다 확장된 개념입니다.

비게임 분야에 '게임적인 요소'를 집어넣어 따분한 학습에 흥미를 유도하고 몰입할 수 있게 해줍니다. 미국 카우프만 재단(Kauffman Foundation)에서 게임 기반의 수업을 했을 때와 강의를 잘하는 교사의 수업을 비교한 결과 게임 기반의 수업이었을 때 학습 몰입도가 108%로 강의를 잘하는 교사의 수업(17%)보다 더 큰 효과를 나타냈다고 발표하였습니다.

▶ **게임은 교육뿐만 아니라 다른 산업으로 확장성도 큰 것 같습니다.**

네, 게임산업은 창조적인 아이디어, 풍부한 게임 소재를 기반으로 한 고부가가치의 지식집약적 서비스 사업입니다. 게임산업은 게임의 오락성, 캐릭터 등 무형 자산이 산업의 가치를 결정하며, 전문 개발 인력에 대한 의존도가 높은 편입니다. 게임은 서비스 산업이면서도 동시에 IT·뉴미디어 기술, 컴퓨터 프로그램과 같은 기술적 요소가 중요한 콘텐츠 산업의 한 유형으로도 볼 수 있습니다. 이에 따라 게임산업은 음악, 애니메이션 등 타 콘텐츠 산업과의 연계성이 높으며 VR(가상현실), AR(증강현실)과 같은 신기술 발전에 기여하는 바가 큽니다.

〈게임 산업의 주요 특성〉

고부가가치의 지식집약적 산업	타 산업과의 연계성이 높은 산업	수출 주도형 산업
• 네트워크 서버, IT 인프라와 같은 유형 자산보다 캐릭터의 대중성 등 무형자산이 산업의 가치를 결정하는 핵심요인. • 지식집약적 산업으로 기술력과 노하우가 축적된 전문 개발인력에 대한 의존도가 높음.	• 대표적인 문화 콘텐츠 산업으로 음악, 영화, 방송 애니메이션 등 타 산업 간 연계성이 높음. • 게임 IP(지식재산권)를 활용하여 캐릭터 유통사업을 포함해 웹툰, 애니메이션 등 다양한 산업으로 확장이 가능함.	• 전통적인 제조업과는 달리 재고자산이 없어 원자재 가격 상승, 대외경제 상황 등에 크게 영향을 받지 않음. • 다른 문화 콘텐츠보다 언어나 문화적 장벽이 상대적으로 낮아, 해외 수출시장에서 경쟁력이 있음.

고위험-고수익 산업	신기술 발전에 기여하는 산업	규제에 직접 영향을 받는 산업
• 대표적인 고위험-고수익 산업으로 게임 개발에 높은 연구개발비가 들며 투자 여력이 있는 대형게임사를 중심으로 시장이 재편되고 있음. • 게임 상용화에 성공할 경우, 수확체증의 효과가 발생.	• 정보통신기술, VR(가상현실), AR(증강현실), AI(인공지능) 등 신기술 발전에 기여함. • 게임사들은 게임에 접목 가능한 AI 원천기술 발전에 기여함. • 게임사들은 게임에 접목 가능한 AI 원천기술, VR-AR, 블록체인 등 신기술에 투자하고 있음.	• 게임 산업은 대표적인 규제산업으로 크게 게임물의 내용에 관한 등급 분류 규제와 게임 이용에 관한 규제가 있음. • 정부의 법·제도에 의해 직접적인 영향을 받음.

출처 : 게임 산업을 둘러싼 10대 변화 트렌드, 삼정KPMG 경제연구원

▶ 게임회사에는 어떤 일을 하는 사람이 있나요?

게임제작부서와 게임프로그램부서, 게임기획자, 마케팅 등 다양한 직종의 사람들이 근무하고 있습니다.

게임제작부서 : 게임원화(2D캐릭터, 2D배경)와 게임그래픽(3D캐릭터, 3D배경)을 만드는 사람이 있습니다. 그래픽에 사용되는 프로그램으로 MAYA, 3D MAX, 모델링, 맵핑, 리깅, 애니메이션, 이펙트 등이 있습니다.

모델러는 찰흙이나 3D프린터로 최초의 사람 형태를 만들어냅니다. 맵퍼는 모델러가 만들어낸 모델링된 작품에 피부색, 옷, 머리색깔, 갑옷, 무기 등을 표현하는 사람입니다. 리깅은 모델에 움직임을 부여하여 뼈와 관절을 자연스럽게 나타내는 일을 합니다. 애니메이션은 만들어진 모델에 실제로 움직임을 부여하는 역할을 합니다. 얼마나 자연스러운 움직임을 만드냐가 작품의 퀄리티를 결정합니다. 이펙터는 마법을 쓰거나 공격을 할 때 무기나 캐릭터 주위에 생겨나는 효과를 표현하는 사람입니다.

게임프로그램 부서 : 크게 서버프로그래머와 클라이언트 프로그래머로 나눕니다. 서버프로그래머는 서버상의 게임 로직을 처리하고, 다이렉트X나 3D그래픽스를 전문으로 합니다. 필요 스킬은 C언어이며 IOPC, 네트워크 프로그래밍,

데이터베이스 게임로직처리, 게임처리 알고리즘 등의 능력을 요구합니다. 클라이언트 프로그래머는 유저가 실제로 플레이할 때 게임그래픽, 이펙트와 쉐이더와 같은 연출을 입력, 유저의 입력처리 등을 다룹니다. 필요스킬은 C언어, 3D그래픽스 프로그래밍, API, MFC, 다이렉트X, 게임로직 등이 필요합니다.

게임기획자부서 : 시나리오기획자, 시스템기획자, 콘텐츠기획자, 밸런스기획자, 레벨디자이너, 수치디자이너, 연출디자이너가 있습니다. 시나리오기획자는 게임 세계관과 등장인물을 설정하여 시나리오를 창조해내는 사람입니다. 시스템기획자는 게임에 필요한 모든 룰을 설계, 설계한 룰을 프로그램으로 구현할 수 있는 사람입니다. 콘텐츠기획자는 시스템기획자가 짜놓은 테이블과 룰 등을 바탕으로 다양한 콘텐츠를 생산하는 업무를 담당합니다. 밸런스기획자는 게임 내에 적용된 많은 테이블들을 관리하고 게임 테이블의 구조를 짜는 업무를 합니다.

레벨디자이너는 게임에 필요한 실질적인 맵을 설계하고 몬스터 등을 배치하는 업무를 담당합니다. 수치디자이너는 게임에 적용되는 모든 데이터값을 설정하는 업무를 담당합니다. 연출디자이너는 게임에 적용되는 애니메이션, 이펙트, 사운드를 설정하는 업무를 담당, 대규모 프로젝트에서 독립적인 업무를 수행합니다. 프로젝트 매니저(PD, PM)는 게임 개발 리소스 일정, 비용, 인원 관리 등을 총괄적으로 담당합니다.

노벨상 수상자
탐구활동

 세라믹 물질의 초전도 현상 발견(1987년 노벨 물리학상)

세라믹 물질의 초전도 현상 발견 개요

고온초전도체 연구의 선구자인 베드노르츠와 뮐러는 연구 공로로 1987년도 노벨 물리학상을 공동으로 수상하였다. 초전도(Superconductivity; 超傳導) 현상이란 전기가 흐를 때 저항이 전혀 없는 상태, 즉 '영'(0Ω)이 되는 것을 의미한다. 초전도체를 이용하면 전기 손실이 없는 원거리 송전이 가능하고, 축전지를 쓰지 않고도 전기를 대량으로 저장할 수 있으며, 강력한 자기장을 내는 전자석도 만들 수 있어서 응용 분야가 무궁무진하다. 핵융합 발전이나 대규모 입자가속기 등의 거대과학 분야에서 강력한 자기력을 발생시키는 초전도자석은 필수적이다. 특히 의료, 교통, 정보통신, 에너지 분야 등에서 큰 주목을 받아 왔다.

▶ 초전도 현상은 매우 낮은 온도에서만 일어나나요?

아닙니다. 전통적인 초전도체는 액체 헬륨(영하 271℃)으로 냉각해야 초전도성이 발현됩니다. 따라서 액체 헬륨을 사용하기에 비용이 비싸다는 단점이 있습니다. 그러다 비교적 저렴한 액체 질소(영하 196℃)로 초전도성을 발현했습니다. 놀랍게도 액체 질소를 이용하여 상온, 상압의 일반 실험실에서도 세라믹고온초전도체의 자기부상 실험이 가능합니다. 수소화란타넘(LaH10)을 이용해 250K(영하 23℃)에서 작동하는 물질도 개발되었는데, 최근에 랜거 다이아스 교수 연구팀이 상온(15℃) 초전도체를 찾아냈습니다.

▶ 초전도 재료를 이용하면 어떤 점이 좋은가요?

초전도 케이블은 동일한 단면적을 가지는 기존의 구리도체에 비해 100배의 통전능력을 가지므로 초전도선을 사용하면 저손실의 대용량 전력수송 및 소형화가 가능합니다. 또한 전기에너지를 이용하여 자기부상된 플라이휠을 고속으로 회전시켜 기계적인 에너지로 저장하였다가 필요 시 다시 전기에너지로 변환하여 전력 수요가 많은 곳에 활용할 수 있습니다.ㅋ

▶ 양자 컴퓨터에도 초전도체가 활용되나요?

일반적인 컴퓨터의 비트는 0 또는 1이라는 하나의 값만 저장할 수 있는데, 양자 컴퓨터에 이용되는 큐비트는 신기하게도 0이나 1, 혹은 0과 1의 중첩상태까지 저장할 수 있습니다. 이러한 중첩 상태를 구현하는 것은 전류의 켜짐과 꺼짐으로 0과 1만을 표현할 수 있는 트랜지스터 등의 현재의 컴퓨터 부품의 논리 연산만으로는 어렵고, 특별한 물질이 필요합니다. 그 후보 중 하나가 초전도체입니다. 이는 자연 상태에서 전류를 시계방향과 반시계방향으로 동시에 흘려보낼 수 있기 때문에 이러한 중첩 상태 표현이 용이하기 때문입니다. 컴퓨터 전기소자가 갈수록 소형화되면서 칩당 서로 연결되어 원활하게 작동하는 데 필요한 것이 양자터널링입니다. 이처럼 복잡한 작업을 위해 초전도체 현상이 필요합니다.

관련 단원	보도자료 / 관련 논문
공통과학_1단원 물질과 규칙성_신소재의 개발과 이용	한국전기연구원_가격 절반, 충전 7배 빠른 초전도 자석 개발
공통과학_4단원 환경과 에너지_발전과 신재생에너지	https://c11.kr/k4x3
화학Ⅰ_2단원 개성 있는 원소	상온 초전도체 이론 연구
지구과학Ⅰ_1단원 소중한 지구_지구의 선물	https://c11.kr/k4x6
물리Ⅰ_2단원 물질과 전자기장	

관련 영상	대학강의
상온초전도체가 나오면 일어나게 될 어마어마한 일들_YTN 사이언스 https://www.youtube.com/ watch?v=LgEC5KP–V5E	초전도응용공학_전북대학교 https://c11.kr/k9gy

양자 컴퓨터 특징과 원리

슈퍼컴퓨터와 양자 컴퓨터 비교

슈퍼컴퓨터 (비트 기반 디지털 기술)	양자 컴퓨터 (양자기술)
• (계산능력 한계) 슈퍼컴퓨터는 현대암호 체계 분석 불가	• (동시 계산 처리) 초고속 대용량 연산을 통한 신속한 계산 가능
– 순서대로 반복적 계산 : 3bit 고전컴퓨터의 경우 8회	– 양자 특성을 이용해 동시에 계산 : 3qubit 양자컴퓨터의 경우 1회
– 암호 해독 (612자리 정수) : 백만 년	– 암호 해독 (612자리 정수) : 수 분 이내
– 세계 1위 슈퍼컴퓨터의 전력 소모량 : 세종시의 0.5배 (15MW)	– D–Wave 양자컴퓨터의 전력 소모량 : 0.025MW(슈퍼컴퓨터의 1/600배)

출처 : 미래창조과학부(2016)

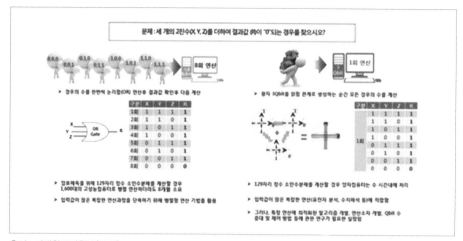

양자 컴퓨터 계산 원리

출처 : 미래창조과학부(2016)

📍 광전자 공학에 이용되는 반도체 이질 구조의 개발(2000년 노벨 물리학상)

반도체 헤테로구조 개발 개요

반도체 고속 광전자 이소중합전달체, 즉 고속의 갈륨비소(GaAs) 반도체를 개발한 업적으로 2000년 노벨 물리학상을 수상했다. 이는 휴대전화와 위성통신, 그리고 레이저 다이오드 등의 그 자체로도 커다란 업적이지만, 실리콘이 주종을 이루던 기존의 반도체가 아닌 새로운 반도체를 개발한 것이므로 물리학적 측면에서도 중요한 의미가 있다. 갈륨과 비소 두 개의 원소를 접합해 만든 갈륨비소(GaAs) 반도체를 개발하여 레이저에 정보를 실어 광섬유를 통해 빠르게 많은 양을 보낼 수 있는 토대를 닦았다. 이 기술은 인터넷, CD 플레이어, 슈퍼마켓의 바코드, 휴대전화 기지국 등 우리 생활 주변에 두루 응용되고 있다.

▶ 반도체 헤테로 접합이란 무엇인가요?

서로 다른 반도체를 접합시킨 반도체를 헤테로 반도체라고 합니다. 헤테로 접합에서는 양방향의 밴드 끝이 매끄럽게 이어지지 않으며 전자와 정공에 대한 에너지장벽이 불균등하게 됩니다. 가능한 반도체 접합의 여러 조합으로부터 다양한 분야에 적합한 불균등한 띠틈을 만들어 낼 수 있다는 것이 큰 장점입니다. 대표적으로 갈륨비소를 알루미늄비소와 같은 2개의 더 큰 밴드 갭층 사이에 헤테로 접합을 시키면 낮은 전류로 실온에서 레이저가 발생할 수 있어 여러 분야에 유용하게 쓰이고 있습니다.

▶ GaAs(갈륨비소) 반도체는 기존보다 얼마만큼 효과가 좋은가요?

정보통신 기술이 발전하면서 영상데이터 전송이 점점 더 증가하고 있으며, 이에 따라 더욱 높은 동작 주파수와 대역폭에 대한 요구가 생겼습니다. 반면에 고성능 통신 애플리케이션에서 실리콘 기반 솔루션은 한계가 있어 갈륨비소 반도체가 대두되었습니다. 갈륨비소는 실리콘에 비해 전자의 이동 속도가 약 6배 빠르며, 연산속도도 6배 빠릅니다. 또한 트랜지스터 구조가 간단하여 많은 트랜지스터를 집적할 수 있는 장점이 있습니다. 250GHz에 이르는 고주파 대역까지 처리할 수 있으며 실리콘과 비교해 동작 시 노이즈가 적은 장점이 있습니다. 또한 갈륨비소의 가장 큰 특징은 에너지를 빛으로 발산하는 성질이 있어 발광 효율도 좋습니다.

▶ 5G통신에 필요한 반도체는 무엇인가요?

에너지를 보다 효율적으로 관리하고 더 작은 공간에서 더 높은 전력 밀도를 달성하고자 하는 요구는 계속해서 높아지고 있습니다. 전기자동차, 데이터센터, 태양광 인버터 등의 산업은 전력 변환율 향상, 전력 밀도 증진, 배터리 수명 연장, 스위칭 속도 향상 요구 등이 필요해졌습니다. 그래서 새롭게 등장한 질화갈륨(GaN) 반도체는 전력 시스템 설계 기술에서 중요해지고 있습니다. GaN은 더 높은 주파수에서 더 높은 효율로 전력을 처리할 수 있으며, 더 넓은 범위의 전력을 변환할 수 있어서 복잡한 디바이스에서 필요로 하는 추가 전원 컨버터를 줄일 수 있는 장점이 있어 질화갈륨(GaN) 반도체가 필요합니다.

관련 단원

물리I_2단원 물질과 전자기장_물질의 구조와 성질

화학I_2단원 개성 있는 원소

화학I_3단원 생명의 진화_화학결합

지구과학I_1단원 소중한 지구_지구의 선물

물리II_2단원 전기와 자기

보도자료 / 관련 논문

산업통상자원부_차세대 지능형 반도체 1등 국가를 향한 도약이 시작된다.

https://c11.kr/k4z3

ETRI_GaN 반도체, 유럽전시회서 큰 인기

https://etri.re.kr/preview/1569825630307/index.html

관련 영상

반도체 어디까지 알고 있니?_삼성전자

https://www.youtube.com/watch?v=E-T6M9yvMVI

대학강의

반도체공학1_국민대학교

https://c11.kr/k4z6

📍 광섬유 내부의 빛 전달과정 연구(2009년 노벨 물리학상)

광섬유 개발로 광통신 발전 개요

카오는 광섬유 빛 전달 프로세스 연구를 통해 광통신 전달 거리를 늘린 공로로 수상했다. 1960년대 불과 20미터밖에 전달되지 못했던 빛 전달 거리가 카오의 연구를 통해 100킬로미터까지 확장됐다.

카오는 순수한 유리섬유를 이용해 소실됐던 빛 정보의 유실 양을 획기적으로 줄여 광통신의 획기적인 발전을 이끌었다고 설명했다.

광섬유는 이론적으로는 매우 간단하다. 굴절률이 높은 매질에서 굴절률이 낮은 매질로 빛을 비출 때 어느 각도 이상이 되면 더 이상 굴절을 하지 않고, 모두 다 반사되는 전반사가 일어난다. 광섬유는 전반사의 원리를 통해 빛이 밖으로 빠져나오지 못하게 함으로써 먼 곳까지 정보를 전달해준다. 광섬유는 빛이 밖으로 빠져 나오지 않고 모두 다 안쪽으로만 반사되는 전반사의 원리를 이용한다. 오늘날 우리에게 빛의 속도로 정보를 주고받게 해주는 광섬유는 1km를 가도 95퍼센트의 빛이 남아있을 정도로 발전했다.

▶ 광섬유의 구조는 어떻게 되나요?

광섬유는 굴절율이 다른 2종류의 석영 유리로 되어 있거나, 코어는 석영 유리, 글래드는 플라스틱을 사용하는 경우가 있습니다. 중심부는 굴절률이 큰 코어(Core), 외부는 굴절률이 작은 클래드(Clad)로 구성되어 있습니다. 따라서 코어에 임계각보다 큰 각도로 빛을 입사하면, 코어 내부가 코어와 클래드의 경계에서 전반사되어 굴절에 의한 손실 없이 광섬유 내부로 모두 전파됩니다. 광섬유는 빛의 손실이 적고 효율이 좋은 빛을 전송할 수 있으며, 또한 신호의 상태를 정확히 전달할 수 있기 때문에 장거리 통신, 광대역, 대용량 통신이 가능합니다.

▶ 광섬유가 빛 손실이 적은 이유는 무엇 때문인가요?

광섬유로 전송되는 빛의 감쇄가 적은 이유는 빛의 흡수, 산란이 작은 재료인 석영 유리를 사용하고 있기 때문입니다. 또한 이 석영 유리의 성능을 최대한으로 활용해 광섬유를 만드는 방법이 개발되어 코어와 클래드의 굴절율의 차이를 크게 해 전반사가 잘 일어나도록 하였습니다. 이 때문에 빛이 광섬유 외부로 빠져나가지 않고 전달할 수 있게 되었습니다.

▶ **광섬유가 활용된 사례를 소개해주세요.**

광섬유를 지진탐지용으로 활용할 경우 지진계보다 2초 빨리 감지됩니다. 또한 광섬유 케이블로 외부 간섭을 받지 않도록 하여 IoT, 스마트홈, 스마트팜, 스마트시티 등을 구현할 때 도움을 주고 있습니다. 그리고 신경망 센서와 디지털 트윈 성능을 개선하는 역할도 합니다. 스마트 강연선은 광섬유, 탄소섬유를 사용해 강도, 소재 변형성 및 릴랙세이션 특성이 우수하므로 반영구적으로 사용이 가능합니다.

한눈에 보는 광통신의 원리

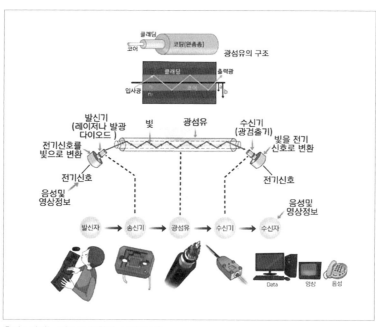

출처 : 이제는 빛으로 통한다_사이언스올

차세대 나노 신소재 그래핀 연구(2010년 노벨 물리학상)

차세대 나노 신소재 그래핀 연구 개요

차세대 나노 신소재로 주목받는 2차원 탄소화합물 그래핀(graphene)에 관한 획기적인 연구 업적을 이뤄 안드레 가임과 콘스탄틴 노보셀로프는 함께 노벨 물리학상을 수상했다.

그래핀은 상온에서 구리보다 100배나 많은 전류를, 실리콘보다 100배 이상 빠르게 흘러가게 할 수 있다. 게다가 빛이 98%나 통과될 정도로 투명하기까지 하다. 열전도성도 탁월해 구리보다 10배나 더 열을 잘 전달한다. 강도는 강철보다도 100배 이상 강하다. 또한 자기 면적의 20%까지 늘어날 정도로 신축성도 좋다. 그리고 완전히 접어도 전기전도성이 사라지지 않는다. 혹은 디스플레이 장치에 필요한 전력의 양이 너무 많아 그래핀이 불투명해질 정도의 두께가 필요하다 하더라도 디스플레이 장치의 픽셀 사이의 미세한 틈을 그물망처럼 연결하는 형태의 회로를 구성함으로써 픽셀 자체는 투명하게 하는 구조를 구상할 수도 있다.

일반적으로 금속이 비금속에 비해 열의 전달 능력은 뛰어나지만 예외적으로 다이아몬드는 대부분의 금속보다도 훨씬 우수한 열전도율을 가지고 있다. 다이아몬드와 마찬가지로 탄소원자들 간의 공유결합으로 이루어진 그래핀과 탄소나노튜브 역시 매우 우수한 열전도율을 가진다. 특히 그래핀의 열전도율은 다이아몬드의 2배에 달한다.

▶ 그래핀이 풀러렌과 탄소나노튜브보다 우수한 점은 무엇인가요?

진자는 그래핀에서 특이한 터널링 현상을 보입니다. 터널링 현상은 입자가 벽을 뚫고 지나가는 것으로 양자 세계에서만 나타납니다. 터널링 현상은 벽의 높이가 높을수록 적게 나타나는데, 그래핀에서의 전자는 이런 벽도 허물어버립니다. 마치 벽이 가로막고 있지 않은 것처럼 움직이는 것입니다. 이는 그래핀이 기묘한 양자 세계에 속한 소재이기 때문입니다. 그래서 풀러렌과 탄소나노튜브가 쫓아오지 못할 정도로 우수한 특성을 가집니다.

▶ 그래핀은 어떻게 제조하나요?

그래핀은 크게 물리적 박리법, 화학 증기 증착법, 화학적 박리법, 에피텍셜 합성법 4가지가 있습니다.

물리적 박리법 : 여러 층으로 구성된 흑연 결정에서 기계적인 힘(스카치테이프)으로 한 층을 벗겨내어 그래핀을 만드는 방법입니다. 넓은 면적으로 만드는 것이 불가능하며, 결함의 비율이 높고 대량생산이 불가능하다는 단점이 있습니다.

화학 증기 증착법 : 비교적 뛰어난 결정질을 갖는 단층 내지 수층 정도의 그래핀을 대면적으로 얻을 수 있는 장점이 있습니다. 촉매 없이 흑연과 같은 sp2 결합구조를 지니는 탄소구조체를 합성하기 위해서는 열역학적으로 매우 높은 온도와 압력이 필요하다는 단점이 있습니다.

화학적 박리법 : 흑연의 산화-환원 특성을 활용한 방법으로 흑연을 강산과 산화제 등으로 산화시켜 산화 흑연(Graphite Oxide)을 제작한 후, 물과 닿게 하면 산화 흑연의 강한 친수성으로 물 분자가 면과 면 사이에 침투합니다. 이로 인해 면간 간격이 늘어나 장시간의 교반이나 초음파 분쇄기를 이용해 쉽게 박리시킬 수 있습니다. 미세한 흑연 결정을 강한 황산과 질산 혼합물에 넣으면 그래핀 판들의 가장자리에 카르복실 화합물들이 붙어 그래핀 아미드(Graphine-COOH)가 만들어지게 됩니다. 그런데 그래핀이 불안정하고 박리된 그래핀의 질이 좋지 않다는 단점이 있습니다.

에피텍셜 합성법 : 실리콘 카바이드(SiC)와 같이 탄소가 결정에 흡착되거나 포함되어 있는 재료를 약 1,500℃의 고온 상태에서 열처리하여 그래핀을 형성합니다. 그래핀 물성이 뛰어나지 못하며 재료가 비싸고 제작이 어렵다는 단점이 있습니다.

관련 단원	보도자료 / 관련 논문
공통과학_3단원 변화의 다양성_화학변화 화학I_2단원 개성 있는 원소 화학I_3단원 생명의 진화_화학결합	IBS_지금까지 없었던 완전한 '원자 한층' 그래핀 등장 https://c11.kr/k4zi

화학II_1단원 다양한 모습의 물질_물질의 상태
물리II_2단원 전기와 자기

ALIO_한 방향 정렬! '단결정 그래핀' 10배 빨리
만든다
http://www.alio.go.kr/etcEtcinfoView.
do?seq=2396027

관련 영상

그래핀은 왜 꿈의 신소재로 불릴까?_YTN 사이
언스
https://www.youtube.com/
watch?v=rhBIGcxjjQU

대학강의

경상대학교_그래핀 재료의 특성
https://c11.kr/k9gz

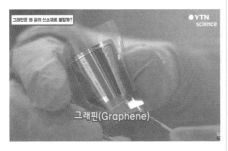

 에너지 효율성이 높은 청색 발광 다이오드 개발(2014년 노벨 물리학상)

청색 발광 다이오드 개발 개요

청색 발광다이오드(LED)의 발명으로 보다 효율적이며 오래 가는 광원인 백색 LED의 고안을 가능케 한 공로로 수상했다. 청색광을 만들기 위한 핵심 소재가 갈리움 니트라이드라는 사실이 알려진 이후에도 크리스털의 크기를 충분히 키워야 한다는 문제가 남았습니다. 갈리움 니트라이드를 알루미늄 니트라이드 층을 씌운 사파이어 위에서 성장시켰던 것입니다. 한편, 나카무라 박사는 크리스탈의 성장을 촉진하는 온도 조작을 통해 같은 목적을 달성했습니다.

적색, 녹색, 청색 LED를 결합해 만들어낸 백색 LED 램프는 10만 시간 지속되며, 이는 형광등의 10배, 백열등의 100배에 달합니다. 백색 LED는 와트당 출력이 300루멘에 달하는 효율적인 광원으로, 형광등에 비해서는 4배, 백열등에 비하면 20배 더 효율적입니다.

오늘날 우리는 LED 기반 컴퓨터 스크린, TV, 스마트폰, 조명, 블루레이 디스크 등 청색 LED 발명에 따른 다양한 혜택을 누리며 살아가고 있습니다. 에너지 효율이 높은 LED 램프는 이산화탄소 배출량 감소에 주요한 역할을 할 것으로 기대됩니다. 또한 LED는 저렴하며 현지에서 공급 가능한 태양열을 사용해 작동할 수 있기에 현재 전력 수급을 받지 못하는 전 세계 15억 이상의 인구에게 조명을 공급할 수 있는 가능성을 품고 있습니다.

▶ LED 전구가 기존 전구보다 좋은 점은 무엇인가요?

LED는 대부분 열에너지가 아닌 빛에너지로 전환이 가능할 정도로 소비 효율이 매우 높습니다. 따라서 이산화탄소 배출을 줄여줍니다. 전 세계에서 생산되는 전기의 20%가 빛을 밝히는 데 사용되지만, LED는 전기의 4%만으로 빛을 밝힙니다. 백열등은 1와트당 빛을 16루멘 낼 수 있지만, LED를 이용하면 1와트당 300루멘의 빛을 낼 수 있습니다. 그래서 백열등을 사용하는 가정에서 한 달 전기비가 2만 원이라면 LED를 사용할 경우 천원으로 줄어듭니다.

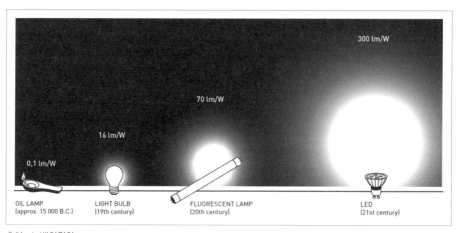

출처 : 노벨위원회

▶ 청색 LED개발이 노벨상을 받은 이유가 무엇인가요?

1980년대까지 적색 LED와 초록색 LED가 실용화됐지만, 청색 LED가 개발되지 않아 다양한 조명이나 모니터로 활용하기 힘들었습니다. 그런데 질화 갈륨을 원료로 한 청색 LED를 개발하여 선명한 조명이 실현되고 LED TV나 컴퓨터 모니터, 스마트폰, 태블릿PC 등이 완성될 수 있었습니다. 또한 빛의 3원색이 갖추어짐으로써 자연광에 가까운 백색 빛을 재현할 수 있게 되었습니다.

청색 LED의 원리

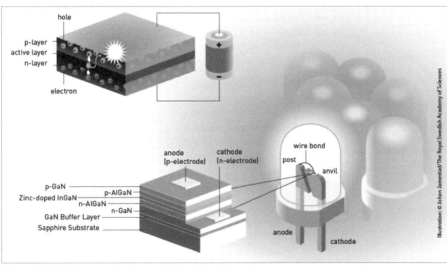

출처 : 노벨위원회

레이저 물리학 분야에서 획기적인 발명(2018년 노벨 물리학상)

레이저 발견 개요

광학집게(Optical Tweezer)의 발명과 그 응용에 대한 공로, 극초단 레이저 펄스를 아주 높은 출력으로 증폭할 수 있는 획기적인 기술인 처프 펄스 증폭(Chirped Pulse Amplification, CPA)을 발명하여 수상했다. 광학집게는 집게 대신 레이저를 이용해 아주 작은 입자를 손상 없이 포획하거나 그 위치를 자유롭게 제어하는 것이다. 일반적으로 물체의 크기가 작아지면 사람의 손가락으로 잡는 게 쉽지 않다. 이처럼 작은 입자에 레이저빔을 집속해 빛을 쪼여주면 레이저빔이 핀셋 역할을 하여 입자를 원하는 위치로 옮기거나 특정한 위치에 잡아 둘 수 있게 된다.

극초단 펄스 증폭에 응용한 것이다. 이 기술은 아주 짧은 레이저 펄스, 즉 펨토초($10^{-15}s$) 수준의 레이저 펄스를 효율적으로 증폭하는 기술로, 기본 원리는 펄스를 시간상에서 아주 긴 펄스로 늘려 증폭한 후 마지막 과정에서 다시 원래 상태의 극초단 펄스로 재압축하는 것이다. 현재 초고속 고출력 레이저 시스템이 응용되고 있는 전 세계 대부분의 연구실, 병원 혹은 산업체에 이 기술이 적용되고 있다고 해도 과언이 아니다.

▶ **광학집게를 활용할 수 있는 분야가 궁금해요.**

광학집게는 의학, 생물학 분야를 비롯해 많은 기초과학 분야에서 응용되고 있습니다. 살아있는 바이러스, 박테리아, 세포 혹은 나노입자 등을 손상 없이 포획하거나 위치를 움직이고 분류할 때에도 응용 가능합니다. 또한 체외수정 혹은 DNA를 늘리거나 꼬임을 제어하는 데에도 응용되고 있습니다. 이외에도 원자포획, 나노포토닉스, 고해상도 이미징 시스템 등에도 활용되고 있습니다.

▶ **왜 극초단 펄스를 바로 증폭하지 않고 번거로운 늘림−증폭−재압축 과정을 하나요?**

그 이유는 초기의 낮은 펄스에너지를 지닌 극초단 레이저 펄스를 시간상 늘림 과정 없이 증폭하게 되면 면적당 세기 및 첨두출력전파가 너무 커져 증폭장치와 그 내부의 광학부품들이 모두 견디지 못하고 손상 혹은 파괴되기 때문입니다.

TIP 첨두출력전력이란 시간 영역에서 관측된, 시스템에 의해 방출되는 전력의 첨두값이다. 전력제어 장치가 있는 시스템일 경우, 최대 방출 가능한 레벨만 표시된다. 무선 시스템에 대한 전력 표시는 항상 첨두 전력의 값으로 주어지며, 전자파 양립성 등의 분석을 위한 관련 파라미터이기 때문이다.
_전자파 사전

▶ **극초단 펄스 레이저가 활용되는 분야는 어디인가요?**

극초단 펄스 레이저는 안과에서 라식수술에 이용되고 있는데, 기존 라식에 비해 펨토라식은 보다 정밀한 수술을 가능하게 하고 수술 후 회복 기간을 단축시킬 뿐 아니라 부작용도 현저히 감소시킬 수 있습니다. 산업용 응용으로는 초미세 물질을 가공할 때 가공 부위 주변에 열로 인한 손상이 훨씬 적다는 장점이 있습니다. 또한 물질 내부에 정밀한 미세구조를 새기는 것도 가능합니다. 강한 첨두출력의 빛을 쪼였을 때 자가집속(self-focusing)에 의해 물질이 변형되는 현상을 이용해 물질 내부에 새긴 3차원 나노황소가 하나의 좋은 예입니다.

 전도성 플라스틱 개발(2000년 노벨 화학상)

전도성 플라스틱 개발 개요

필름형 폴리아세틸렌 합성, 화학적 도핑으로 금속에 필적할만한 고분자 전도체를 개발한 공로로 수상했다. 플라스틱에 불순물을 화학적으로 첨가하면, 분자의 특성이 바뀌어 부전도성 플라스틱이 전도체로 변한다는 것을 발견한 것이다. 이는 플라스틱은 전기가 통하지 않는다는 종래의 상식을 뒤엎는 연구결과였다. 플라스틱 태양전지는 실리콘과 화합물 반도체를 사용하던 기존의 태양전지에 비해 제작공정이 간단하고, 생산원가가 저렴하다는 장점을 지니고 있어 차세대 신재생에너지원으로 각광받고 있다.

▶ 전도성 고분자의 특성은 무엇인가요?

전도성 고분자는 낮은 밀도를 갖기 때문에 Specific Conductivity(전기전도도를 질량으로 나눈 값)가 금속보다 높고, 금속에 비해 가공성이 월등히 뛰어나며 대량생산이 가능합니다. 도핑에 따라 전기전도도의 크기를 바꿀 수 있는 장점이 있으므로 전기전도성 재료로써 강점을 가지고 있습니다. 나노스케일에서 전도성 고분자의 크기 및 형태 제어는 기존 물질에 비해 보다 효율적인 산화/환원 반응, 장시간 사용 안정성 및 증가된 커패시턴스 등의 성능을 향상시켜 줍니다. 전이금속 산화물이나 탄소 소재 등과 같은 기능성 소재들과의 결합을 통해 고성능 하이브리드 전극 소재로 활용되고 있습니다.

▶ 전도성 고분자를 활용하는 분야는 어디인가요?

전도성 고분자의 사용으로 인해 전지의 경량화, 대용량화가 가능해졌습니다. 전도성 고분자의 또 하나의 전기 화학적 특성에 의한 응용 분야는 전기 변색 특성을 이용하여 창문으로 태양광의 양을 감지하여 이를 창문의 색조절 기능으로 연결시켜 겨울철 흐린 날에는 창문을 보다 투명하게 하여 실내 온도를 높이고 밝게 하며, 맑은 여름에는 창문을 어둡게 조절하여 냉방효과를 증대시키는 창문으로 활용 가능합니다. 잉크젯 프린터 기술을 이용하면 경량, 박형 표시장치나 집적회로의 제조에 응용도 이론적으로 가능합니다. 도핑된 폴리아닐린은 전도체이며, 전자회로의 전자파 차폐용으로 이용되거나 부식방지제로 사용됩니다. 폴리피롤은 마이크로파를 흡수하는 스텔스 전투기의 스크린 코팅제로 적용되었으며, 여러 가지 감지장치의 박막형 활성층으로 응용됩니다.

▶ 전도성 고분자를 생체센서로 활용하는 것이 가능한가요?

생체센서는 대사 물질이나 생체 분자들 중에 특정 물질의 존재 여부를 확인하거나 감지할 수 있는 생체 소자를 말합니다. 생체센서는 일반적으로 특정 물질과의 선택적 반응 및 결합을 할 수 있는 생체 감지물질과, 이를 측정할 수 있는 신호로 전환하는 신호변환기로 구성되어 있습니다. 전도성 고분자를 이용한 생체센서는 생체 분자의 감응도와 분석 대상물질의 선택성을 향상시켜 진단시간, 민감성, 다양성 및 생체 적합성을 향상시킬 수 있습니다.

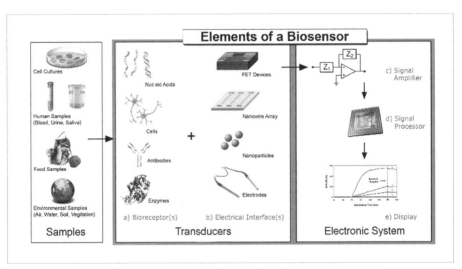

출처 : 생체센서의 구성요소 및 작동원리_전기전도성 고분자를 이용한 생체 전극과 센서의 응용

https://www.cheric.org/PDF/PIC/PC18/PC18-6-0029.pdf

초경량 형광 현미경 개발(2014년 노벨 화학상)

초고해상도 형광현미경 개발 개요

나노미터 크기의 해상도를 가진 세포의 구조를 볼 수 있는 초고해상도 형광현미경 개발로 수상했다. 전자 현미경은 해상도는 아주 좋지만, 시료 처리 과정 때문에 살아있는 세포를 다루지 못한다. 세포의 기능을 제대로 이해하기 위해서는 살아있는 세포 속에서 실제 활동하는 각종 단백질 등 여러 물질들을 실시간으로 관찰하는 것이 매우 중요하다.

이번 수상자들은 아베의 회절 한계를 피하는 새로운 원리를 적용해서 나노 크기의 해상도를 가진 광학 현미경을 개발했다. 첫 번째 방법은 자극 방출 결핍(stimulated emission depletion, STED) 현미경으로 두 개의 레이저 빔을 사용한다. 레이저 빔 하나는 형광 분자가 발광하도록 자극하고, 다른 레이저 빔으로는 나노미터 크기의 영역 이외 다른 부분의 발광을 모두 소광하는 역할을 한다. 이런 방법으로 시료 전체를 스캔해서 초고해상도의 영상을 얻을 수 있다. 두 번째 방법은 베치그 박사와 머너 교수가 각각 개발한 단일분자 현미경(single-molecule microscopy) 방법이다. 이것은 각 분자의 형광을 켜고 끄는 방법을 이용한 것이다.

▶ 형광현미경의 장점은 무엇인가요?

로다민, 오라민, 플루오레세인 등의 형광염료로 염색한 시료를 단파장의 빛에 노출시켜 형광을 관찰하는 현미경입니다. 염색된 물질이 잘 보일 수 있는 광원필터와 자외선 발생장치가 장착되어 있어 시료 자체에 형광성이 내재되어 있거나, 형광성질을 빨아들일 수 있는 물질을 확인하기 좋습니다. 식자재나 섬유, 세균학을 관찰하는 법의학계에서도 널리 이용되며, 시료 중 특정 물질의 상태나 존재 위치를 파악하기 좋다는 장점이 있습니다.

▶ 전자현미경과 형광현미경의 특징은 무엇인가요?

전자현미경은 높은 해상도의 이미지를 얻는 것이 가능하지만, 세포를 절편한 샘플을 사용해야 하기에 살아있는 세포를 관찰하기 힘듭니다. 하지만 형광현미경은 살아있는 세포와 비슷한 이미지를 볼 수 있으며, 분자의 특이성과 형광 라벨에 의해서 제공된 다색의 수용성을 얻을 수 있습니다.

▶ 레이저 형광현미경의 원리는 무엇인가요?

레이저 형광현미경은 시료 중 원하는 지점에 레이저와 검출기의 초점을 동시에 일치시킴으로써 초점에서 벗어난 이미지에 의한 간섭현상을 최소화하고 이미지의 선명도를 극대화시킨 현미경입니다. 광원에서 나온 광선이 광선분할기에 의해 반사되어 광선이 표본 쪽으로 진행하게 됩니다. 진행된 광원은 렌즈를 지나 관측하고자 하는 표본의 한 지점에 맺히고 이것이 표본의 형광물질을 자극하여 빛을 내게 됩니다. 이때 측정하고자 하는 표본에서 나간 빛이 초점으로 다시 맺히는 지점에 작은 구멍을 내게 되면, 핀홀의 위치에 해당하는 표본의 정보를 선명하게 얻을 수 있습니다. 레이저 형광현미경을 공초점 현미경이라고 부릅니다.

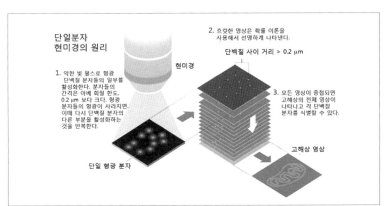

일반 광학 현미경과 STED 현미경의 비교

출처 : 고분자 과학과 기술(2014년 12월)

단일 분자 현미경의 원리

출처 : 고분자 과학과 기술, 2014년 12월

📍 극저온 전자현미경 개발(2017년 노벨 화학상)

극저온 전자현미경 개발 개요

생체분자를 3차원으로 관찰할 수 있는 획기적인 기술로 극저온 전자현미경(이하 Cryo-EM)을 만들어냈다. 움직이는 생체분자를 얼려 잠시 멈춘 뒤, 원자 수준의 3차원 구조를 관찰하는 길을 연 공로로 수상했다. 단백질, DNA, RNA와 같은 생체 분자의 세계는 20세기 초반만 해도 미지의 영역이었다. 과학자들은 생체분자들이 세포 안에서 핵심 역할을 한다는 점을 알았지만, 그들이 어떻게 생겼는지는 알지 못했다. X선 결정법 (X-ray crystallography)과 핵자기공명(이하 NMR) 분광기의 개발로 과학자들은 고체 상태 및 용해 상태의 단백질을 연구할 수 있게 되었다. 생체분자의 구조뿐만 아니라 각 분자들이 어떻게 움직이며 상호작용하는지를 알 수 있게 됐다.

하지만 이 방법들은 근본적 한계가 있었다. NMR은 용액 상태에서 상대적으로 작은 단백질만 관측할 수 있고, X선 결정법은 얼음처럼 잘 정렬된 결정 상태의 분자들만 관찰할 수 있다. 두 방법을 통해 찍은 이미지는 마치 옛날의 흑백사진과 같았고 단백질의 역동적인 움직임에 대해선 거의 알려주는 바가 없었다. Cryo-EM을 사용하면 많은 약의 표적물질이 되는 막단백질이나 분자 수준의 복합체도 쉽게 묘사할 수 있다. 그러나 작은 단백질은 전자현미경으로 연구할 수 없다.

▶ **전자현미경의 단점은 무엇인가요?**

전자현미경은 원자 수준까지 볼 수 있을 만큼 해상도가 좋은 영상을 얻을 수 있습니다. 단점은 강한 전자빔에 의해 생체 분자들이 타버리고, 진공 상태이므로 수분이 없는 상태가 되어서 분자 형태가 변한다는 것입니다. 세포막에 들어 있는 단백질 분자는 그 양이 적고, 정제하기도 어렵고, 세포막에서 분리되면 단백질 분자가 그 형태를 유지하지 못하고 붕괴하므로 실제 단백질 분자의 구조를 알기 어렵습니다. 또한 진공 상태에서 수분이 증발하므로 물을 얼려서 고체 상태로 만들면 얼음 결정이 전자선을 산란시켜서 전자현미경 영상을 얻기 어렵습니다. 비결정성 생체 고분자와 생체 고분자가 결정성일 경우에도 배열이 일정하지 않으면 측정하기가 어렵다는 단점이 있습니다.

▶ 일반 전자현미경과 극저온 전자현미경의 차이점이 궁금해요.

극저온 현미경을 이용하면 일반 전자현미경의 제약을 극복하고 생체 고분자의 구조를 원자 수준까지 끌어올린 고해상 영상을 얻을 수 있습니다. 또 세포막에 들어있는 상태 그대로 전자현미경 사진을 얻어 세포 속 단백질의 붕괴되지 않은 온전한 구조를 확인할 수 있습니다.

분자가 분리되지 않은 단백질이 포함된 세포막을 그대로 시료로 사용하고 강한 전자빔 대신 약한 전자빔을 이용하여 정렬되지 않은 생체 고분자들의 흐릿한 2D 영상을 종합해서 고해상 3D 영상을 얻을 수도 있습니다.

과학 기술의 발전은 이제 간단한 분자의 연구에서 복잡한 합성 고분자와 생체 고분자의 3차원 구조 및 작용기들의 반응 메커니즘, 그리고 생체 고분자의 상호작용과 생명현상을 분자 수준에서 밝히고, 유전자를 자르고 붙이는 연구 등을 통해 의약품 개발과 질병 치료에 새로운 길을 열어주었습니다.

▶ 2D 영상에서 3D 영상을 얻을 수 있는 방법이 궁금해요.

전자 현미경의 2D 영상에서 3D 영상을 얻는 방법

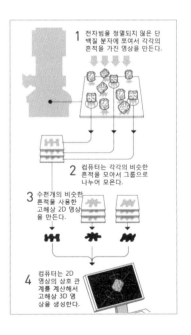

출처 : 고분자 과학과 기술(2017년 12월)

리튬이온전지 개발(2019년 노벨 화학상)

리튬이온 배터리 개발 개요

에너지 혁명을 주도하고 있는 리튬이온전지의 개발로 화석에너지 시대를 종식시킬 수 있는 에너지 혁명을 주도한 공로로 수상했다. 리튬이온 배터리 덕분에 용량 대비 부피가 작으면서 전압은 4V 이상으로 높은 배터리가 가능해졌다. 또한 오늘날의 휴대용 전자기기 사회를 가능하게 했다.

▶ **다른 2차전지에 비해 리튬이온전지의 장점은 무엇인가요?**

리튬이온전지는 다른 배터리에 비해 에너지 밀도가 높습니다. 원자의 질량이 작아 동일 용량의 다른 배터리와 비교했을 때 더 가볍고 작은 크기로 만들 수 있습니다. 게다가 중금속을 포함하지 않아 환경오염 문제가 없고, 충전 가능 용량이 줄어드는 메모리 효과 문제도 없는 등 다양한 장점이 있습니다. 이 때문에 전동 공구부터 가전, 전기차, ESS 등 여러 곳에 활용되고 있습니다.

▶ **전지의 충전과 방전의 원리가 궁금해요.**

기본적인 원리는 양극과 음극에서 산화·환원 반응이 일어나게 되어, 전기화학적인 원리를 통해 충전과 방전이 일어납니다. 방전 반응에서는 자발적인 산화환원 반응이 일어나서 전자의 이동이 발생하게 됩니다. 구체적으로는 음극에 있던 리튬은 용액을 통해, 그리고 전자는 도선을 통해 양극으로 이동하려는 산화·환원 전위가 발생하여 전류가 흐르게 됩니다. 충전 반응은 이러한 방전 반응의 역반응으로, 방전 시에 자발적으로 형성되는 산화·환원 전위의 역방향으로 전압을 걸면 양극에 있던 리튬 양이온과 전자가 전압에 의해 음극으로 이동하여, 음극에서 전자를 얻어 환원 반응이 일어나면서 에너지가 저장됩니다.

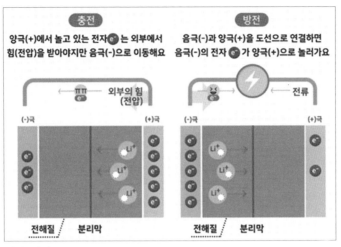

충전

양극(+)에서 놀고 있는 전자 e- 는 외부에서
힘(전압)을 받아야지만 음극(-)으로 이동해요

방전

음극(-)과 양극(+)을 도선으로 연결하면
음극(-)의 전자 e- 가 양극(+)으로 놀러가요

외부의 힘
(전압)

전류

(-)극   (+)극   (-)극   (+)극

Li+   Li+   Li+   Li+   Li+   Li+

전해질   분리막   전해질   분리막

출처 : 삼성SDI

▶ 전력반도체가 중요해지는 이유는 무엇인가요?

전력반도체는 전력을 공급, 제어, 변환하는 데 사용하는 반도체로서 전자부품에 전류와 전압을 적합하게 변환시켜주는 역할을 합니다. 특히, 고속충전할수 있는 충전기에 내장되어 충전량에 따라 고속 또는 일반 충전모드를 선택하여 최적의 전력을 공급하는 데 활용됩니다. 수요도 빠르게 증가하고 있습니다.

관련 단원	보도자료 / 관련 논문
공통과학_3단원 변화의 다양성_화학변화 화학I_2단원 개성 있는 원소 화학I_3단원 생명의 진화_화학결합 화학II_1단원 다양한 모습의 물질_물질의 상태 물리II_2단원 전기와 자기	KERI_꿈의 배터리 '전고체전지' 저비용 대량생산 길 열다! https://c11.kr/k4zn UNIST_리튬 비싸면 '나트륨'… 차세대 전고체전지 개발 https://news.unist.ac.kr/kor/newsletter/20160713-01/?frame=0

관련 영상	대학강의
리튬 이온 전지, 어떻게 작동할까?_공학코너 https://www.youtube.com/ watch?v=qEvqUn6EsOE	인하대학교_전기화학소자 https://c11.kr/k9h0

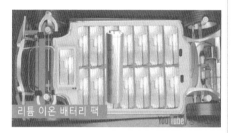

PART
2

학생부 기록 사례
엿보기

창의적 체험활동
기록 사례

 자율활동

전자공학 자료 조사

전자공학자라는 일관된 진로를 갖고 있으며, 평소 전자공학과 관련된 궁금한 점에 대해 인터넷에서 자료를 찾아보며 해결하고자 함. 특히 AMD의 기술력으로 인텔을 이길 수 있는 이유를 탐구함. 삼성의 비메모리 분야의 투자 등 전자 관련 분야의 시장 동향 및 기술 관련 뉴스를 찾아 읽는 것을 좋아함. 자신의 진로와 관련된 신문기사 읽기 활동에서 「일본 8월 불화수소 한국 수출 없었다.」라는 신문기사를 읽고, 기사 내용을 요약하고 핵심 키워드 찾기 활동을 함. 이후, 분업이 필연적인 공학 기술의 종합예술이라고 할 수 있는 반도체 산업의 핵심 부품을 규제함으로써 전 세계 IT기업들의 물량 확보를 위해 위협을 가하는 일본의 행동을 비판한 내용을 소감문으로 작성함.

▶ AMD 반도체가 인텔을 이길 수 있었던 이유는 무엇인가요?

AMD(Advanced Micro Devices)는 인텔 창립 1년 뒤인 1969년 페어차일드반도체 출신 엔지니어들에 의해 미국 실리콘밸리에 설립된 CPU 전문 반도체기업입니다. 2007년 당시 PC용 CPU시장에서 AMD 점유율이 22.7%로 인텔(77.1%)에 한참 뒤졌습니다. 하지만 리사 수가 MIT 박사학위 논문에서 칩 내 절연막층을 통해 반도체 성능을 높이고 구리 배선으로 교체해 효율을 높여 반도체 제작의 표준기술을 제시했습니다. 그 결과 인텔 프로세서의 성능을 능가하는 AMD의 제품들이 나오고, 미세공정에서도 인텔을 추월하기 시작했습니다. AMD는 인공지능(AI) 기술력을 강화하여 서버 및 PC용 중앙처리장치(CPU) 시장에서 인텔을 맹추격하게 되었습니다. 앞으로 미디어와 클라우드로 그 격차가 더 벌어질 것입니다.

▶ 반도체에 불화수소는 왜 필요한가요?

불화수소는 수소(H)와 플루오린(F)이 만나 탄생한 화합물로, '플루오린화수소'라고도 불립니다. 불화수소는 반도체 제조 공정 중 '식각공정'과 '세정공정'에서 사용됩니다. 식각공정에서 불화수소의 역할은 판화 작업에 비유하자면 판화를 찍어내기 위해서 목판에 그림을 새긴 뒤 그림을 제외한 나머지 부분을 조각도로 긁어내는 작업입니다. 불화수소가 바로 조각도의 역할을 하며 웨이퍼의 불필요한 부분을 긁어내 주는 일을 합니다. 세정공정은 반도체에 아주 작은 크기의 불순물만 있어도 회로가 손상되고 성능이 저하되는 등 치명적인 문제가 발생합니다. 따라서 잔류물들을 씻어내기 위한 공정에 세정액 역할을 하는 것이 불화수소입니다. 집적도가 갈수록 증가하는 반도체 공정의 특성상 불량률을 최소화하기 위해 초고순도 불화수소가 필요합니다.

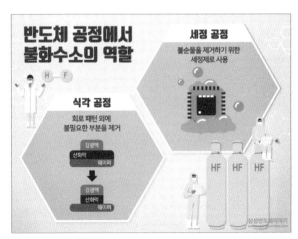

출처 : 삼성반도체이야기

▶ 삼성은 앞으로 어떤 시스템 반도체 개발 계획이 있나요?

　시스템 반도체 시장 규모는 메모리반도체 대비 2배 이상 큽니다. 5G통신, 고성능 컴퓨팅(HPC), 인공지능(AI) 등 기술 발전에 따라 수요가 폭발적으로 증가할 것으로 기대하여 133조 원을 투자하여 시스템 반도체를 개발하고 있습니다. 애플리케이션프로세서(AP)인 엑시노스와 자율주행차 엑시노스 오토, 이미지센서(CIS)로 2억 화소를 개발하였고 6억 화소 이미지센서를 개발하고 있습니다.

💬 학부모 질문

Q R&E활동을 일반고에서도 할 수 있나요?

A 네, 할 수 있습니다. 학교알리미 사이트에서 관심 가지고 있는 고등학교 특색활동 프로그램을 찾아보는 방법과 그 학교를 다니는 선배에게 물어보는 방법이 있습니다. R&E활동은 고등학교와 대학교가 사전에 MOU를 체결하여 1박 2일 캠프나 방학 기간 1주일 집중 탐구활동, 학기 중 1학기 심층탐구활동 등 다양한 방식으로 대학교 연구실에서 관련 연구를 견학하면서 진행합니다. 이 활동은 궁금한 내용을 교수님 또는 대학원생에게 질문하여 해결할 수 있는 장점이 있으며, 또한 고등학교에서 실험장비가 없어 할 수 없는 전문적인 실험을 할 수 있는 장점이 있습니다.

🔍 학생부 관리 팁과 학생부 세특 예시

스마트폰 화소가 높으면 좋은 사진을 찍을 수 있는지 궁금증을 가지고 조사한 사례

(동아리활동 또는 진로활동) 스마트폰 화소가 높으면 무조건 양질의 사진을 얻을 수 있는지 궁금증을 가지고 탐구함. 양질의 사진에는 카메라 모듈의 화소 수와 이미지센서, 이미지 프로세서가 필요함을 알게 됨. 이미지센서가 동일하면 화소 수가 높아도 화질에는 큰 변화가 없다는 것을 알게 됨. 이는 현미경의 조리개 원리와 동일함을 깨닫고 이를 비교하여 PPT를 만들어 친구들에게 발표하여 이해시켜줌. 또한 아이폰 카메라 사진이 더 예쁘다고 하는 이유에 궁금증을 가지고 조사해보니 이미지 프로세싱 기술의 차이에 의해 색감이 달라진다는 것을 알게 됨.

서울 소재 대학을 방문해 전자공학과에서 '전기 발전의 원리'와 '자율주행자동차'에 대한 강연을 들음. 이를 통해 미래 인구 수 증가에 따라 어떻게 효율적으로 전기를 발전시키고 수송할 수 있는지 알게 되고, 에너지 효율이 높은 수소연료전지에 관심을 가지고 조사하여 소감문을 작성하여 제출함. 현재 개발하고 있는 자율주행자동차를 체험하고 관련 이론을 학습함. 후에 개인적으로 흥미가 생겨 검색을 통해 극한 환경 속에서도 높은 안정성을 지녀야 하는 차세대 전장 반도체의 중요성과 자율주행의 핵심 기술인 LiDAR 기술의 특징을 조사하여 보고서로 정리함. 이를 통해 앞으로 반도체를 필요로 하는 분야가 더욱 많아질 것이라 예측함.

▶ 수소연료전지는 앞으로 더 많이 활용되나요?

연료전지는 1839년 영국 물리학자 윌리엄 그로브(William Grove)가 처음 발견한 뒤 1960년대 미국 NASA 우주선 프로젝트에 처음 탑재됐습니다. 1980년대에는 에너지 위기와 환경문제에 직면하면서 연료전지가 발전되었습니다. 연료전지는 산소와 수소의 전기화학 반응을 이용해 연료의 화학에너지를 전기에너지로 변환시키는 발전 장치입니다. 연료가 외부에서 지속적으로 공급되면 계속해서 전기를 발생시킬 수 있으며, 에너지 전환 효율은 화석에너지보다 더 큽니다. 연료전지는 크게 가정용, 수송용, 발전용으로 나뉩니다. 가장 적극적으로 연구되고 있는 분야는 수송용 연료전지입니다. 수소전기차는 이미 출시됐고 선박과 항공 등에도 활용되면서 수소산업의 성장을 주도하고 있습니다.

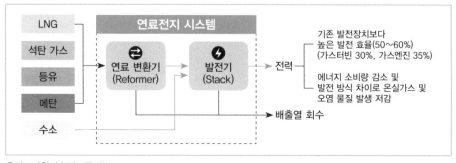

출처 : 과학기술정보통신부

▶ 차세대 전장 반도체는 무엇인가요?

차량용 반도체는 디스플레이 화면으로 차량을 작동하고 정보를 제공하는 인포테인먼트, 파워트레인, 애플리케이션 프로세서(AP)를 비롯해 메모리, 카메라, 각종 센서 등을 말합니다. 자동차용 반도체 프로세서로 '엑시노스 오토'와 이미지센서로 '아이소셀 오토'를 활용하여 V시리즈(인포테인먼트 시스템), A시리즈(첨단운전자보조시스템·ADAS), T시리즈(텔레매틱스 시스템) 등 3개로 나뉘어 개발되고 있습니다.

▶ LiDAR 기술의 원리가 궁금해요.

라이다R(Laser Detection And Ranging) 센서는 레이저를 목표물에 비춤으로써 사물까지의 거리, 방향, 속도, 온도, 물질 분포 및 농도 특성 등을 감지할 수 있는 기술입니다. 항공기, 위성 등에 탑재되어 정밀한 대기 분석 및 지구환경 관측을 위한 중요한 관측 기술로 활용되고 있습니다. 또한 우주선 및 탐사로봇에 장착되어 사물까지의 거리 측정 등 카메라 기능을 보완하기 위한 수단으로 활용되고 있습니다.

레이저 신호의 변조 방법에 따라 time-of-flight(TOF)방식과 phase-shift 방식으로 구분됩니다. TOF 방식은 아래 그림과 같이 레이저가 펄스 신호를 방출하여 측정 범위 내에 있는 물체들로부터의 반사 펄스 신호들이 수신기에 도착하는 시간을 측정함으로써 거리를 측정하는 방식입니다. Phase-shift방식은 특정 주파수를 가지고 연속적으로 변조되는 레이저 빔을 방출하고 측정 범위 내에 있는 물체로부터 반사되어 되돌아오는 신호의 위상 변화량을 측정하여 시간 및 거리를 계산하는 방식입니다.

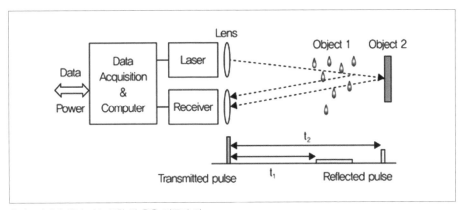

출처 : 라이다 센서 기술 동향 및 응용_김종덕 외

💬 **학부모 질문**

Q 대학교수님 강연을 학교에서 진행하지 않을 경우 어떻게 보완할 수 있을까요?

A 네, 못할 수 있습니다. 그럴더라도 학과체험, 대학탐방 등 다양한 활동을 학교에서 진행합니다. 이때 진로와 관련된 내용이나 교수님을 알아보고 K-MOOC, KOCW, STAR-MOOC 등에서 강의를 들을 수 있습니다. 강의를 듣고 배우고 느낀 점을 적어서 담임선생님께 제출하면 관련 내용을 창의적 체험활동에 기록할 수 있습니다. 혹 안 된다고 하면 자기평가서 양식에 맞춰 제출하는 방법도 있습니다.

🔍 **학생부 관리 팁과 학생부 세특 예시**

자율주행자동차에서 라이다 센서를 배우고 이 기술이 다른 곳에 어떻게 활용되는지 궁금하여 조사한 사례

(동아리활동, 진로활동, 물리학 세특) 자율주행자동차를 공부하며, 사물의 위치를 파악하고 정확한 정보를 제공하는 것에 도움이 되는 라이다 센서에 관심을 가지고 작동원리를 탐구함. 아이폰에 적용된 TOF 카메라가 라이다 센서라는 것을 알게 된 후, 이 원리를 사진자료를 활용하여 발표함. 이후 라이다 센서가 다른 곳에 활용된 사례에 궁금증을 가지고 추가적으로 조사함. 위성에서 기상관측, 무인 로봇 센서, 3차원 영상 모델링 등 다양한 곳에 활용이 된다는 것을 알게 되었다고 보고서를 제출함.

라이다 기술

- Elastic-backscatter lidar

레이저 파장의 변화 없이 입자들의 운동량에 따라 backscattering되는 빛의 spectral broadening 특성을 이용하여 대기 중의 aerosol 및 구름의 특성 측정 등에 활용되는 기술

- Raman lidar

분자 에너지 상태에 따라 분산되는 레이저 빛의 주파수 변화 및 Raman band 내의 세기 분포 분석을 통하여 대기 중의 수증기 및 온도 분포 등의 측정에 활용되는 기술

- Differential-absorption lidar(DIAL)

각기 다른 레이저 파장을 가지는 레이저 빔들에 대하여 측정 대상 물질의 흡수 차이를 이용하여 대기 오염물질 등의 농도 분포를 측정할 수 있는 기술

- Resonance fluorescence lidar

원자, 이온 또는 분자의 에너지 천이와 동일한 에너지를 가지는 레이저 빛에 대하여 동일 파장의 빛 또는 긴 파장의 빛을 방출하는 특성을 이용하여 중간권역 대기 중의 원자 및 이온 농도를 측정하는 기술

- Doppler lidar

Doppler 효과에 의한 레이저 빔의 미세한 주파수 변화를 측정하여 바람 등의 속도를 측정하는 기술

- Laser rangefinder

물체로부터 반사되는 레이저 빔의 수신 시간을 측정하여 거리를 측정하는 가장 간단한 형태의 라이다 기술

- Imaging lidar

레이저 빔의 진행 방향에 대한 거리 정보를 포함하여 공간에 대한 영상 모델링이 가능한 기술로써 laser rangefinder기술을 기반으로 point-scanning을 통하여 point cloud 정보를 수집하거나 광각의 flash-laser에 대하여 반사되는 레이저 빛을 다중 배열 수신 소자를 통하여 수집함으로써 3차원 영상 구현이 가능한 기술

과학체험관 방문

주제별 학급활동에서 과학체험관을 방문하여 홀로그램의 원리를 배우고 직접 만들어보는 활동을 실시함. 이후 홀로그램의 다양한 종류와 원리 등에 관심을 가지게 되어 홀로그램 디스플레이, 롤러블 디스플레이의 특징 및 구현 방법을 조사하고 추가적으로 홀로그램 디스플레이에 대한 개념을 확장하여 LED, VFD, CRT, LCD 등의 디스플레이 소자 각각의 특징을 조사하여 '디스플레이의 기술과 미래 어디까지 왔나'를 주제로 발표함. 톰슨의 음극선 실험과 연결해 CRT에 대해 보고서를 작성함.

▶ 홀로그램의 원리는 어떻게 되나요?

　홀로그램은 빛의 간섭현상에 의해 입체 영상이 구현되는 것으로 아날로그와 디지털 방식이 있습니다. 2개의 레이저 광선을 하나는 반사경에, 다른 하나는 피사체에 쏘아서 피사체에 난반사된 빛과 반사경에서 반사된 빛이 겹쳐지면 빛의 간섭현상이 일어납니다. 이것을 간섭무늬라고 하는데 아날로그 방식은 이를 기록하여 정지 입체 이미지를 만드는 것입니다. 우리가 흔히 보는 올록볼록한 3D 이미지가 담긴 책받침이나 지폐의 위조방지 표식에서 홀로그램을 확인할 수 있습니다. 디지털 방식은 수학적 계산과 처리를 통해 간섭무늬를 만들고 데이터로 기록하여 3D영상을 재생하는 것입니다.

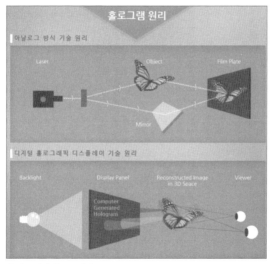

출처 : 삼성디스플레이 뉴스룸

▶ 롤러블 디스플레이는 기존 디스플레이와 어떤 차이점이 있나요?

　플렉시블OLED기판에 유리 대신 유연한 폴리이미드를 사용하고 유기물을 보호하는 유·무기 복합 박막봉지 구조를 이용해 유연성을 구현할 수 있습니다.

디스플레이를 말 때 발생하는 스트레스를 최소화하기 위해 한층 더 얇은 형태로 구현할 수 있는 디스플레이를 말합니다. 평판 OLED보다 두께, 무게가 우수하고 유연성을 활용한 디스플레이 폼팩터 혁신이 가능합니다.

출처 : 삼성디스플레이 뉴스룸

▶ 음극선 실험과 CRT는 어떻게 연결되나요?

브라운관 TV는 CRT(Cathode Ray Tube)라는 진공상태 음극선에서 나오는 전자가 화면에 발라진 형광체를 쏠 때 빛이 나오는 현상을 이용하여 보여주는 것입니다. 컬러의 구분이 필요 없기 때문에 전자총도 1개로 구성되어 있습니다. CRT는 구조에 따라 CPT와 CDT로 나닙니다. TV용 브라운관인 CPT(Color picture tube)는 픽셀이 큰 편으로 저해상도이며, 모니터용 브라운관인 CDT(Color Display Tube)는 픽셀이 작고 해상도가 높아 가독성이 좋습니다. 브라운관의 원리는 전자총의 음극(Cathode)에서 전자가 튀어나오게 되고, 이 전자는 전자총 내부에서 가속되어 전자빔이 자기장이 만들어진 편향판에 의해 제어되어 원하는 형광체와 충돌하여 형광면을 발광시켜 화상을 재현하는 것입니다.

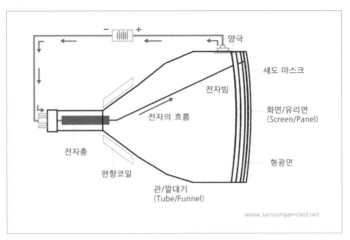

출처 : 삼성디스플레이 뉴스룸

CRT의 장점	CRT의 단점
높은 시인성(고휘도) 높은 응답 속도 높은 신뢰성 낮은 가격 넓은 시야각 자연색 표시 능력	부피 크고 무거움 비 직선성 고전압 동작 진공 유리에 의한 기계적 강도 제약 지자기에 의한 전자빔의 궤도 이탈

전공 역량 강화 프로그램

전공 역량 강화 프로그램에 참가하여 Craig Costello의 '정보와의 전쟁에서 양자 컴퓨터는 암호 해독기를 물리칠 것인가?'라는 강의를 듣고 양자 암호화의 장점과 현재의 한계에 대해 정리하였으며, 이후 주제별 학급활동 시간에 '양자점의 활용'이라는 주제로 TV, 태양전지 등을 예로 들며 발표문을 작성하여 발표함.

▶ 양자 컴퓨터의 우수한 특징은 무엇인가요?

양자 컴퓨터는 양자적 상태의 조합인 '큐비트'를 이용하여 연산하기보다 빠르게 처리할 수 있습니다. 기존 컴퓨터 0과 1의 두 가지가 아닌 00, 01, 10, 11의 네 가지 상태로 표현하기 때문에 이진 코드를 사용하는 컴퓨터에 비해 곱절이나 빠른 처리가 가능합니다. 고전적인 컴퓨터는 하나의 입력에 대해 하나의 결과만 내놓습니다. 기존 컴퓨터는 입력값에 따라 출력값이 선형적으로 결정되는 결정론적인 체계입니다. 이에 비해 양자 컴퓨터는 여러 가지 상태가 동시에 하나의 입자에 나타내어 적은 큐비트로 많은 경우의 수를 표현할 수 있을 뿐만 아니라 큐비트 행동 자체가 비결정론적이라 여러 가지 결과값을 한 번에 낼 수 있습니다.

▶ 기존 컴퓨터가 양자 컴퓨터로 대체될까요?

양자 컴퓨터의 기능은 우수하지만 현재 수준에서 양자 컴퓨터는 개인용 컴퓨터를 대체할 일도 없고 연구 목적도 일반 컴퓨터를 위한 것이 아닙니다. 오히려 현재의 컴퓨터로 하기 어려운 일들을 대체하기 위한 목적에 있습니다. 무엇보다 아직 기술적으로 해결할 과제도 많습니다. 양자 컴퓨터의 기본 정보 단위인 큐비트를 충분한 시간 동안 유지하는 것도 관건입니다. 큐비트가 외부 환경 변화에 민감하므로 차폐시설과 큐비트를 유지하기 위해 초전도체를 사용해야 하며, 고도의 방음, 차진(isolation) 설비를 적용해야 하기 때문에 기존 컴퓨터를 대체하기 힘듭니다.

▶ 스핀 트로닉스 기술 개발이 양자 컴퓨터 개발에 어떤 도움을 줄 수 있나요?

큐비트를 제대로 제어하기 어렵다는 단점이 있습니다. 입자의 성질 중 확연히 구분되는 상태를 지닐 수 있는 것은 무엇이나 큐비트로 이용할 수 있지만 양자적인 수준에서 제어하기란 무척 어려운 일입니다. 가장 제어가 용이하리라고 예측되는 전자의 스핀조차 실용적인 수준의 컴퓨팅을 구현하거나 일정한 상태를 유지하기 힘듭니다.

스핀 트로닉스는 전자가 특정 방향으로 갖는 고유한 운동량 '스핀'을 정보 저장과 처리의 기본 단위로 사용하는 '스핀 소자'를 이용합니다. 스핀 트로닉스는 초전도체 없이도 작동이 될 수 있기 때문에 양자 컴퓨터 시대를 앞당기는 역할을 할 것입니다.

💬 학부모 질문

Q 사진으로 해킹을 당하는 생체인식 보안을 믿을 수 있나요?

A 불안하죠. 요즘은 스마트폰에 다양한 정보가 들어 있기 때문에 해킹의 두려움이 있습니다. 그래서 다중 생체인식 정보로 해킹을 막으려고 노력하고 있습니다. 사진으로 해킹을 당하지 않도록 하기 위해 TOF 카메라로 입체적인 모습을 확인하여 보다 정확한 인식률을 높이고 있습니다.

🔍 학생부 관리 팁과 학생부 세특 예시

자기장, 자성체 없이 전기로만 작동 가능한 그래핀 스핀트랜지스터 개발에 궁금증을 가지고 탐구한 사례

(물리학 세특 또는 동아리활동) 그래핀은 탄소원자가 벌집 구조로 이루어진 2차원 물질로써 전기전도성, 탄성, 안정성은 높지만, 전자의 스핀 확산 거리가 길어 전자스핀을 정보화하는 것이 어렵다는 단점이 있는데, 이 단점을 파악하고 이를 보완할 수 있는 방법에 궁금증을 가지고 탐구함. 스핀-궤도 결합 에너지를 100배 이상 증가시킬 수 있는 '라쉬바 효과'에 대해 조사하여 보고서를 작성함. 라쉬바 효과가 그래핀에 유도되면, 라쉬바-에델스타인 효과에 의해 전하 전류와 스핀 전류가 상호전환 가능하여 자기장이나 자성체 없이 그래핀에 전류를 흘려줌으로써 스핀 전류를 생성할 수 있음을 알게 됨.

주제별 학급 활동

주제별 학급 활동에서 관심사가 비슷한 친구들과 팀을 꾸려 '아두이노를 통한 LCD의 연결과 출력' 프로젝트에 참여함. 처음엔 원하는 문자가 LCD에 출력되지 않아 시행착오를 겪기도 했지만 팀원들과 함께 잘못된 부분을 여러 번 반복해서 짚어나가는 과정에서 가변저항의 연결이 잘못된 것을 깨닫고 실험을 다시 수행함.

연결을 수정하여 원하는 결과를 얻어냄. 디스플레이 소자에 관심이 많은 급우들과 팀을 이루어 '발광층 재료와 발광 방식에 따른 OLED의 분류'로 과제를 설정하고 연구하여 발표함. 전면 발광 방식의 핵심인 미소 공진 효과를 물리학 1시간에 배웠던 빛의 파동성과 보강간섭을 활용하여 설명함. 빛의 파동적인 성질 때문에 공진 주파수가 일치할 경우 보강간섭이 일어나 최초 발광된 빛보다 더 강한 빛이 음극을 통과하게 되는 효과가 발생한다고 설명하며 청자들이 공통으로 아는 개념을 활용하여 지식을 나눔.

▶ 가변저항은 무엇인가요?

   가변저항은 가능할 가(可)+변할 변(變) 저항으로 저항 비를 조절하여 저항값을 변화시킬 수 있는 저항을 말합니다. 가변저항은 조명의 밝기 조절장치나 음향기기의 볼륨 조절장치에 사용됩니다. 가변저항의 원리는 저항성을 가진 물질의 길이를 조절하는 원리로 저항물체의 길이에 따라 저항값을 달리합니다.

▶ OLED의 장점은 무엇인가요?

   OLED(Organic Light Emitting Diode)는 유기(Organic) 발광(Light Emitting) 다이오드(Diode)라는 뜻으로, 형광성 유기화합물에 전류가 흐르면 빛을 내는 전계발광 현상을 이용하여 스스로 빛을 내는 자체발광형 유기물질입니다. LCD에 비해 반응 속도가 1000배 이상 빠르고 얇기 때문에 LCD를 대체할 차세대 디스플레이 소재로 주목받고 있습니다. OLED는 백라이트가 필요 없기 때문에 LCD보다 훨씬 얇은 디스플레이 구현이 가능합니다. OLED는 LCD와 달리 외부 광원이 필요 없으며, 자연색 그대로를 표현할 수 있을 만큼 현존하는 디스플레이 중 최고의 색 재현율을 가지고 있습니다. 특히, 휘도와 계조에 따른 변화가 거의 없는 것이 장점입니다. OLED는 자체발광 특성으로 인해 발광하는 부분에만 전력이 필요하기 때문에 검은 부분의 영상을 구현할 때는 전력이 소모되지 않습니다. 반면 백라이트가 항상 켜져 있는 LCD는 일정 소비전력을 상시 필요로 합니다. OLED는 시야각에 따른 변화가 없습니다. 자체발광으로 인한 특징으로 액정을 사용하는 LCD와 달리 어떤 각도에서든지 선명한 이미지를 볼 수 있다는 것입니다. OLED는 자체발광과 고체소자의 특성으로 인해 사용 환경에 관계없이 동일한 응답 속도와 화질을 구현합니다.

▶ OLED, QNED, QD-OLED의 특징에 대해 소개해주세요.

OLED는 유기물이 발광하는 구조이기 때문에 수명과 번인 문제가 있지만, LED는 무기물이 발광하는 구조로 수명이 길고 전력 소모가 적다는 장점이 있습니다. QNED는 미세한 LED(Nanorods)가 광원인 구조로 대형 OLED를 대체할 기술입니다.

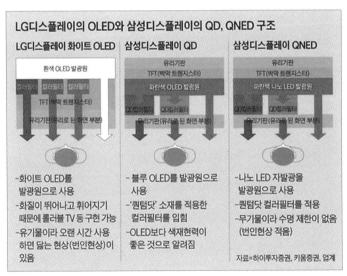

출처 : 하이투자증권, 키움증권 리서치센터

동아리활동

과학탐구동아리

온라인 강의 사이트 KOCW에서 '신소재 나노 물질과 인쇄전자에 대한 최신 기술 동향과 이해'를 수강함. 강의를 통해 나노물질을 설명하며 QD(양자점) 기술이 디스플레이 분야에 활용되고 있다는 것을 듣고 관심을 가져 디스플레이 분야에 활용되고 있는 기술인 OLED(유기발광다이오드), QD(양자점)의 구조를 비교하고 QD(양자점)에 나노기술이 첨가된 QNED(퀀텀닷 나노 발광다이오드)의 구조를 소개하는 탐구 보고서를 작성하여 발표함. 동아리 내에서 전기, 전자, 디스플레이 분야의 조사를 맡아 '탄소나노튜브의 활용'을 주제로 조원들과 조별 탐구 보고서를 작성함. 기존 편광필름의 빛 효율이 낮으며 내열, 내구성 또한 낮다는 문제점을 지적하며 대안으로 탄소나노튜브를 활용하여 편광필름을 제작하면 높은 광 투과도와 높은 편광 효율을 가져 고온에서도 물리적인 변형이 없어 기존 편광필름의 단점 보완이 가능하다는 부분에 대해 발표함.

▶ 탄소나노튜브로 편광필름을 개발하면 어떤 의미가 있나요?

탄소나노튜브(CNT)−시트(sheet) 기반의 편광필름 개발은 디스플레이 패널의 적용으로 적은 빛으로 더 다양한 색 표현이 가능합니다. 편광필름은 입사된 빛에서 특정한 방향의 빛만 투과시키는 기능이 있는 광학필름으로 LCD, OLED 패널에 필수적으로 적용되는 구성요소입니다. 기존 폴리머 기반의 편광필름은 낮은 광 투과도로 인해 전체적인 디스플레이의 광 효율을 저하하는 단점이 있습니다. 탄소나노튜브로 편광필름을 구현하면 대면적으로 균일하게 디스플레이를 구현할 수 있습니다.

▶ 편광필름은 어디에 활용되나요?

편광필름이란, 빛의 편광 원리를 이용하여 특정 빛의 파장만 통과시키도록 만들어진 필름을 의미합니다. 편광필름의 역할은 입사광을 서로 직교하는 2가지 편광 성분으로 나누어, 한 성분은 흡수 또는 분산시키고, 다른 한 성분만을 투과시킵니다. 편광필름의 회전 정도에 따라 투과되는 빛의 세기를 조절함으로써 흑과 백의 명암을 조절할 수 있게 됩니다. 이러한 편광필름은 다양한 산업 분야에 활용되고 있습니다. 편광 디스플레이뿐만 아니라 편광 선글라스, 편광 망원경, 편광 스테인드글라스, 편광 커튼 등 다양하게 활용됩니다.

반도체 탐구 동아리

주제 발표시간에 짧은 채널효과, 문턱전압(Subthreshold swing) 등의 측면에서 현재 사용되고 있는 반도체의 물리적 한계에 관한 탐구 보고서를 작성함. 논문 리딩 스터디에서 최근 이슈화된 3진법 반도체에 관심이 생겨 해당 논문집의 원문을 읽고 이번 3진법 반도체 개발이 기존의 3진법 반도체 연구에 대해 가지는 차이점에 대해, 그리고 상용화되면 배터리 효율이나 계산 속도에서 이점을 가진다고 설명함. SoC보다 SiP(System-in-Package)의 후공정 기술이 각광받고 있는 이유에 대해서도 추가적으로 설명함. 〈일본 반도체 패전〉과 〈세계 1위 메이드 인 코리아 반도체〉라는 책을 바탕으로 90년대까지 선두를 달리던 일본의 반도체 사업이 실패한 원인과 그에 비해 한국이 짧은 기간 안에 성공할 수 있었던 이유를 공정과 조직 구성의 측면에서 발표함. 기억력 테스트 게임의 코딩을 분석함. 이를 아두이노로 제작하여 학교 축제에서 이벤트를 진행해 일반 학생들도 아두이노를 접해볼 수 있도록 함. 금속탐지기의 원리를 알아보고 전자키트를 이용해 금속탐지기를 직접 만들어 봄.

▶ **문턱전압(subthreshold swing)이 반도체에 미치는 영향이 궁금해요.**

문턱전압이 작다는 것은 역수 값인 Slope가 크다는 것이고 그렇다면 작은 전압으로도 소자를 On 상태로 만들 수 있다는 뜻입니다. 작은 전압으로도 소자를 On 상태로 만들면 소자도 소형화가 가능하며, 소자 스위치 속도가 더 높아집니다.

▶ **SiP(System-in-Package) 기술이 중요한 이유는 무엇인가요?**

SiP(System-in-Package)는 반도체 시장이 단순히 하나의 패키지에 고객이 원하는 디자인과 공급관리, 제조 그리고 제품 테스트까지 포함한 토탈 솔루션으로 제공하기에 더욱 중요해지고 있습니다. SiP의 장점은 여러 칩과 패키지 기술을 비용, 크기 그리고 성능이 최적화된 고집적 제품을 만들 수 있어 보드의 자원을 줄일 수 있습니다.

▶ 아두이노 금속탐지기 원리는 무엇인가요?

금속이 가까이 오면 코일의 인덕턴스(유도 용량)가 변하는데, 여기서 인덕턴스의 변화를 측정하기 위해 코일에 펄스를 인가하면 전압 피크가 발생합니다. 하지만 아두이노로 전압이 피크가 되는 매우 짧은 시간을 측정하기 힘들어 부저를 달아서 소리로 구별할 때에는 562J(5.6nF) 콘덴서와 5K 부근에서 가장 잘 작동한다는 것을 알 수 있습니다. 가변저항으로 잘 튜닝하면 소리가 거의 들리지 않다가 금속이 근처에 있으면 들리도록 할 수 있어 쉽게 금속을 탐지할 수 있습니다.

물리탐구동아리

개인별 탐구활동으로 5G통신 분야에 관심이 있어 RF와 통신의 의미를 모색하고 이에 따라 실생활에서 RF통신방식을 취하는 예를 살펴보는 활동을 진행하였음. 부원들과 토의과정을 거쳐 아두이노와 RF통신 모듈을 연결하여 다양한 기능을 수행하게 할 수 있다는 사실을 알게 되었음. 정보 시간에 배운 지식을 토대로 아두이노 우노에 RF통신 모듈을 연결해서 원거리에 있는 전등의 밝기를 조절함과 동시에 ON/OFF 기능을 수행하였음. 또한 이 과정들을 다섯 가지 단계로 나누어 보고서를 작성하고 부원들 앞에서 발표함. 물리 스터디를 진행하는 활동에서 뉴턴 운동법칙을 맡아 발표수업을 진행함. 작용-반작용 관계와 힘의 평형관계를 수월하게 구분하기 위해 손바닥 밀치기와 같이 실생활에서 흔히 찾을 수 있는 두 힘을 예를 들어가며 설명함. 이에 그치지 않고, 자신이 풀었던 문제 중 난해한 문제를 간추려 제시하고, 부원들과 합심하여 문제의 풀이과정을 비교해보며 해결해나가는 모습이 인상적임. 본인의 자유시간을 할애하여 서로의 강점과 약점을 분석하여 문제점을 보완해주는 시간으로 사용하였음.

▶ 경매를 통해 주파수를 확보하는 이유는 무엇인가요?

주파수는 무선통신을 하기 위한 기본자원입니다. 주파수 없이는 이동통신 서비스 자체가 불가능합니다. 800MHz에서 10MHz, 1.8GHz에서 20MHz, 2.1GHz에서 20MHz의 대역폭을 정부에서 내놓아 이를 경매를 통해 확보할 수 있도록 한 것입니다. 주파수에서 중요하다고 볼 수 있는 데이터의 전송속도와 가장 밀접한 것은 대역폭입니다. 대역폭은 주어진 데이터를 전송하는 데 필요한 주파수 폭을 말합니다.

또한 해당 주파수 대역을 다른 나라에서 얼마나 사용하는지가 중요합니다. 글로벌 측면에서 특정 대역을 여러 국가가 동일하게 사용한다면 장비나 단말기의 수급과 로밍 서비스에 유리합니다. 해외에서는 대부분 4세대(LTE) 서비스용으로 1.8GHz~2.1GHz 대역을 채용하고 있기에 1.8GHz와 2.1GHz에서 인기가 높았습니다.

▶ 5G 통신에서 주파수가 바뀐 이유는 무엇인가요?

5G 이동통신 서비스의 성능을 획기적으로 개선하기 위해서는 종래의 주파수 대역보다 훨씬 더 높은 주파수 대역(28GHz 등)을 이용하는 밀리미터 기술이 필요합니다. 높은 주파수 대역을 이용할 경우 상대적으로 넓은 주파수 대역폭을 이용할 수 있어 데이터 전송 속도를 높일 수 있습니다다. 또한 밀리미터파 주파수 대역의 경우 경로 감쇄가 크고, 직진성이 강해 이동통신에는 적합하지 않은 것으로 생각되어 왔으나, RF 소자, 빔포밍 기술, 스몰셀 기술 등이 개발되어 이런 단점을 보완하여 사용하고 있습니다.

▶ 빔포밍 기술은 무엇인가요?

빔포밍 기술은 여러 개의 안테나를 이용하여 특정 방향으로는 큰 이득이 되고, 다른 방향으로는 작은 이득이 되는 빔을 형성(Beam forming)하여 간섭의 영향을 줄이고, 통신 품질을 향상시키는 기술입니다. 밀리미터파 대역에서는 경로 감쇄가 심해 전파가 멀리 전파되지 않는데, 빔포밍 기술을 이용하여 전파를 특정한 방향으로 집중하여 전송함으로써, 원활한 통신이 가능하도록 하였습니다.

빔포밍 기술은 기저대역(baseband) 신호에 복소수 가중치를 곱하여 신호의 진폭과 위상을 변화시키는 디지털 빔포밍과 RF 회로의 위상 천이기를 이용하는 RF 빔포밍 기법으로 구분될 수 있습니다. 디지털 빔포밍은 보다 정교하게 빔포밍이 가능하다는 장점이 있으나 안테나별로 송수신기가 필요하여 하드웨어 구현이 어렵다는 단점이 있습니다.

▶ 스몰셀 기술은 무엇인가요?

스몰셀 기지국은 통상 수 km의 광대역 커버리지를 지원하는 매크로 셀과는 달리 10~수백m 정도의 소출력 커버리지를 갖는 기지국을 말합니다. 5G에서 스몰셀은 실내에서 네트워크 용량, 밀집지역의 지원, 커버리지를 증대할 수 있다는 장점이 있습니다. 또한 5G 통신은 회절이 잘 되지 않아 기존보다 촘촘한 네트워크를 구성해야 하기에 스몰셀을 이용하면 기지국으로부터 가깝거나 가시거리 내에 있는 단말기들로 데이터를 전송할 수 있으며, 해당 주파수는 단말기들과 간섭을 일으키지 않는 장점이 있습니다. 그래서 스몰셀이 구축되지 않는 지역은 원활한 5G 통신을 경험하지 못할 수 있습니다.

컴퓨터공학 동아리

코딩 연습을 위해 인터넷상에 공유되어 있는 예제문을 보고 테트리스 게임을 제작함. 코딩값을 변경해 가면서 코드를 분석하고, 진행과정에서 나타나는 오류를 수정함.

아두이노 자동차를 제작하기 위해 구매한 모터드라이버가 자료에 있던 제품과 달라서 작동이 제대로 되지 않아 이를 해결하기 위해 추가적인 자료를 찾고 동아리원과 함께 문제해결을 위해 노력하여 구동할 수 있게 되었음. 딥페이크 기술의 문제로 다양한 사회적 문제가 발생한다는 것을 알고 이 주제로 토론할 것을 제안하여 다양한 의견을 교환하면서 딥페이크를 구별할 수 있는 인공지능이 필요함을 피력함.

▶ **딥페이크 기술을 활용한 긍정적인 사례가 궁금해요.**

신디시아(Synthesia)는 축구 스타인 데이비드 베컴(David Beckham) 목소리를 활용해 말라리아 퇴치 홍보 캠페인 영상을 제작한 경우가 있습니다. 네이버의 클로바 보이스는 성우의 목소리를 녹음하지 않고 문자 입력으로 더빙하는 기술을 적용하고 있습니다. 영상합성을 활용하여 단편 9분짜리 영화인 '선스프링(Sunspring)'을 제작한 경우도 있습니다. 이처럼 긍정적으로 활용할 수 있는 사례가 많이 있습니다.

▶ **딥페이크 기술을 확인할 수 있는 방법은 무엇인가요?**

딥페이크(DeepFake)는 콘텐츠를 합성해 허위 정보를 만들어내는 기술로, 인공지능(AI)에서 주로 활용되는 알고리즘인 '딥러닝(DeepLearning)'을 기반으로 '생성적 적대 신경망(GAN. Generative Adversarial Network)' 기술을 활용하고 있습니다. GAN은 실제와 유사한 콘텐츠로 만들기 위해 스스로 합성합니다.

딥페이크 기술에 대응할 수 있는 기술로 블록체인을 활용한 딥페이크 방지 기술이 개발되고 있습니다. 블록체인은 참여자 간에 일치된 데이터를 공유하는 플랫폼으로 참여자가 데이터의 무결성을 보증하기 때문에, 데이터 조작으로부터 안전할 수 있습니다. 또한 데이터 이력 추적에도 활용할 수 있다는 장점이 있습니다.

▶ 블록체인 기술로 거래할 수 있는 것은 무엇인가요?

　사진작가의 저작권을 보호하기 위한 코닥원(KodakOne) 서비스가 있습니다. 블록체인으로 저작권 내용에 대한 정당한 권리를 받을 수 있습니다. 네뷸라 지노믹스(Nebula Genomics)는 블록체인을 활용해 유전자 거래 시스템을 선보여 사용자의 유전자 이력을 블록체인으로 추적할 수 있습니다. 루이비통에서는 진품 여부를 가리기 위해 유통 전 과정을 추적하여 지적 재산권을 보호하고 있습니다. 블록체인 캠퍼스 기술로 포스텍과 연세대는 캠퍼스에서 가상화폐를 통용하여 매점이나 식당에서 결제하거나, 전자투표와 증명서 발급 등이 가능하도록 하고 있습니다. 앞으로 더 많은 곳에서 활용이 될 것입니다.

반도체 산업 탐구동아리

　동아리 자유주제탐구활동을 통해 일본과 대한민국의 주요 무역상품인 반도체 무역과 수출규제 및 무역분쟁 등에 대하여 조사함. 일본의 HF, 폴리이미드, 포토 레지스트와 같은 반도체 소재의 한국 수출 규제정책으로 한국의 반도체 산업에 끼친 악영향에 대해 알아봄. 또한 이로 인해 전 세계적으로 반도체 산업이 침체될 수 있다는 문제적 관점을 제시함. 일본과 한국의 반도체 무역은 서로의 발전을 위해서 우호적인 관계를 유지하며 상호보완적인 무역을 해야 한다는 의견을 발표함. 반도체 웨이퍼의 경우 국내 생산능력이 전 세계 2위이기 때문에 일본의 경제 제재 품목에 포함되지 않았고 제재를 받지 않았다는 것을 주장하며 우리나라 소부장 산업 활성화의 필요성을 주장함. 나아가 우리나라 기업에서도 플루오린 폴리이미드 등의 반도체 핵심 소재에 대한 생산능력을 기르기 위해 여러 기업이 협력해야 하며, 정부가 선택과 집중을 통한 국산화 지원을 더욱 강화해야 한다고 주장함.

▶ 포토 레지스트는 무엇이며, 어디에 사용되는 것인가요?

　포토 레지스트는 반도체 기판 제작에 사용되는 감광액 재료입니다. 이는 사진을 찍듯이 반도체 원판인 웨이퍼에 빛을 쏴 원하는 모양의 회로를 그리는 공정입니다. 웨이퍼 표면에 포토 레지스트를 바르고, 회로를 그린 마스크를 웨이퍼 위에 씌우고 빛을 쏘면 회로 모양을 제외한 나머지 포토 레지스트를 바른 부분은 사라집니다. 포토 레지스트가 빛과 반응해 화학결합이 끊어지며 사라지면서 회로를 그리는 것입니다.

▶ 소부장 산업이 무엇인가요?

소재·부품·장비(소부장) 산업은 반도체 소재와 자동차 부품, 제조를 위한 제조장비 등 우리나라 산업의 중심인 제조업의 뿌리가 되는 산업을 말합니다. 일본의 수출규제 조치에 대응해 1년 내 20대 품목, 5년 내 80대 품목의 공급 안정화를 달성하기 위한 '100대 품목 소재·부품·장비산업 경쟁력 강화대책'을 위해 선정한 산업이라고 생각하면 됩니다.

100대 핵심 전략품목

반도체	• (단기 5개, 장기 8개) 불산 등 관련 핵심 소재 및 장비 부품 등 13개
디스플레이	• (단기 2개, 장기 9개) 공정용 화학소재, 정밀 결합소재 및 장비 등 11개
자동차	• (단기 5개, 장기 8개) 센서 등 자동차 부품, 경량소재(차체, 부품) 등 13개
전기전자	• (단기 3개, 장기 16개) 배터리 핵심소재, 광학렌즈, 신소재 전자부품 등 19개
기계·금속	• (단기 5개, 장기 34개) 금속가공장비, 초정밀 합금, 금속제조용 분말 등 39개
기초화학	• (장기 5개) 불화계 화학소재, 고정밀 접착소재 등 5개

출처 : 소재·부품·장비 경쟁력 강화대책_산업통상자원부

▶ 정부에서 소부장 산업을 활성화하기 위해 하고 있는 투자 계획도 알고 싶어요.

미래차, 반도체 등 13개 소재·부품·장비 양산설비 투자에 대해 입지·환경 규제 완화 등 애로사항을 해소할 수 있도록 지원하고 있습니다. 141개 민간 투자 프로젝트 중 소재·부품·장비 관련 13개 프로젝트를 집중 지원하고 있습니다.

구분	미래차	반도체	디스플레이	전기전자	기계	계
프로젝트	2건	2건	3건	4건	2건	13건
투자	2,600억 원	253조 원	18조 원	5,400억 원	121억 원	392.8조 원
주요내용	• 수소차 부품생산 • 연료전지 스택공장 증설	• 메모리 라인 증설 • 공정 장비 설비투자	• OLED 라인 증설 • OLED 소재 생산 설비투자	• 이차전지 소재 설비투자 • 충전기 생산투자	• 특수 사출기 투자 • 레이저 절삭 설비 투자	정부합동 투자 지원반 가동

출처 : 소재·부품·장비 경쟁력 강화대책_산업통상자원부

 진로활동

진로탐색 독서활동

〈반도체 제국의 미래〉라는 책을 읽으면서 반도체가 어떤 원리로 만들어지는지, 반도체 산업의 구조, 반도체 기업의 경쟁 관계 등 반도체 산업의 깊은 내용을 알게 됨. 소비자의 수요를 판단하고 반도체 시장의 요구사항을 맞출 수 있도록 최적의 디자인을 만드는 것을 반도체 설계라고 하며 로직 회사가 반도체 설계를 통해 반도체 시장에서 경쟁력을 차지했음을 파악함. 반도체의 한 종류인 D램의 기본적인 동작은 사용자(CPU)로부터 명령을 받는다는 것과, 만일 그 명령이 '읽기'라면 해당주소에 전하를 채운다는 것을 알게 됨. 세계적 반도체 기업들이 변화와 혁신의 세월을 겪으면서 습득한 지식을 바탕으로 반도체 핵심기술의 변화가 어떻게 반도체 산업을 변화시켜왔는지 알게 됨.

▶ 반도체 설계와 회로 설계는 어떻게 다른가요?

반도체 설계는 Front-End(디자인 설계)와 Back-End(레이아웃 설계)로 크게 나뉘집니다. 여기서 아날로그 회로를 설계하느냐, 디지털 회로를 설계하느냐에 따라 쓰이는 툴이나 과정이 조금씩 다릅니다. 예를 들어 반도체는 집을 짓는 과정과 비슷하고, 반도체의 '소자'는 집을 지을 때 재료가 되는 벽돌이나 나무를 얼마만큼 좋게 만들어낼 것인가와 관련 있습니다. 반면에 '설계'라는 부분은 이 재료들을 갖고 어떤 집을 지을 것인지를 고민하는 과정입니다. 회로 설계는 반도

체 설계를 포함하고 디스플레이 등 다양한 것을 다 포괄한 것입니다.

▶ 아이디어만 있으면 24시간 만에 칩을 설계할 수 있나요?

경기기업성장센터에서 '시스템반도체 설계지원센터'를 개소하고 팹리스 기업의 경쟁력을 강화하기 위해 지원해주고 있습니다. 국내 팹리스 반도체설계자산(IP) 개발·활용 확대를 위해 상용화·범용화를 위해 개발비도 지원해주고 시제품이 정상적으로 작동할 수 있도록 평가하는 분석 및 계측 인프라를 제공해주고 있습니다. 이 센터에서는 인공지능, 터치IC, 자율차 센서 등 9개 입주기업을 선정하여 사무공간에서 칩 설계를 할 수 있도록 지원하고 있습니다.

학급 진로활동

학급 진로 기사 발표시간에 IT산업의 현황, 자율주행자동차의 개발 현황에 대한 기사를 작성 후 게시, 발표함. 프로그래머가 되기 위해 관련 프로그램 영상과 '알고리즘 트레이닝' 책을 보면서 자료 구조, 알고리즘 문제해결 핵심 노하우를 터득, 친구들과 공유함. RSP(Reverse Science from Product: 거꾸로 배우는 과학원리) 창의 발명교육을 통하여 일상생활 속 발명품에 숨겨진 원리를 찾아보고, 아이디어를 기록하는 습관의 중요성을 깨달음.

▶ 자율주행차 오픈소스가 필요한 이유는 무엇인가요?

자율주행차 실현을 위한 기술적 진전은 분명 빠르게 진행되고 있으나, 시험 운행 결과를 보면 사고로 인한 안정성 확보가 여전히 이슈가 되고 있습니다. 또한 미국자동차협회(AAA)에서 실시한 설문조사 결과, 완전 자율주행차에 대한 미국 운전자의 의식은 아직도 회의적(54%)입니다. 따라서 오픈소스를 공개하여 안전성을 높이려는 움직임이 활발하게 진행되고 있습니다. 이는 이렇게 확보된 안전성이 높은 프로그램을 다른 기업에 요금을 받고 사용 허가코자 하는 목적이 있습니다.

바이두의 오픈소스 자율주행 플랫폼 아폴로(Apollo), Udacity의 Open Source Self-Driving Car, 천재 해커가 만든 comma.ai, 일본 나고야 대학의 Autoware 등이 공개되어 있습니다. 자율주행기술은 영상 처리, 환경 인식, 차량 제어, 소프트웨어 공학 등 다양한 분야의 개발자들이 공동연구를 추진해야 하는 만큼 누구나 손쉽게 시작할 수 있는 가상환경부터 실제 차량에 이르기까지 개발 단계에 따라 확장 가능한(Scalable) 자율주행 플랫폼이 필요합니다.

▶ 테슬라에서 완전자율주행 기능 소프트웨어 가격을 인상하는 이유가 궁금해요.

테슬라는 자율주행 기술 완성도를 높이기 위해 도로 주행 데이터를 지속적으로 수집하고 있습니다. FSD(Full Self Driving)를 선택하지 않은 차량에도 8대의 카메라와 12개의 초음파 센서 등 FSD에 필요한 하드웨어를 모두 탑재해 운전자의 주행 데이터를 수집합니다. 이렇게 확보된 데이터는 오토파일럿만 30억 마일(약 48억km) 이상의 많은 데이터를 확보해 완전한 자율주행이 가능하도록 하여 소프트웨어 가격을 인상하려는 계획을 세우고 있기 때문입니다.

직업 / 전공 플러스

소프트웨어학부 전공 특강을 통해 아두이노를 블루투스와 연결하여 스마트폰으로 제어하는 방법을 익히고, 일상생활에서 사용되는 여러 소프트웨어에 대해 설명을 들음. 미디어를 통해 진로를 탐색하는 진로토크 콘서트 '생각보다 위험한 AI의 위험성' 영상을 통해 인공지능에 정보를 주입하는 인간의 역할에 대한 중요성을 인식하고, 인공지능을 이용한 효율적인 작업에 대해 고민해봄. '자율주행자동차가 보는 방법' 영상을 통해 자동차가 사물을 인식하는 방법과 이에 적용된 여러 기술에 대해 학습함. '당신 주변의 모든 것이 컴퓨터가 될 수 있습니다.' 영상을 통해 컴퓨터 제어를 위해 주변 사물을 다양한 방식으로 연결할 수 있음을 깨닫고, 각 용도에 맞는 가장 효율적인 제어방식에 대해 고민해봄. 본교가 주최하고 주관한 교내 '꿈의 대학(파이썬과 R언어)' 8시간을 이수함. 컴퓨터 제어방식 및 친환경 자동차 작동원리에 대한 정보를 얻고 파이썬 사용법을 익힘.

▶ 블루투스로 연결하는 방법보다 더 좋은 방법은 없나요?

블루투스는 가격이 저렴하고 추가 장비 없이 쉽게 스마트폰과 연동하여 조절할 수 있지만, 통신이 자주 끊어지는 문제와 10m 이내 거리에서 가능하다는 단점이 있습니다. 이런 문제를 해결할 수 있는 방법으로 LTE, WIFI, XBee 등이 있습니다.

구분	장점	단점
LTE	원거리에서도 끊어짐 없이 작동 가능.	SIM7000, SIM7600 같은 LTE를 지원하는 칩셋과 USIM을 사용해야 함.
블루투스	가격이 저렴하고, 스마트폰에 내장된 블루투스가 있어 추가 장비 없이 가동.	통신거리가 10m로 짧고, 벽으로 막힌 경우 통신이 잘 안 되고, 통신속도가 느리고, 블루투스 간 통신이 자주 끊어지는 문제가 발생함.
WIFI	통신속도가 빠르고 통신 범위도 블루투스보다 넓음.	전력 소모가 많아 비효율적이며 모듈 가격도 높은 편임.
XBee	센서 통신에 적합하며 저전력 시스템을 구현 가능.	스마트폰에 XBee 모듈을 추가 설치해야 함.

▶ 컴퓨터를 원격으로 어떻게 제어하나요?

컴퓨터가 여러 대가 있거나 외부에서 집에 있는 컴퓨터를 제어하고 싶을 때 사용하는 방법 2가지는, 윈도우에 내장되어 있는 원격 데스크톱 기능을 활용하는 방법과 팀뷰어(TeamViewer)를 이용한 원격 접속 방법이 있습니다. 같은 내부망에 있는 컴퓨터 간 원격 제어 시 윈도우에 내장되어 있는 원격 데스크톱 기능을 활용하는 방법이 있습니다. 데스크톱에서 사용자 계정과 원격 연결 허용 설정을 하여야 합니다.

우선 윈도우키 + R을 눌러 실행창을 열고 control userpassword2를 입력하여 사용자 계정 창을 엽니다. 접속할 ID와 비밀번호, 권한(표준 사용자)을 설정합니다. 다음은 윈도우키 + Pause Break 키를 눌러 제어판 창을 열고 원격 설정을 클릭합니다. 원격 지원 체크박스에 체크를 하고 사용자 선택을 눌러 원격 접속할 아이디를 선택합니다. cmd 창에서 ipconfig 명령어를 통해 IP를 입력하면 원격 접속이 가능합니다.

팀뷰어는 무료로 보다 간단하게 사용할 수 있습니다. 원격 제어를 하고자 하는 컴퓨터와 원격 제어를 하고 있는 컴퓨터에 팀뷰어를 설치하면 됩니다. 팀뷰어 홈페이지(https://www.teamviewer.com/)에 접속 후 팀뷰어를 다운로드받아 설치하면 됩니다. 다만, 원격 대상 컴퓨터가 아닌 원격 접속을 하는 컴퓨터에서는 실행만 해도 됩니다.

전공 역량 강화 프로그램

'모바일 프로그래밍'을 수강해 '안드로이드와 애플리케이션'에 대해 공부하고, 모바일 관련 플랫폼, 개발 언어에 대해 학습한 후 이를 적용해 실력을 키워나감. 일시적인 활동에 그치지 않고 안드로이드 프로젝트를 생성하고 XML 코드, Java 코드, AVD 등을 이용하여 간단한 애플리케이션을 개발함. 매달 스터디 보고서를 작성해 검토받고 보완하며 모바일 프로그래밍에 깊은 관심을 보여줌.

▶ **앞으로 모바일 프로그래밍이 더 중요해지나요?**

무선 인터넷 사용자 수가 전 세계뿐만 아니라 국내에서도 급속히 증가하는 추세입니다. 스마트폰뿐만 아니라 모바일 운영체제로 노트북에도 접목하여 운영하고 있기에 더욱 중요한 상황입니다. 국내에서는 각 통신사별로 사용하는 플랫폼이 다르지만 정부에서는 향후 WIPI 플랫폼으로 통일시키려 합니다. WIPI는 java와 c언어를 다 지원하고 있으며, 모바일 쪽을 공부하기 위해서 반드시 WIPI는 알아야만 합니다. 특히, 모바일 운영체제가 자리를 잡을 뿐만 아니라 더욱 성장할 가능성이 높기에 모바일 프로그래밍을 학습하는 것이 중요합니다.

▶ WIPI 플랫폼이 무엇인가요?

WIPI는 자바(JAVA) 언어와 C/C++ 언어를 모두 포함하는 한국형 무선 인터넷 표준 플랫폼입니다. 국내 무선 인터넷 플랫폼 표준 규격 'WIPI'(위피)를 비동기 IMT-2000 국제표준으로 상정, 3GPP 캐나다 회의에서 기술적 우위성, 개방성으로 국제표준으로 채택되었습니다. 어떤 통신 사업자라도 WIPI를 사용하여 외국에서도 서로 통용되기에 가입자가 인터넷 콘텐츠를 쉽게 사용할 수 있게 해주는 기술입니다.

자율과제탐구활동

2학년 때 탐구했던 디스플레이 소자에 흥미를 느껴 LCD와 OLED 디스플레이의 빛의 밝기를 조절하는 역할을 하는 박막 트랜지스터(TFT)의 구조 및 역할에 관해 탐구함. 이후 트랜지스터(TFT)의 기술 방식을 비교하는 과정에서 LTPS(저온다결정실리콘)에 대해 알게 되어 조사함. 저항이 적어 반응 속도가 빨라지는 박막 트랜지스터 액정 표시장치(TFT-LCD)에 대해 조사하여 얇게 제작할 수 있으면서도 높은 해상도와 낮은 소비전력을 장점으로 꼽음. 물리학2 시간에 배웠던 LED의 원리와 트랜지스터의 역할 개념을 활용해 'TFT부터 LTPS, Oxide TFT, a-Si TFT까지' 탐구보고서를 작성하고 발표함.

▶ 박막 트랜지스터를 이해하면 플렉서블 디스플레이를 제작하는 데 도움이 되나요?

네, 많은 도움이 됩니다. 박막 트랜지스터(Thin Film Transistors, TFTs)는 트랜지스터의 채널이 형성되는 액티브 층이 박막 형태로 기판(Substrate) 위에 형성되는 트랜지스터입니다. 가장 흔하게 사용되는 기판은 유리로, 통상의 트랜지스터가 실리콘웨이퍼를 기판으로 사용한다는 점에서 차이가 납니다.

비정질 실리콘을 액티브로 사용하는 a-Si TFT와 다결정 실리콘을 사용한 poly-Si TFT로 LCD픽셀 소자로 잘 알려져 있습니다. 경량, 박막형, 유연성 등의 특징을 가진 플라스틱 기판의 플렉서블 전자소자와 더불어 광학적으로 투명한 전자소자를 구현하기 위한 연구가 진행되고 있습니다. 대부분의 산화물이 투명하기는 하나 전도성이 없기 때문에 트랜지스터의 액티브 층으로 사용되는 것이 어려우나 ZnO, InO, GaO, SnO 등의 산화물 재료와 조합하여 oxide TFT 의 액티브 형성 재료로 구현이 가능합니다.

▶ **플렉서블 반도체가 필요한 이유는 무엇인가요?**

전자 피부, 전자 섬유, 디스플레이, 전자 종이, 헬스케어 등 다방면에서 편리 하게 사용하기 위해서는 플렉서블 디스플레이와 플렉서블 반도체가 필요합니 다. 기존 플렉서블 반도체 제작 기술에는 웨이퍼 자체가 두껍고 단단해 사람들 의 기대만큼 플렉서블한 반도체를 만들기 어렵다는 단점이 있었습니다. 이는 솔더 범프 또한 단단하기에 플렉서블하게 만드는 데에 어려움이 있었습니다. 솔 더 범프를 유연한 '탄성 소프트 범프'로 대체하고, 필름도 플렉서블 필름을 활 용해 '필름 온 다이(FOD) 적층 신공정'을 적용하여 단점을 보완하였습니다. 또 한 구부려져도 깨지지 않는 '중립층'을 최대한 확보하면서 기존의 문제점을 개선 했습니다.

교과 세특
기록 사례

 국어 관련 교과 세특

'기사문 작성하기' 활동에서 학생회 생활안전부원으로서 '전자기기로 인한 안전사고 예방'을 주제로 기사문을 작성함. 이 기사문을 학교 게시판에 게시하여 많은 학생의 관심을 받음. 멀티탭을 이용한 문어발식 전원연결로 학급의 전원이 차단되었던 경험을 다른 학생들에게 환기시켜 전기 안전사고의 위험성에 대한 경각심을 불러일으킴. 이에 기사문의 목적인 '전자기기로 인한 안전사고의 위험성 인지'를 적절하게 반영함. 관심사 발표 활동에서 '머신러닝과 딥러닝의 차이'에 대해 발표함. 인공지능과 머신러닝, 딥러닝의 포함관계를 나타낸 사진과 내용을 제시하여 다른 학생들이 관련 내용을 쉽게 이해할 수 있도록 도왔으며, 특히 딥러닝 시스템만의 특징을 설명할 때 높은 호응을 얻음. 감탄사에서 나타나는 뉘앙스 차이를 딥러닝이 구분하는 방식을 예로 들어 인공지능에 대한 사전지식이 없는 사람도 쉽게 이해할 수 있도록 발표하는 모습이 돋보임.

▶ 문어발식 전원 연결이 문제인 이유는 무엇인가요?

멀티콘센트마다 정격전류와 정격전력이 있습니다. 전류가 15A, 전압이 220V이면 전력은 3,300W가 됩니다. 그런데 헤어드라이기는 1000W, 전기밥솥은 1000W, 전자레인지는 1050W, 다리미는 1000W, 에어컨은 1800W 정도 됩니다. 멀티탭에 3개 이상을 연결하면 3000W를 넘어서서 과전류가 흘러 전선이 뜨거워지게 되고 지속되면 화재가 발생할 수 있습니다. 따라서 멀티탭의 정격전력을 꼭 확인하고 허용되는 범위 안에서만 사용하는 것이 중요합니다.

Q 국어 교과목에 진로에 관련된 내용을 기록할 수 있나요?

A 네, 가능합니다. 국어뿐만 아니라 영어 교과에는 다양한 비문학 지문이 있습니다. 이 지문을 조사하여 발표하는 활동을 한다면 기록할 수 있습니다. 또한 롤모델 발표하기, 진로에세이 쓰기, 진로 관련 도서발표 활동 등 다양한 활동을 진행하고 있기에 충분히 자신의 진로와 관련된 내용을 기록할 수 있습니다.

🔍 학생부 관리 팁과 학생부 세특 예시

과학적 탐구능력을 보여줄 수 있는 과학 세특 사례

진로기사 발표활동에서 'ARM 기반 NPU 온디바이스 AI성능 가속화' 기사를 보면서 애플 M1칩의 성공 등으로 빅데이터와 인공지능을 접목한 사례가 더욱 많아질 것이라고 예측하며 관심을 가짐. ARM의 독보적인 AI 플랫폼은 유연하고 확장 가능한 기술들을 최대한 광범위한 디바이스에 제공하도록 설계되고 전력 소모량도 줄일 수 있다는 이점이 있음. 더욱 높은 효율, 강화된 프라이버시, 그리고 신뢰성을 기반으로 더욱 스마트하고 강력해진 디바이스에 더 많은 온 디바이스 인텔리전스를 고객들에게 제공하여 널리 보급될 것이라고 생각함.

독서

칼럼을 스크랩하고 논술문을 작성하는 활동에서 '산업수학, 수학을 통한 사회와의 소통', '수소차 다양화의 필요성', '가장 얇은 꿈의 신소재, 그래핀' 등 4편의 칼럼을 조사한 후 어휘 정리 및 내용을 요약하고 이에 대한 자신의 의견을 논리적으로 주장함. 특히 국내에서 수소차 시장이 경제적이지 못한 이유로 이용 범위의 제한성, 수출의 어려움, 상용화 기술 부족 등을 듦. 4차 산업혁명에 근간을 둔 산업수학은 다양한 분야에 적용돼 학생들의 진로와 취업 문제해결에 도움을 줄 수 있기에 수학에 대한 인식의 전환이 필요함을 강조함. '5분 자유 주제 말하기' 활동에서 '공학'을 화제로 선정해 공학의 개념, 자연과학 및 인문학과 예술과의 연관성을 설명하여 인간의 삶에 공학이 미치는 위상을 밝혀 청중의 호기심과 흥미를 유발시킴.

▶ **산업수학이 필요한 분야는 어떻게 되나요?**

기계, 조선, 자동차, 전기·전자 등의 분야에서도 수학은 필수적으로 사용됩니다. 또한 항공·국방, 경영, 금융·보험, 제약·의료 등의 분야에서도 수학적 지식이 활용됩니다. 한편, 기존의 수학 지식이 산업에 응용될 뿐만 아니라 실제 산업에서의 난제를 해결하는 데도 도움을 주고 있습니다. 예로 화학, 석유탐사, 의료 이미지, 나노전자공학, 교통·물류, 재정, 정보 보안, 통신 등 다양한 사례를 해결하는 데 도움을 주고 있습니다.

▶ **산업수학이 4차 산업혁명을 가속화시킬 수 있나요?**

네, 가능합니다. 정부는 미래 기술 확보와, 인재를 양성하기 위해 50억을 지원합니다. 혁신기술, 신산업 등 연 최대 3억 원을 5년간 지원하고 있습니다.

지원 분야	지원 과제
혁신기술 관련 수학적 원리와 이론	• AI, 딥러닝 기반 관련 수학 이론 • 최적화 이론 활용 빅데이터 분석 • 보안 암호 알고리즘, 양자정보이론 등
신산업, 새로운 형태의 국민 생활 등 관련 수학 기반 응용, 개발	• 위상수학 이용 데이터 분석 • AI에 활용할 패턴인식 • 개인정보보호 데이터 분석기법 등
기존 산업, 활동 효율화를 통한 경쟁력 강화	• 웹 혼잡 해소 수학 알고리즘 • 기후 변화, 복합 재난 분석, 신소재 개발, 암호화 제어 • CG영상 구현 알고리즘 등
인력 양성을 위한 방법 및 콘텐츠	• 초중등, 대학의 수학·과학 등 관련 과목들에 대한 교육 방향, 방법 • 교육과정, 커리큘럼, 학습 및 교수 인력 양성 자료 등
기타	• 범죄 안전망, 의료 서비스 등을 위한 시스템 최적화 • 자원 효율화를 위한 새로운 화학 공정식 • 3D프린팅 알고리즘 등

출처 : 수학 알고리즘 개발 활성화_미래부

'인공지능은 가치중립적인 존재인가'라는 주제로 토론하면서 자신의 주장을 무리하게 설득하기보다 다른 학생들의 의견을 수용하고 조율함. '나만의 책쓰기' 활동에서 드론의 원리와 관련 법규에 대한 궁금증을 갖고 실제 드론으로 촬영하면서 여러 기법과 원리를 구체적으로 설명하고 그 발전 방향을 서술하여 '이카로스의 꿈' 책을 완성함. 드론의 원리가 쉽게 설명되어 있고, 실제 드론을 활용하여 고장의 모습을 사진으로 담아 도서관 책 전시회에 출품해 교사와 학생들로부터 체계적이고 가장 참신하다는 찬사를 받음. 이후 드론의 군집비행 시스템에 관심을 가지고 탐구하는 열정을 보임.

▶ 드론의 군집비행 시스템이 궁금해요.

군집비행을 위해서는 위치 인식, 제어 및 통신기술이 필요합니다. 우선 기체 간 충돌 없이 운용하기 위해서는 정밀한 위치 인식기술이 필요합니다. 위치 인식기술은 영상 처리, 모션캡쳐, UWB(Ultra Wide Band) 및 GPS(Global Position System) 등 여러 가지 방법들이 존재합니다. 제어기술은 비행체의 이동을 정밀하게 제어하는 기술로서 일반적으로 PID(Proportional Integral Differential) 제어기를 사용하지만, 기체 및 환경에 따라 게인 값들 변경이 필요하며, 안정적인 비행을 위해 다양한 조건에서도 제어되는 기술이 필요합니다. 마지막으로 통신기술은 다수의 비행체에 위치 정보를 전달하거나, 각 비행체들의 정보를 지상국 시스템이 모니터링하기 위해서 신뢰성 있는 실시간 통신기술이 필요합니다.

▶ 실내에서도 군집비행이 가능한가요?

네, 가능합니다. 실내 군집비행은 바람, 비와 같은 자연환경에 대한 제약이 없기 때문에 실외 군집비행에 비해 제어기술에 대해 고려할 사항이 적지만, GPS신호를 받을 수 없어 자체적으로 위치인식이 어렵고, 갇혀 있는 공간에서 운용하기 때문에 통신 주파수 혼선 등의 문제로 통신문제가 자주 발생합니다. 실내는 주변 환경에 대한 조건이 일정하기 때문에 카메라를 활용한 위치인식

방법이 많이 활용되지만 정밀도가 높지 않아 정밀한 군집비행을 위해서는 모션캡처 시스템을 활용할 수 있습니다. 모션캡처는 1mm 이하의 정확도로 최대 1000Hz까지 위치를 측정할 수 있는 시스템으로 드론의 자세 및 위치정보 획득에도 많이 활용되고 있어 실내에서도 군집비행이 가능하도록 도와주고 있습니다.

 영어 관련 교과 세특

영어 II

반도체공학자를 꿈꾸는 학생으로 관심 분야인 반도체공학과 관련한 'What's been going wrong Intel?'이라는 제목의 신문사설을 읽고 그 내용을 요약 정리하는 시간을 가짐. 최근 인텔이 종합반도체(IDM)임에도 5nm 공정을 삼성이나 TSMC에 위탁생산하는 이유가 궁금하여 탐구함. 목표 수율 도달에 7nm 공정이 실패하면서 반도체 제품 출시계획보다 약 6개월 늦어졌고, CPU 반도체 1인자를 유지할 수 없게 될 위기상황에서 설계 자산 유출이 민감한 CPU는 자체 생산하고 나머지는 위탁생산하는 두 트랙 전략을 펼치고 있다는 것을 알게 되었다고 보고서를 제출함.

▶ 팹리스, 파운드리가 무엇인가요?

팹리스는 반도체 생산공장 없이 반도체 설계와 판매만을 전문으로 하는 회사를 말합니다. 대표적인 회사로는 퀄컴, NVIDIA, 실리콘웍스 등이 있습니다. 파운드리는 팹리스 회사의 설계도면을 받아 반도체를 직접 생산하는 회사를 말합니다. 일반 제조업의 OEM공급과 비슷한 개념입니다. 대표적인 회사로는 TSMC, SMIC, UMC, 동부하이텍 등이 있습니다. 참고로 종합반도체(IDM)는 반도체 설계와 생산 설비를 모두 가진 기업을 의미합니다. 삼성, 하이닉스, 인텔, 마이크론 등이 있습니다.

▶ 종합반도체 회사인 삼성보다 TSMC의 시가총액이 왜 더 높은지 궁금해요.

삼성전자는 경쟁사들에 비해 저평가되었습니다. 반도체 가격 반등, 원화 강세에 따른 외국인 투자자 유인 증가도 삼성전자에 긍정적인 요인입니다. 또한 파운드리 부문에서는 IBM·퀄컴·엔비디아 등으로부터 대규모 수주물량을 따내면서 TSMC를 위협하고 있습니다. 실제로 주가수익비율(PER)로 보면 삼성전자는 20배로, 31배인 TSMC보다 크게 저평가되어 있습니다. 하지만 영업이익을 놓고 보면 삼성전자와 TSMC의 차이가 없으며 판매 마진은 삼성전자(약 22%)가 TSMC(약 8%)보다 더 많습니다. 또한 삼성전자가 5나노(nm)와 4나노 제품 생산을 늘리고, 시스템온칩(SoC)과 고성능컴퓨팅(HPC) 칩 수요가 계속 증가하고 있어 수익은 계속 높아질 것입니다.

▶ 엔비디아(NVIDIA)는 반도체만 설계하는 글로벌 반도체 기업에서 어떻게 3위까지 하게 되었나요?

NVIDIA는 주력인 그래픽처리장치(GPU) 외에 데이터센터와 인공지능(AI) 등으로 사업 다각화에 성공하면서 기업가치가 급상승했습니다. 또한 ARM 반도체 설계 기업을 인수하여 사업을 더욱 다각화하여 성장 가능성이 큽니다.

영어 독해와 작문

수능 연계 교재에서 〈The Impact of Color Television on the Advertising World〉를 읽고 백색광 생성방법을 발표하며 컬러 디스플레이로 전환 기술이 어떤 의미가 있는지, 왜 광고계에 영향을 미쳤는지 조사해 에세이를 작성하고 발표함. 백색광 생성 방법을 영어로 설명하기 어려워 관련 영어논문들을 찾아 여러 논문의 공통된 부분을 참고하여 자신만의 글로 쓰려고 노력함. 백색광 생성 방법 중 Binary complementary 와 Multichip solution에 대해 조사해 각 방법의 장점을 정리해 탐구보고서로 작성함.

▶ **백색광 생성에서 청색 LED가 중요한가요?**

LED란 'Light Emitting Diode'의 약자로 발광 다이오드를 뜻하며, 이는 화합물 반도체의 특성을 이용해 전기신호를 적외선 또는 빛으로 변환시켜 신호를 보내고 받는데 사용되는 반도체 소자입니다. 적색 LED의 경우, 1964년 미국에서 처음 개발되었으며, 5년 후 녹색 LED가 개발되었으나, 청색 LED의 개발은 기술적 한계와 제조상의 어려움으로 실패를 거듭하였습니다. 1989년 아카사키와 아마노 교수가 저온 상태에서 마그네슘을 주입해 최초로 청색 LED에 필수적인 질화갈륨 결정 생성에 성공하였고, 이후 나카무라 교수가 1991년에 자체 개발한 유기금속화학 증착기술을 활용해 질화갈륨을 이용한 청색 LED를 대량생산할 수 있었습니다. 그 이후 다양한 색뿐만 아니라 백색광을 구현할 수 있게 되었습니다.

▶ **산업적인 측면에서 LED가 활용된 사례를 소개해주세요.**

가정용 가전제품, 리모컨, 전광판, 각종 자동화 기기 등에 사용되고 있습니다. 산업적인 측면에 있어서도 LED TV, 캡슐 내시경, 농작물 재배를 위한 광원, LED 모니터 등 다양한 산업 분야에 적용되고 있습니다. 특히 적은 전력과 저렴한 설치비, 유지비 등으로 충분한 양의 빛을 낼 수 있기 때문에 아프리카와 같이 전력수급이 용이하지 않은 저개발국에 더욱 유용하게 활용될 수 있을 것으로 예상됩니다.

▶ **백색광을 2가지 광원으로 만들 수 있나요?**

네, 가능합니다. 청색 LED에 보색인 황색 LED의 형광체를 배합시켜 백색 형광등의 LED가 상품화되어 조명용 광원으로 사용되었습니다. 청색 LED, 녹색 LED, 적색 LED의 3색 LED 칩에서 복사되는 빛을 혼합하여 백색광을 만들 수 있습니다. 그런데 외관상 백색광을 얻어도 스펙터클로 볼 때 복사에너지가 없는 파장 영역이 있어서 조명용으로 사용할 때 물건 색을 보는 방법이 부자연스럽게 될 수 있어 물건에 빛을 비추는 조명보다는 빛을 직접 보는 디스플레이 등에 사용되고 있습니다. 3파장 형광등과 같은 효과를 얻기 위해서는 자색발광 LED + 적/녹/청 발광형광체를 혼합하여 사용하고 있습니다.

영어 ㅣ

'인공지능의 한계와 특이점'이라는 주제로 인공지능의 정의와 인공지능의 발전된 정도, 발전가능성 등을 고려해 언제쯤 인공지능이 인간의 능력을 넘는 특이점이 올지 급우들에게 설명함. 실제 미국에서 있었던 인공지능의 과거, 현재, 미래에 대하여 관련 정보를 찾아서 PPT로 일목요연하게 전달함.

▶ **인공지능의 특이점이 언제 오는지 궁금해요.**

실리콘밸리의 젊은 천재 중 일론 머스크는 "인공지능은 인류를 파멸로 이끌 것이다."라고 말했으며, 마크 저커버그는 "우리 삶을 더 좋게 만들어 줄 것이다."라고 인공지능과 인류의 미래에 대해 설전을 벌여 화제가 되었습니다. 그러나 인공지능 기술이 무서운 속도로 발전하는 것만큼은 부정할 수 없습니다.

그런데 이들보다 훨씬 전에 "인류는 인공지능과 결합해 새로운 인류로 탄생한다."고 예언한 미래학자 레이 커즈와일이 있습니다. 그는 인공지능이 빠른 속도로 발전해 2029년이 되면 사람처럼 감정을 느끼고, 2045년엔 인공지능이 전체 인류 지능의 총합을 넘어서는 시점, 즉 특이점(Singularity)이 올 것이라고 했습니다. 아직 경험하지 않은 예측이긴 하지만 이를 준비하고 대비해야 할 것입니다.

Q 인공지능의 빠른 발전이 한편으로는 걱정되는데 무엇을 준비해야 할까요?

A 너무 걱정할 필요는 없습니다. 공부를 잘 못하는 친구도 인공지능의 도움을 받으면서 새롭게 공부할 수 있고 코딩을 못하더라도 좋은 아이디어가 있으면 인공지능에게 프로그램을 짜달라고 부탁해 집에서 편하게 일할 수 있을 것입니다. 해외여행을 갈 때 영어를 못해서 나홀로 여행이 두려웠던 사람도 이제는 다양한 언어로 통번역을 해주기에 편하게 여행 갈 수 있습니다. 또 자녀의 몸 상태를 파악해서 최상의 식단에 영양소까지 챙겨줄 것입니다. 따라서 좀 더 자유롭게 어머니 자신의 미래를 위해 계획을 세워 일도 할 수 있을 것입니다.

🔍 학생부 관리 팁과 학생부 세특 예시

○○ 과목 이수에서 인공지능이 진로에 어떻게 접목되는지 수행평가를 내준 경우

수행평가로 '인공지능이 진로에 어떻게 접목되는가.'라는 글쓰기 활동에서 인공지능의 중요성으로 인공지능 수학 과목이 별도로 생긴다는 것을 알고 인공지능 학습에 수학이 얼마나 중요한지 궁금하여 탐구해 봄. 보험회사에서는 보험가입자들의 질병이나 상해사고 확률을 토대로 위험률을 산출하고 이를 보험료에 반영하기 위해 다양한 시나리오를 사출할 때 비모수 또는 준모수 통계학에 토대를 두고 있음. 아마존은 확률적 최적화 분야의 특급 전문가들과 엔지니어들을 대규모로 채용하여 클라우드 시장에서 앞서 있음. 확률적 최적화는 수리적 최적화의 한 분야로서 확률적 탐색, 확률적 프로그래밍, 확률적 최적제어를 아우르고 있음을 알게 됨. 로봇공학에선 로봇의 움직임 및 의사결정이 주 연구 대상이 되는 경우가 많아 주변 환경을 센서로 인식하여 어떻게 움직일지 효율적이면서 안전하게 의사결정을 내리기 위해 최적제어 혹은 강화학습을 위해 계산기하학이 필요함을 깨닫고 수학전공으로 진로를 변경하게 됨.

영어 독해와 작문

영어로 진행된 토론임에도 불구하고 막힘없이 토론 절차를 이어 갔으며 같은 반대팀 급우들의 발표 순서를 정리해주고 오류를 고쳐주는 리더십을 보여줌. 진공관의 원리와 역사에 관한 지문을 읽고 진공관의 원리에 대하여 에디슨 효과를 언급하며 부족한 정보에 대해 보충 설명하였으며 진공관의 대체재인 트랜지스터와 비교하여 장단점을 소개하고 둘 간의 차이점을 설명한 점이 인상적임.

▶ 에디슨 효과가 무엇인가요?

에디슨 효과란 1883년 토머스 에디슨(Thomas Edison)이 백열전구 내부에 검은 그을음이 생기는 것에 대해 의문을 가지고 실험하던 중 전류가 전등의 필라멘트와 양전하로 입혀진 금속판 사이의 진공 속으로 흐른다는 것을 발견한 것을 말합니다. 진공관의 발명을 통해 전기를 동력이 아닌 정보 전달 측면에서 활용할 수 있게 되었습니다. 백열전구 실험에서의 우연한 발견이 통신기술 발전에 크게 기여한 '진공관'이 탄생하게 된 것입니다.

▶ 진공관이 트랜지스터로 발전했는데, 진공관 앰프가 인기가 있는 이유가 궁금해요.

진공관 앰프의 음은 따뜻하고 부드러운 특징이 있습니다. 회로기술의 발달로 와이드 레인진화 되고 해상도도 매우 우수해 진공관 앰프가 크게 인기를 끌고 있습니다.

진공관 앰프	트랜지스터 앰프
• 윤기가 있고 포근한 느낌의 음 • 음의 여운이 있고 전체를 감싸는 듯한 음 • 음이 풍부하고 음색의 미묘한 변화를 잘 표현함 • 극장과 같은 넓은 공간감을 제공함	• 음폭이 넓고 시원한 음 • 세세한 음 표현이 가능 • 메마른 느낌을 주지만 단정한 음 • 잡음이 적지만 미묘한 음색을 표현하기 힘듦

 수학 관련 교과 세특

심화 수학 Ⅰ

미분방정식을 배우며 '키르히호프의 전압 법칙', 'RL회로의 미분방정식' 등 전자회로 관련 미분방정식을 직접 작성하고 회로를 그려 조사, 발표함.

인덕터에 걸리는 전압을 시간 변화량에 따른 전류 변화량으로 표현하며 수업시간에 배운 수학 공식이 실생활에서 어떻게 쓰이는지 회로를 잘 모르는 사람도 이해하기 쉽게 설명함. 프로그래밍 언어 '파이썬'의 코딩 규칙을 설명하고 파이썬을 이용하여 팩토리얼 코드를 직접 작성하여 팩토리얼을 계산하는 과정을 탐구보고서로 작성함. 직접 코딩한 파이썬을 이용하여 수업시간에 다루었던 벡터 연산문제를 해결함.

▶ 키르히호프의 전압 법칙이 무엇인가요?

키르히호프의 전압 법칙(KVL)은 어떤 루프를 잡든 전압 강하량의 합이 0이 된다는 법칙입니다.

전압강하량 = 저항을 지나기 전 전압 – 저항을 지난 후 전압

이는 전하량 보존의 법칙이라고 생각하면 이해하기 쉬울 것입니다. 들어간 총 전하량과 나간 총 전하량이 같은 것처럼 전압의 합이 0으로 같다고 생각하면 이해가 될 것입니다.

▶ RL회로의 미분방정식을 알려주세요.

전류와 저항, 인덕턴스, 기전력에 대한 식으로 전류에 대한 1계 선형미분방정식이라고 생각하면 됩니다. 그러면 전류의 값을 구하기 위해서는 1계 선형미분방정식의 일반해 공식을 활용하면 구할 수 있습니다.

$$RI + L\frac{dI}{dt} = E(t) \Rightarrow I' + \frac{R}{L}I = \frac{E(t)}{L}$$

RC회로도 RL회로와 마찬가지로 키르히호프 법칙에 근거하여 나온 공식입니다. 전류는 단위시간당 전하의 흐름을 의미하므로 I를 dQ/dt로 바꿔 대체하면 Q에 대한 1계 선형미분방정식이 나올 수 있습니다.

$$RI + \frac{1}{C}Q = E(t) \Rightarrow R\frac{dQ}{dt} + \frac{1}{C}Q = E(t) \Rightarrow Q' + \frac{1}{RC}Q = \frac{E(t)}{R}$$

▶ 팩토리얼을 구하는 과정을 소스코드를 이용해 설명해주세요.

자연수 n에 대해, 팩토리얼은 n! = n(n−1)(n−2)⋯1 로 정의됩니다.

식을 변형하면 n! = n(n−1)! 이므로 재귀함수 fact(n) = (n * fact(n−1)) (n≥2), n (n⟨2) 로 구현할 수 있습니다. 예를 들어 5! = 5*4*3*2*1 = 120 을 구해 나가는 과정은 다음과 같습니다.

fact(5) 호출 시,

   5 * fact(4)

      4 * fact(3)

         3 * fact(2)

            2 * fact(1)

               n ⟨ 2 이므로 return n;

시간복잡도는 n개의 값을 곱해 나가므로 O(n)이 됩니다.

실용 수학

교과서에서 변수 양의 상관관계를 학습한 후, '무어의 법칙'을 주제로 발표함. 인텔 공동 설립자 무어가 1965년에 "마이크로칩의 성능이 매 2년마다 두 배로 증가한다."는 경험적 예측을 내놓았는데, 1975년에는 약 2년에 칩의 직접도가 2배씩 증가한다고 자신의 의견을 수정했다고 설명함. 최근 깨지고 있는 무어의 법칙 한계와 MOSFET 스케일링에 대해서 추가적으로 설명해 직접도를 높일수록 소비자와 공급자 모두에게 이득을 가져오는 상황에 이른다는 것을 설명함. 발표 중간에 급우들이 전자 공학적용어를 어려워하자 쉽게 설명하려 노력함. 앞으로 반도체 소형화에 따라 발생하는 물리적 한계에 대해 연구하고자 함.

▶ 무어의 법칙 한계가 무엇인가요?

반도체 집적회로의 성능이 2년마다 2배로 증가한다는 '무어의 법칙(Moore's law)'이 기술의 한계로 깨진 뒤, 더 작고 성능이 좋은 반도체를 개발하려는 시도인 '모어 무어(More Moore)'에 관심이 많아지고 있습니다. 반도체 소자는 전자가 원하는 때에 특정한 위치와 방향으로 움직일 때 제대로 작동할 수 있습니다. 그런데 칩 하나에 더 많은 소자를 넣겠다고 개별 소자를 작게 만들면, 전자가 원하지 않는 데로 흐르는 현상(터널링 효과)이 발생합니다. 이 문제를 해결하기 위해 매우 얇은 2차원 반도체 물질을 사용하려는데 반도체 물질만 바꾸면 높은 에너지 장벽으로 전자 이동이 어려워졌습니다. 이 문제를 '2차원 텔루륨화 화합물'을 활용하여 대면적으로 합성하는 데 성공하여 집적도를 더 높일 수 있었습니다.

▶ MOSFET 스케일링이라는 것은 무엇인가요?

금속 산화막 반도체 전계효과 트랜지스터(MOS field-effect transistor)는 디지털 회로와 아날로그 회로에서 가장 일반적인 전계효과 트랜지스터(FET)를 줄여서 MOSFET(모스펫)이라고 합니다. 일정한 전계 스케일링의 원리는 전계(수직, 수평 모두)가 일정하게 유지되도록 소자의 크기와 전압을 스케일링하는 것을 말합니다. 전계의 크기가 커지면 증가하는 전계로 신뢰성이 줄고, 전력 밀도가 증가하게 됩니다. 그로 인해 소자 온도가 증가하고 발열 문제 등 신뢰성이 감소하게 됩니다. 그래서 모스펫 스케일링을 통해 이런 문제를 줄이려는 노력을 하고 있습니다.

확률과 통계

1학기에는 '베이즈의 정리'를 2학기에는 '섀넌의 정보이론'을 주제로 주제발표를 수행함. '베이즈의 정리'에서는 베이즈 정리를 소개하고, 희귀병 진단 정확도 99%의 의미를 베이즈 정리를 활용해 설명함. 그리고 스팸 필터링과 넷플릭스, 유튜브의 자동 추천 알고리즘이 베이즈 정리를 활용한 기술임을 소개함. 다소 어려운 주제를 급우들의 눈높이에 맞춰 설명하고자 노력하는 모습을 보임. '섀넌의 정보이론'에서는 정보의 양을 확률과 연결해 설명한 정보이론을 소개함. 정보이론의 핵심 아이디어인 잘 일어나지 않는 사건은 자주 발생하는 사건보다 정보량이 많다는 것을 설명함. 팔면체 주사위를 예로 들어 면이 나올 확률이 균일한 경우와 그렇지 않은 경우를 예로 들어 정보량의 최댓값과 엔트로피에 따라 일정 정보량 이하로는 갈 수 없음을 설명함. 발표 후에는 정보 전송에 있어서 최적의 코드 디자인의 중요성을 배울 수 있어 좋았다는 소감을 말함.

▶ 베이즈 정리가 무엇인가요?

베이즈 정리는 데이터라는 조건이 주어졌을 때의 조건부 확률을 구하는 공식입니다. 베이즈 정리를 쓰면 데이터가 주어지기 전의 사전 확률값이 데이터가 주어지면서 어떻게 변하는지 계산할 수 있습니다. 따라서 데이터가 주어지기 전에 이미 어느 정도 확률값을 예측하고 있을 때 이를 새로 수집한 데이터와 합쳐서 최종 결과에 반영할 수 있습니다. 특히, 데이터의 개수가 부족한 경우 아주 유용하게 활용할 수 있습니다. 데이터를 매일 추가적으로 얻는 상황에서도 매일 전체 데이터를 대상으로 새로 분석작업을 할 필요 없이 어제 분석 결과에 오늘 들어온 데이터를 합쳐서 업데이트만 하면 되므로 유용하게 활용할 수 있는 조건부 확률입니다.

▶ 베이즈 정리가 희귀병 진단에 이용될 수 있나요?

병에 걸린 것으로 진단받았을 때 실제로 병에 걸렸을 가능성을 계산하기 위해서는 조건부 확률의 개념이 필요합니다. 조건부 확률이 생소한 학생도 있을 텐데 기본개념은 간단합니다.

보통의 확률은 '어떤 사건 A가 일어날 확률'을 말하는 데 비해, 조건부 확률은 '어떤 사건 B가 일어났다고 했을 때, 사건 A가 일어날 확률'을 구합니다. 단순히 병에 걸려있을 확률을 구하는 것이 아니라, 검사를 받아서 병에 걸린 것으로 진단 결과가 나왔다는 조건하에 실제로 그 병에 걸려 있을 확률을 구하는 것이므로 조건부 확률이 됩니다. 어떤 병에 걸릴 확률이 0.5% 정도로 낮은 경우에 검사를 통해 '병이 있을 때 병이 있다'고 정확하게 진단할 확률이 95%입니다. 그리고 '병이 없을 때 병이 없다'고 정확하게 진단할 가능성이 99%로 높습니다. 하지만 검사 결과 병이 있는 것으로 판정받았더라도 실제로 그 병에 걸렸을 확률은 32.3%로 높지 않습니다. 또한 어떤 병에 걸릴 확률이 5% 이상인 경우에는

144

검사를 통해 '병이 있을 때 병이 있다'고 정확하게 진단할 확률이 95%이고, '병이 없을 때 병이 없다'고 정확하게 진단할 가능성이 99%로 높은 편이면, 검사결과 병이 있는 것으로 판정받았을 때 실제로 그 병에 걸렸을 확률이 80% 이상으로 높습니다.

▶ 섀년의 정보이론이란 무엇인가요?

정보이론은 최적의 코드를 디자인하고, 메시지의 기대 길이(expected length)를 계산하는 데 도움이 됩니다. 머신러닝에서는 해당 확률분포의 특성을 알아내거나 확률분포 간 유사성을 정량화하는 데 쓰입니다. 정보이론의 핵심 아이디어는 잘 일어나지 않는 사건(unlikely event)은 자주 발생하는 사건보다 정보량이 많다(informative)는 것입니다. 자주 발생하는 사건은 낮은 정보량을 가지며, 발생이 보장된 사건은 그 내용과 상관없이 전혀 정보가 없으며, 덜 자주 발생하는 사건은 더 높은 정보량을 가집니다.

독립사건(independent event)은 추가적인 정보량(additive information)을 가집니다. 예를 들어 동전을 던져 앞면이 두 번 나오는 정보량은 동전을 던져 앞면이 한 번 나오는 정보량의 두 배가 됩니다. 마찬가지로 2개 동전을 던지면 4가지 결과가 발생하고 섀년 엔트로피는 2비트가 됩니다. 다시 말해 서로 독립인 두 확률변수의 섀년 엔트로피는 각 확률변수의 엔트로피 합과 같게 됩니다.

기하

이차곡선, 평면벡터, 공간도형 중 평면벡터 단원을 가장 즐겁게 학습함. 완전히 새로운 개념을 기존의 기호와 식을 이용해서 나타낼 수 있다는 것에 흥미를 보임. 위치벡터, 벡터의 성분 등 다양한 개념을 적절히 활용하여 문제해결을 잘함.

공간좌표를 학습하면서 예전에 경험했던 3D모델링을 떠올림. 모델링 프로그램에서 사용되는 축과 좌표 등이 공간좌표의 개념이라는 것을 알고 좌표 공간의 유용성을 느낌. 직선과 평면의 방정식을 학습하며 선형 연산에 대해 관심을 갖게 되었고, 그 예시로 인공 신경망도 벡터와 행렬을 이용한 선형 연산을 적용하여 파이썬으로 구현할 수 있다는 사실을 소개함. 또한 벡터와 행렬의 개념을 확장함으로써 텐서에 대해 소개하고, 기하학의 여러 부분에 적용할 수 있다는 사실을 통해 기하의 중요성을 강조함.

▶ 인공신경망이 무엇인가요?

인공신경망은 생물의 뇌가 입력된 자극에 반응하는가를 이해하여 입력신호와 출력신호에 대한 관계를 모델링하는 것입니다. 뉴런은 전기신호를 수집, 처리 및 전파를 주된 목적으로 하는 뇌의 세포인데, 인공신경망에 있어 정보를 처리하는 기본적인 단위를 인공뉴런(Artificial Neuron) 또는 노드(Node)라고 합니다. 인공신경망은 이러한 거대 병렬처리를 위한 인공뉴런들이 서로 연결된 네트워크를 이용하는 것입니다. 뇌의 정보처리능력이 이러한 뉴런의 네트워크로부터 기인한다고 생각하여 인공신경망이라는 이름이 붙여졌습니다.

▶ 인공신경망의 구조는 어떤 식으로 설계되나요?

인공신경망(ANN)의 처리능력은 곧 레이어의 개수와 밀접한 관계가 있습니다. 레이어는 입력노드와 출력노드의 집합체이며, 입력노드는 입력데이터로부터 신호를 받는 뉴런을 일컫습니다. 각 입력노드는 활성함수를 통해 입력신호를 변환하며 이를 출력노드로 전달합니다. 1개 이상의 은닉 레이어가 추가된 네트워크를 다중 레이어 네트워크(Multi-Layer Network)라고 합니다.

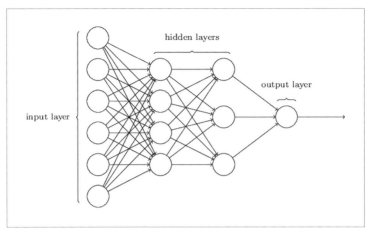

출처 : http://neuralnetworksanddeeplearning.com/chap1.html

 과학 관련 교과 세특

물리학 Ⅰ

'물질의 구조와 성질' 단원에 대해서 높은 이해도를 보이고 반도체와 다이오드 부분에 관심이 많음. pnp 트랜지스터에 흥미가 생겨 주제 발표에서 MOSFET의 구조에 대해 설명하고, 접합형 트랜지스터보다 MOSFET가 가지는 이점에 대해 발표함. 수업 중 '작용 반작용의 대표적인 이용 사례로는 로켓이 있다'라는 말을 듣고 매질이 존재하지 않는 우주공간에서 어떻게 작용과 반작용으로 설명될 수 있는지에 대해서 의문을 가져 이를 해결하고자 함. 이 과정에서 알게 된 치올콥스키의 로켓 방정식을 공부하여 급우들에게 로켓의 운동을 운동량 보전의 법칙을 이용해 쉽게 설명해 좋은 반응을 얻어냄.

▶ **치올콥스키의 로켓 방정식이 궁금해요.**

치올콥스키의 로켓 방정식(Tsiolkovsky's rocket equation)은 중력과 저항이 없을 때의 로켓 운동을 기술하는 방정식입니다.

$$v_1 = v \ln \frac{m_0}{m_1} + v_0$$

여기서 m0은 가속할 때의 로켓의 질량이고, m1은 연료를 뺀 빈 로켓의 질량, v0는 로켓의 초기 속력, v1은 로켓의 최종 속력, v는 로켓추진체의 분사 속력입니다. 식은 일정한 속력으로 질량을 분사시켜 연료를 다 소비할 때까지 로켓의 운동방정식을 적분함으로써 얻어집니다. 유도과정에서 연료의 밀도 등의 물리량은 서로 지워져서 마지막 식에 나타나지 않게 됩니다. 실제에서는 거대한 로켓을 만들어 m0을 키우거나, 다단계 로켓을 만들어 m1을 줄여 분사속도가 높은 로켓을 사용합니다. 아폴로 우주계획에서 사용되었던 새턴 5호가 좋은 예입니다.

▶ 로켓이 태양 중력을 벗어날 수 있는 최소 속도는 어떻게 되나요?

속도가 빠를수록 우주선은 움직이는 관성만으로 태양의 중력을 뿌리치고 태양에서 더 멀리 멀어질 수 있습니다. 우주선의 속도가 충분히 크면 태양의 중력을 완전히 뿌리치고 태양계를 벗어날 수도 있습니다. 이렇게 태양의 중력을 완전히 뿌리칠 수 있는 최소한의 속도를 태양 중력 '탈출속도'라고 부릅니다. 태양 중력 '탈출속도'는 중력을 만드는 태양의 위치에서 본 속도를 말합니다. 태양에서 지구만큼 떨어진 거리에서는 초속 42.1km가 태양 중력 탈출속도입니다. 지구의 공전 속도보다 1.414(=√2)배 더 큰 속도로 태양에서 1억 5천만km 떨어진 곳에서 공을 초속 42.1km로 던지면, 그 공은 움직이는 관성만으로 태양의 중력을 완전히 벗어나 명왕성을 넘어 아주 멀리 갈 수 있습니다. 그런데 지구에서 출발한 우주선은 이미 지구 공전속도를 통해 덤으로 얻고 가기 때문에, 태양계를 벗어나기 위해 로켓추진으로 가속할 속도는 그만큼 줄어들게 됩니다. 지구에서 발사된 우주선이 중력 탈출속도와 공전속도의 차이인 12.3km/s로 태양계를 벗어날 수 있습니다. 그런데 지구의 중력도 벗어나야 하기 때문에 지구에서 출발해 태양계를 벗어나려면, 우주선은 '제3 우주속도'라고 불리는 16.7km/s가 필요합니다.

물리학 II

수업시간에 의문점에 대해 질문을 자주함. 개념 재구성 활동에서 트랜지스터의 증폭작용에 대해 급우들에게 설명하고 교과서에 실린 기본 회로도 외에 가변저항과 트랜지스터가 전압을 분해하는 형태에 대해 소개함. 실험설계 과제발표에서 자신이 직접 설계한 실험으로 축전기에 대해 발표함. 특히 전해질 콘덴서를 분해해서 아연과 알루미늄이 섞인 두 판 사이에 파라핀을 묻혀 절연이 더 잘 되는 유전체인 종이가 끼워져 있는 점을 확인하고 이를 바탕으로 축전기의 전기용량을 설명함. 다음 단계에선 충전이 약간되어 있는 콘덴서를 단락시키고 1.5v 건전지로 충전시킨 후 전압계를 축전기에 연결한 결과 축전기의 측정전압이 약 1.5v가 됨을 보임으로써 관련 식 W=1/2 VQ가 유도됨을 증명함.

▶ **전해콘덴서는 기존 콘덴서와 차이점이 무엇인가요?**

전해콘덴서(커패시터)는 유전체로 얇은 산화막을 사용하고, 전극으로 알루미늄을 사용합니다. 또한 유전체를 매우 얇게 만들 수 있기 때문에 부피의 비율(capacitance to volume ratio)이 커서 체적에 비해 큰 용량을 얻을 수 있습니다. 그리고 +전극과 −전극이 구분되어 있으며, 낮은 주파수 특성을 가지고 있기 때문에 정류회로에서의 평활회로, 저주파 바이패스용으로 많이 사용됩니다. 전극의 재료에 따라 커패시터의 용도가 다르며, 주파수 특징이나 정전용량에 따라 사용하는 것이 달라집니다.

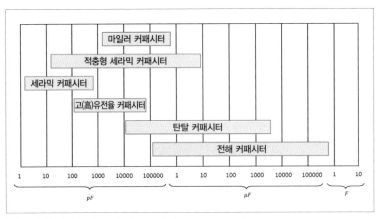

출처 : 커패시터의 정전용량 범위_https://m.blog.naver.com/lagrange0115/220666308963

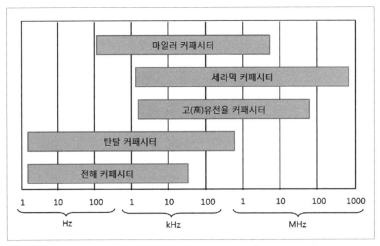

출처 : 커패시터의 동작 주파수 범위_https://m.blog.naver.com/lagrange0115/220666308963

▶ 커패시터가 많이 사용되는 이유는 무엇인가요?

커패시터는 일시적으로 전기를 저장하는 장치입니다. 일반적으로 2개의 도체판, 그 사이에 유전체가 위치하는 구조를 가집니다. 도체판은 금속으로 이뤄져

전하이동이 자유롭지만, 유전체는 절연물질로서 전기적으로 대전은 되나, 전하가 통과할 수는 없습니다. 커패시터에 연결단자를 통해 전압을 걸어주면, 외부로부터의 전압과 전기적 평형을 맞추기 위해 전하가 이동하게 됩니다. 닫힌 회로에서 왼쪽 도체판에서 전자가 회로를 타고 오른쪽 도체판으로 계속적으로 이동해 도체와 유전체의 경계면 가까이 전하가 축적되며, 외부 전압과의 전위차가 평형을 이루며 더 이상 전자의 이동도 없으며 전기가 통하지 않는 상태가 됩니다.

흐르는 전류는 공기 중으로 방전되며, 커패시터는 전기적으로 완충된 상태가 됩니다. 이처럼 완충된 경우는 디지털 신호 1, 그렇지 않은 경우엔 0을 나타냅니다. 회로가 끊어져도 커패시터에 저장된 전기에너지는 일시적으로 유지돼 용량이 큰 커패시터는 일시적인 배터리 역할을 하기도 합니다. 따라서 전기제품 전원이 바닥나더라도 잠시 동안 정보를 저장하는 기능을 할 수 있는 것은 커패시터가 있기 때문에 가능합니다. 앞으로 복잡한 기능을 하는 전기제품이 많아지기에 커패시터는 더 많이 활용될 것입니다.

물리학 Ⅰ

전기장과 자기장은 상호 유도됨을 알고 전류를 흐르게 하면 자기장을 만들 수 있으며, 반대로 자기장을 걸면 전류를 만들 수도 있음을 설명함. 수업시간에 배운 전자기 유도 원리를 반도체에 접목시켜 충전이 필요 없는 휴대폰을 직접 설계했으며 전자기 유도 원리를 이용한 RFID기술과 NFC기술에 대해 보고서를 작성하여 발표함. 진동수에 따라 성질이 달라지는 전자기파를 이용한 사례를 소개하고 발표하는 활동에서 적외선을 이용한 메르스 보균자 감별기를 사례로 드는 등 모둠장으로서 모둠원들의 역할을 분담하고 모둠에 기여함.

▶ **충전이 필요 없는 스마트폰의 원리가 궁금해요.**

무선충전시스템으로 자기공진방식과 자기유도방식이 주로 사용되는데 와이파이 충전 기술이 개발되었습니다. 우리 주변에 항상 존재하는 와이파이와 같은 전자파의 에너지를 이용해 전자 기기를 충전하는 기술입니다. 와이파이 충전은 에너지의 근원이 공기 중을 떠돌아다니는 전자기파인 만큼 조금 다른 방식을 사용하는데, 이것의 기본이 바로 렉테나(Rectenna)입니다.

렉테나는 정류기(Rectifier)와 안테나(Antenna)의 합성어로, 이황화 몰리브덴(MoS2)을 활용합니다. 이황화 몰리브덴은 특정한 화학물질에 노출되면 원자들이 스위치처럼 재배열되며 금속으로 변하는 특이한 성질을 가지고 있습니다. 이 성질을 잘 활용하면 신호 변환속도가 훨씬 빠르고 10GHz까지의 무선신호를 포착하는 정류기를 만들 수 있습니다. 게다가 반도체의 두께가 원자 3개 수준밖에 되지 않기 때문에 유연성이 매우 뛰어나, 모양에 제약이 없으며 제조원가가 싼 롤러블(roll-to-roll)방식으로 만들 수 있어서 폭넓은 분야에 적용할 수 있습니다.

MIT에서 개발한 렉테나의 효율은 대략 30~40%로 보통 와이파이 신호가 150마이크로와트인 것을 생각해보면 약 40마이크로와트의 전력을 얻을 수 있습니다. 이는 간단한 모바일 디스플레이나 실리콘 칩, LED 전등 등을 가동하기에 충분한 양입니다. 기술이 더욱 발전되면 충전을 걱정하지 않고 편리하게 인터넷까지 사용할 수 있어 자율주행에도 기여할 것입니다.

▶ NFC의 원리는 무엇이고 주로 어디에 사용이 되나요?

NFC(Near Field Communication)는 근거리 무선통신 기술로 지하철 개찰구를 통과하거나 택시 요금을 지불할 때 사용합니다. 또 사원증을 갖다 대어 출입 시에도 사용합니다. 스마트폰을 결제 단말기에 10㎝ 이내로 갖다 대야 결제가 가능한데 실제로는 4~5㎝ 안에 들어와야만 기능이 활성화되어 데이터를 주고받을 수 있고, 데이터를 암호화하는 것이 가능합니다. 블루투스는 최장 10m까지 떨어져 있어도 기기 간 통신이 가능하지만, NFC는 사용자와 떨어진 곳에서는 신용카드 정보를 빼갈 수 있으므로 근거리에서만 결제가 가능하도록 거리를 제한하고 있습니다.

▶ 비콘의 원리가 무엇인가요?

비콘이란 표지판이나 신호 등을 의미하는 영단어인 'beacon'에서 따온 명칭으로 반경 50~70m 정도의 범위 안에 있는 사용자의 위치를 찾아서 메시지 전송이나 모바일 결제 등을 가능하게 해주는 통신기술입니다. 신호를 쏴서 위치를 알려주는 기술로 소리 외에 빛을 이용한 비콘 서비스인 '바이트라이트(Bytelight)'도 있습니다. 비콘의 신호로 LED조명이 사람은 인지할 수 없지만, 스마트폰 카메라는 인지하여 위치정보를 알려줄 수 있습니다. 하지만 무엇보다도 비콘이 보내는 신호 중에서 '블루투스(Bluetooth) 4.0'은 저전력 블루투스인 'BLE(Bluetooth Low Energy)'로 비콘을 신개념 통신망으로 이끈 원동력이 되었습니다.

물리학 Ⅰ

'특수상대성 이론'이라는 주제로 특수상대성 이론의 두 가정, 뮤론의 생명연장에 대해 조사하여 PPT를 활용하여 발표함. 브라이언 그린의 동영상을 통해 우주 구조의 이해를 도움. 핸드폰이 떨어질 때 액정면으로 떨어져 깨지는 이유가 궁금해 찾아보니 로버트 매튜스라는 교수가 분석한 결론을 통해 그 해답을 찾아 소개해줌. 사람들이 스마트폰을 사용할 때 일반적으로 한 손으로 느슨하게 쥐는데 이때 사용자의 손가락이 무게중심보다 아래쪽으로 위치하여 떨어질 때 돌림힘의 의해 앞면으로 떨어질 확률이 높다는 것을 알게 됨. 이후 돌림힘이 사용되는 예시를 추가적으로 찾아보고 보고서를 제출함.

▶ 돌림힘이 무엇인가요?

돌림힘은 토크(torque)로 사용되는데, 병진운동의 힘에 대응하여 회전운동에서 사용되는 개념입니다. 병진운동에서 힘이 클수록 물체가 쉽게 움직이듯 회전운동에서는 돌림힘이 클수록 물체가 더 쉽게 돌아갑니다. 돌림힘의 크기는 (축에서 작용점까지의 거리) × (힘의 크기 중 회전을 돕는 방향성분) 돌림힘은 벡터량으로 크기와 방향을 고려해주어야 합니다.

▶ 돌림힘이 사용되는 예시를 알려주세요.

여닫이문을 열고 닫는다는 것은 문이 경첩이 있는 곳을 축으로 하는 회전운동으로 경첩이 먼 쪽을 밀 때 쉽게 문을 열고 닫을 수 있습니다. 나사를 돌릴 때 드라이버를 사용하는데, 드라이버 손잡이가 클수록 더 쉽게 돌릴 수 있습니다. 시소에 어린아이가 앉아 있을 때 맞은편에서 아래로 누르면 시소의 어린아이는 위로 올라갑니다. 이것도 시소 가운데를 회전축으로 하는 회전운동입니다. 시소축에서 멀리 떨어진 곳을 누를 때 더 쉽게 상대방을 들어 올릴 수 있습니다. 로런츠의 힘은 전동기의 원리인데, 전동기는 모터를 돌리므로 돌림힘(토크)으로 나타납니다.

▶ 스마트폰 앞면이 먼저 떨어지는 원리가 궁금해요.

손가락이 아래쪽에 있을수록 액정면의 초기 위치와 중력에 의한 돌림힘의 효과를 종합해 생각하면 액정 쪽으로 떨어지기가 더 쉽습니다. 화면이 위를 향하게 되는데 특히 한 손으로 사용할 경우 스마트폰을 잡아주는 부분 없이 손 위에 살짝 얹게 됩니다. 그래서 폰이 손에서 벗어날 경우 손이 지렛대 역할을 해서 손가락에 의해 화면이 아래로 뒤집어지면서 액정이 깨지는 경우가 많습니다. 침대나 매트리스 위에서 여러 번 실험하면서 그 결과를 영상을 찍어 보고서를 작성한 사례입니다.

전자기 유도 실험을 가설에 따라 독립변인과 종속변인을 설정하고 실험과정을 설계함. 변인설정에 있어 이론적인 내용으로 가설을 검증할 수 있는지를 고민하고 실험과정을 그림으로 표현함. 설계과정을 통해서 실험하고 결과만을 표현하는 것이 아니라 실험의 전반적인 과정을 생각함으로써 실험과 이론이 별개가 아니라는 것을 배움. 설계한 실험을 바탕으로 실험결과를 작성하고 결과를 분석하여 결론을 도출하는 활동을 함. 자석의 개수, 코일의 감은 수, 코일의 회전속도를 증가시켰을 때 유도 기전력의 세기가 증가하는 것을 토대로 패러데이 법칙과 렌츠의 법칙을 결론으로 도출함. 비스듬히 던진 물체의 운동 중 구간별 위치를 분석하여 속도, 가속도를 계산하여 표에 작성함. 표의 내용을 위치–시간, 속도–시간 그래프로 나타내고, 자료를 해석하여 원하는 결과를 도출함. 도출한 결과를 이용하여 포물선 운동의 특징을 나타냄. 진로와 물리학이란 주제 발표에서 대학교의 교육과정과 반도체에 대해서 발표함.

▶ 패러데이 법칙과 응용되는 곳은 어디인가요?

패러데이 법칙은 회로에 유도되는 기전력이 회로를 통과하는 자속의 시간 변화율에 정비례하는 것을 말합니다. 패러데이 법칙이 응용되는 곳은 누전차단기, 전기기타, 마이크로폰, 금속 탐지기, 하드디스크, 도난방지기, 무선충전기, 스마트카드 등이 있습니다. 보조기억장치에 속하는 하드디스크는 자성물질을 입힌 딱딱한 알루미늄 원판을 기록 매체로 사용해 정보를 기록하는 장치입니다. 하드디스크는 강자성체인 플래터, 스핀들 모터와 읽기·쓰기 헤드로 이루어져 있는데 헤드에는 코일이 감겨 있기 때문에 자성 역할을 하여 플래터를 자기화시켜 정보를 입력합니다.

▶ 렌츠의 법칙과 응용되는 곳은 어디인가요?

렌츠의 법칙은 유도기전력과 유도전류의 방향이 항상 이들을 일으키는 변화를 방해하려는 방향으로 작용하는 것을 말합니다. 자기부상열차를 만드는 핵심원리가 '렌츠의 법칙'입니다. 자석이 도체 주변을 움직일 때 반발하는 방향으로 자기장이 발생해 밀어내거나 당기는 힘으로 전자석과 같은 극을 마주하게 돼 뜨게 됩니다. 이후 레일에 설치된 선형모터에 흐르는 전류의 방향을 지속적으로 바꾸게 되면 레일에서 약 40cm 간격으로 설치된 N극과 S극이 주기적으로 빠르게 번갈아 이동할 수 있습니다.

지구과학 II

일상생활 속 광물과 암석의 이용 및 대체재를 찾는 활동에서 송전선을 만드는 데 사용되는 구리를 중점으로 발표함. 대체재로 전기저항이 0인 원소 초전도체를 선정함. 전기저항이 0이 효율적이고 좋은 이유를 설명하는 과정에서 저항, 전압, 손실전력과의 관계식을 사용하여 타 과목의 지식과 연계함. 특히 전기저항이 0이 되면 손실전력이 0이 됨을 일목요연하게 설명해 급우들로부터 좋은 반응을 얻음. 코리올리 힘과 관련한 학습을 하던 중 코리올리 힘의 자세한 메커니즘과 표현에 대해 궁금해함. 이에 코리올리 힘의 메커니즘에 대하여 각운동량 보존법칙을 설명함. 가상의 힘이라는 개념과 각운동량 보존 법칙이 익숙하지 않은 급우들을 위해 일상생활에서 흔히 경험할 수 있는 상황들을 통해 설명함. 특히, 달리는 버스나 엘리베이터에서의 가상의 힘인 관성력을 통해 가상의 힘을 설명하고, 각운동량 공식의 미분 값이 0이 됨을 통해 각운동량이 보존됨을 수식으로 표현함. 적절한 그림과 표를 이용한 정리를 통해 급우들로부터 좋은 반응을 얻음. 익숙지 않은 개념을 익숙한 현상을 통해 쉽게 설명하고자 하는 모습이 인상적임.

▶ 각운동량 보존법칙과 응용되는 곳은 어디인가요?

각운동량 보존법칙은 회전운동을 하는 물체가 외부로부터 돌림힘이 작용하지 않으면 일정한 각속도로 회전운동을 유지하는 것을 말합니다. 각운동량은 질량이 m인 작은 알갱이가 회전축으로부터 r만큼 떨어져 속도 v로 운동하고 있을 때 mvr로 표현됩니다. 각운동량 보존법칙이 응용되는 곳은 알람시계, 믹서기 타이머, 전동칫솔, 케이블을 감아올려 위아래로 쉽게 이동시켜주는 엘리베이터 등이 있습니다.

▶ 코리올리 힘은 무엇이며 응용되는 곳은 어디인가요?

코리올리 힘은 전향력이라고 합니다. 북반구에서 발달한 태풍의 경우 북상하면서 오른쪽으로 방향이 꺾입니다. 이는 지구가 자전하기 때문에 생기는 가상의 힘 때문입니다.

$$F_{cor} = 2m \ \vec{V} \times \vec{\Omega}, \ \vec{V} \ : \ velocity, \ \vec{\Omega} \ : \ angular \ velocity$$

전향력을 일으키는 물체들은 모두 떠 있는 물체들입니다. 따라서 태풍이나 기류와 같은 대상이 전향력을 받게 되는 것입니다. 떠 있으면 지표의 수직항력으로부터 비교적 자유롭게 되고, 이로써 지구상의 다른 물체들이 동일하게 회전할 때 그 물체들은 가만히 있을 수 있습니다. 코리올리 힘이 응용되는 곳은 볼텍스 멤브레인(Vortex Membrane)을 활용하는 맥주 분리막 장치, 완구용 비행원반(부메랑), 회전식 낚시찌, 배기가스 정화장치, 살균 물탱크, 광촉매 활성기판, 제철소 슬러지 유출 방지장치 등 다양한 분야에서 활용되고 있습니다.

▶ 헬리콥터의 꼬리 날개에도 코리올리 힘이 작용하는 것인가요?

각운동량 보존은 항공 역학적으로도 매우 중요한 역할을 합니다. 만약 헬리콥터에 주날개만 있다면 헬리콥터는 정상적인 비행을 할 수 없습니다. 정지한 헬리콥터 전체를 하나의 계로 생각해보면 외부에서 돌림힘이 전혀 작용하지 않습니다. 따라서 각운동량의 값이 0으로 보존됩니다. 만약 주날개가 돌기 시작하면 헬리콥터에는 없던 각운동량이 생기게 됩니다. 그러면 헬리콥터의 다른 부분에서 반대방향의 각운동량이 생겨서 주날개에 의한 각운동량을 상쇄시켜 비행할 수 있게 됩니다.

사회 및 기타과목 교과 세특

한국사

구한말 경복궁에 최초로 전기 점등식이 있었다는 내용을 접하면서 '우리나라 전기의 역사'에 관한 탐구보고서를 작성함. 경복궁에 전기가 점등되고 전기 발전을 위한 발전소 건립, 1960년대 한국전력주식회사 설립, 1970년대 전력손실을 이유로 220V 승압을 하게 되는 과정을 연표로 작성함. 가난했던 시절 미래를 내다보는 학자들의 선견지명이 지금의 전자전기산업 강국으로 성장하는 밑거름이 되었음을 깨달았다고 함. 자신도 공학자로서 먼 미래를 내다보는 혁신이 필요하다며 보고서를 마무리함.

▶ **송전선에서 고압으로 송전하는 이유가 전력손실을 줄이기 위해서인가요?**

네, 그렇습니다. 손실전력은 폐쇄회로가 아니기에 옴의 법칙이 적용되지 않습니다. $P=VI=I^2R$로 전류가 감소한 양의 제곱 배만큼 손실전력 P가 감소하게 됩니다.

▶ **기존 송전선의 전력손실을 줄이기 위한 방법은 없나요?**

발전소에서 생산된 전기가 배전과정에서 발생하는 전력손실로 5년간 8조 원 (2014-2018년)이 넘은 것으로 나타났습니다. 갈수록 전력손실이 증가하는데 초전도 전력 케이블이 대안이 될 수 있습니다. 초전도 케이블은 초전도 도선을 통전층으로 하여, 같은 크기의 기존 구리케이블에 비해 5배 이상 전류를 통전할 수 있습니다.

초전도 케이블의 구조를 보면, 케이블의 형태를 유지하면서 고장 시 발생하는 대전류를 우회할 수 있는 구리 포머층, 대용량의 전류를 통전하는 초전도 통전층 그리고 구리 포머층과 초전도층 사이에는 절연층이 있습니다. 이러한 구조의 코어는 초전도 도선을 냉각하기 위해 액체 질소가 흐르는 냉각용기 안에 담겨 있으며 액체질소의 온도를 유지하기 위해 외부와 단열하는 진공층이 외각에 구성되어 있습니다.

출처 : 일반 케이블과 초전도 케이블 비교_전력연구원 사보(2019.5)

정보

C언어 프로그램을 처음 접하면서 주석처리의 필요성과 쓰임새, 변수 선언에 대한 이해가 부족하였으나, 단순히 제시한 코드를 따라 하는 것이 아닌 담당교사와 급우들에게 조언을 구하고 스스로 끊임없는 시행착오 끝에 프로그램 구현에 자신감이 생겨 오히려 조언을 해줄 정도로 프로그래밍 능력이 향상됨. if∼else if문과 while문을 활용하여 사칙연산과 나머지 값을 구할 수 있고 여러 번 반복 실행할 수 있는 전자계산기 프로그램을 만듦. a++과 ++a 의 차이점, while과 for문의 차이점에 대해 정확히 이해하고 있으며, 이를 언제 활용해야 하는지도 알고 있음. 다중 if구문 등을 이용하여 내신등급을 측정하는 프로그램을 제작하여 학생들의 내신등급을 측정해보기도 함. 피지컬 컴퓨팅 단원에서 아두이노 우노보드와 초음파 센서를 이용하고 직접 코드를 검색하고 작성해서 차량 후방 감지기와 같은 원리 장치를 통해 회로를 구성하였으며, 조도센서를 활용해 주변이 어두워질수록 빛을 밝게 하고 소리도 나게끔 하는 장치를 구현하는 등 실생활에 쓰이는 사례를 재현시키는 능력이 탁월함.

▶ **조도센서의 특징과 일상에서 활용되는 예시에 대해 알려주세요.**

조도센서는 황화카드뮴이라는 빛에 반응하는 화학물질로 사용됩니다. 빛의 양을 측정하여 빛의 양이 많아질수록(밝을수록) 전도율이 높아져 저항값이 낮아지게 됩니다. 따라서 빛의 양과 저항값은 반비례 관계에 놓여 있으며, 극성이 없으므로 저항처럼 아무 방향으로 꽂아도 상관없습니다. 자동차 전조등, 휴대폰 자동 밝기 조절기 등에 활용됩니다.

▶ 초음파 센서의 특징과 일상에서 활용되는 예시에 대해 알려주세요.

초음파는 사람의 귀로 들을 수 없는 음파로 주파수는 일반적으로 20kHz를 넘습니다. 초음파 센서는 송신부와 수신부로 나뉘어져 송신부에서 일정한 시간의 간격을 둔 짧은 초음파 펄스를 방사하고 대상물에 부딪혀 돌아오는 시간을 통해 장애물의 유무, 물체의 거리 또는 속도를 측정할 수 있습니다. 초음파 세척, 초음파를 활용하여 거리측정, 초음파 가습기, 초음파 어군탐지기, 초음파 의료기기 등에 활용됩니다.

💬 **학부모 질문**

Q 학교에서 코딩을 배울 수 있는 곳이 없어 진로를 구체화하기 힘들어요.

A 네. 대부분의 일반고 고등학교에서는 힘든 실정입니다. 하지만 무료 인터넷 사이트나 유튜브를 통해 다양한 강의를 통해 충분히 다양한 실습을 하면서 관련된 지식을 습득할 수 있습니다. 부록에 코딩 실력을 키울 수 있는 책과 사이트 등을 소개해 놓았으므로 이를 참고하면 스스로 실력을 쌓는 데 도움이 될 것입니다.

🔍 **학생부 관리 팁과 학생부 세특 예시**

코딩에 높은 관심을 가지고 자율주행차를 직접 제작하여 학습시킨 내용을 보고서로 작성한 사례

(물리학, 정보과학, 동아리활동) 자율주행차를 제작하는 활동을 하면서 학습의 중요성을 느끼고 다양한 학습을 카메라에 의존하는 데 한계가 있다는 것을 알고, 레이더(Radar), 라이다(LiDAR) 등이 필요함을 인지하게 됨. 카메라를 통해 들어온 영상은 물체를 구별하는 역할을 하고, 앞의 물체가 신호등인지 다른 차량인지 혹은 보행자인지를 가려내도록 함. 레이더는 물체와의 거리를 감지하여 주행 중인 자동차가 속도를 조절할 수 있게 하였음. 라이다는 레이더에 비해 작은 물체를 감지할 수 있고 물체의 형태를 읽어낼 수 있어서 물체를 효과적으로 피해 갈 수 있도록 도와주어 보다 정확한 자율주행이 가능하도록 개선하는 것을 통해 앞으로 발전이 기대됨.

논술 수업에서 '금융보안, 1회용 비밀번호 OTP로 충분한가?'라는 논제가 제시되자 OTP를 하드웨어, 하이브리드, 소프트웨어, 이메일 OTP로 분류해 각각의 원리와 한계를 개인적으로 조사하여 보고서 '정보 보완기의 마스코드 OTP의 원리와 미래'를 작성하여 제출함. 자신의 주장을 뒷받침하기 위해 실생활에 정보보완 기술이 사용되는 다른 예로 스마트폰 디스플레이에 지문인식이 탑재된 디스플레이 지문인식 방식(FoD)을 조사하고 광학식, 정전용량식, 초음파식 등 각각의 구조를 디스플레이 소자와 함께 그림으로 나타내 이해하기 쉽게 설명함.

▶ 디스플레이 지문인식 원리가 궁금해요.

 지문은 태아의 피하층부터 만들어져서 한 번 생겨나면 바뀌지 않습니다. 지문의 생성은 태아의 위치 및 태아 손가락 주변 양수의 움직임, 산모의 영양이나 호르몬 수치 등 우리가 파악할 수 없는 요인들에 영향을 받기 때문에 일란성 쌍둥이라 할지라도 서로 다릅니다. 지문인식이란 지문의 특성을 이용해 손가락 지문으로 본인을 인증하는 기술로 지문을 등록하고 등록한 데이터와 입력된 지문을 비교해 일치하는지 판별합니다.

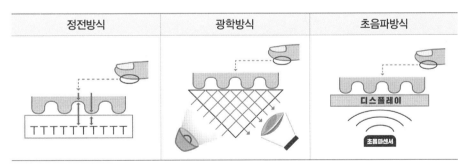

정전방식	광학방식	초음파방식

출처 : 삼성디스플레이 뉴스룸

정전방식 지문인식

정전식은 지문의 융선과 골의 정전 용량의 차이로 지문을 인식하는 방식입니다. 센서에서 지문의 패턴마다 서로 다른 전기량을 감지해 형태를 인식하는 것입니다. 정전식은 지문 접촉 방식에 따라 스와이프 방식과 에어리어 방식으로 나뉩니다. 스와이프 방식은 지문센서에 손가락을 대고 아래쪽으로 문질러 입력합니다. 에어리어 방식은 스와이프 방식보다 상대적으로 넓은 센서에 손가락을 터치하여 입력합니다. 에어리어 방식이 스와이프 방식보다 더 간편하고 빠르지만, 센서의 소형화가 어렵고 단가가 높은 단점이 있습니다.

광학방식 지문인식

광학식은 빛에 반사된 지문 영상을 획득해 기존 등록된 지문 정보와 비교하는 방식입니다. 카메라와 광학 스캐너를 이용합니다. 지문이 닿는 곳의 아래쪽에서 위로 강한 빛을 쏘면 지문 형태가 그대로 반사되며 광학 스캐너에서 이미지를 추출할 수 있습니다. 이를 디지털화하여 원본 데이터와 같은지 판별합니다. 주민센터나 은행 등에서 흔히 볼 수 있는 방식으로, 내구성이 좋지만 다른 기술에 비해 인식률이 상대적으로 낮다는 단점이 있습니다.

초음파방식 지문인식

초음파 방식은 초음파를 발사하여 돌아오는 시간을 측정하고, 지문의 높이차를 측정해 지문을 인식합니다. 이 방식은 기존 광학식 지문인식보다 보안성이 높습니다. 지문 이미지가 아닌 사용자의 지문 굴곡을 인식하기 때문입니다. 이 방식은 물체를 투과할 수 있다는 특별한 장점을 지니고 있습니다. 손가락에 물 등 일부 이물질이 묻은 상태에서도 인식률이 높아, 정확도와 보안성이 매우 우수합니다. 초음파 방식은 비교적 정확성과 내구성이 좋지만, 제작이 까다롭고 상대적으로 가격이 높습니다.

여행지리

'여행 지리 스피치' 활동에서 최근 경기도 평택과 용인지역을 중심으로 반도체 클러스터를 형성하는 이유에 궁금증을 가지고 지리적인 이유와 특징을 조사하여 발표함. 기존 반도체 클러스터와 지리적으로 가깝고, 소·부·장 기업이 입주하여 기술개발과 생산에 많은 이점이 있음을 깨닫게 됨. 또한 우수한 인력 확보가 좋다는 것을 깨닫고 위치 선정의 이유를 논리적으로 발표함. 스마트폰과 메모리 반도체 사업에서 크게 호재를 누려왔던 전자가 최근 비메모리 반도체로의 사업 확장 이유를 메모리 반도체 시장의 큰 경기 변동성과 그래픽처리장치, 네트워크처리장치 등 수요증가를 이유로 설명함.

삼성이 파운드리, 팹리스, 시스템 반도체 분야에 공격적으로 투자해 반도체 1위 기업으로 자리를 굳건히 지키려 한다는 것을 설명함. 반도체의 연구 분야를 확보하기 좋으며, 중국에 수출하기 좋은 지리적 위치라는 것을 이해하게 되었다고 발표함.

▶ 반도체 클러스터에 대해 자세히 소개해주세요.

반도체 클러스터 조성은 우리나라 수출 1위 품목(18년 국내 수출 점유율 20.9%)으로 국가 경제적 측면에서 차지하는 비중과 위상이 매우 크기에 활성화의 필요성을 더욱 느끼게 되었습니다. 또한 시기적으로 반도체 산업 경기둔화와 글로벌 불확실성 등을 고려할 때 미래시장 선점과 경쟁력 유지 및 강화를 위한 투자가 필요합니다. 그리고 소재 장비 등 후방산업 육성을 위해 클러스터 조성을 통한 소자 대기업, 중소·중견 소재 및 장비 기업 간 협업 등 시너지효과를 창출할 수 있습니다. 또한 기존 반도체기업들과의 협업과 우수 전문인력 확보를 할 수 있기에 클러스터가 필요합니다.

▶ 비메모리 반도체에는 어떤 것이 있나요?

비메모리 반도체는 전자제품의 두뇌역할을 하는 칩으로 많이 사용됩니다. 일반 컴퓨터에 쓰이는 CPU, 마이크로 컴퓨터에 사용되는 MPU, MCU, 로직IC, 스마트폰에 사용되는 운영체제(AP), 디지털카메라(DSLR), 스마트폰 카메라에 많이 쓰는 CMOS 이미지센서, 자동차 내외부의 정도를 측정하는 센서 등이 있습니다.

비메모리 반도체			
메인 반도체 (CPU, MCU, DSP)	파워 반도체 (스위치, IGBT 등)	아날로그, 로직 반도체	센서 (압력, 온도, 카메라 등)

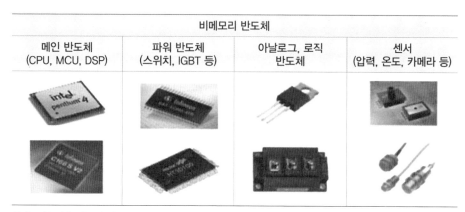

출처 : 자동차용 시스템 반도체_한국반도체산업협회

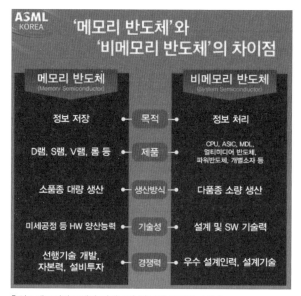

출처 : 메모리반도체와 비메모리 반도체 차이점_ASML

PART
3

독서
심화 탐구

전공적합성
인재 독서

◉ 3년 후 AI 초격차 시대가 온다(정두희, 청림출판)

3년 후 AI 초격차 시대가 온다 줄거리

저자는 AI와 신기술 연구를 지속적으로 해왔으며 AI를 활용하고자 하는 기업을 위해 구체적인 운영 방법에 대한 가이드를 제시한다. 또한 경영자를 위한 중요한 기술 이슈, 비즈니스를 혁신하는 방법론, AI 도입을 위해 고려해야 할 실무적 지식 등도 소개한다. 알고리즘, 데이터, 비즈니스 모델은 인공지능 비즈니스의 3가지 요소이지만 저자는 무엇보다 중요한 것은 실행이라고 주장한다. 큰 변화 앞에서 선도할 기업이 될 것인가 아니면 희생양이 될 것인가를 결정해야 하는 시기가 다가오기에 인공지능 기술과 경영에 관심 있는 학생들에게 이 책을 추천한다.

▶ 기업에서 적용하는 AI 알고리즘 사례를 소개해주세요.

아마존, IBM, 구글 등 IT기업들은 인공지능 알고리즘을 플랫폼 방식으로 사용하고 있습니다. 앞으로 인공지능의 다양한 서비스를 통해서 알고리즘의 개방, 자율성 향상, 데이터 증가 등 인간과의 상호작용 능력이 점차 고도화될 것입니다.

IT기업의 인공지능 알고리즘 예시

아마존 AI 서비스	• 레코그니션(이미지 인식) : 안면인식 기능으로 사용자 신원 식별 • 렉스(가상비서) : 지능형 챗봇 개발, SNS와 연동 • 폴리(텍스트 투 스피치) : 24개 언어, 47개 음성 유형 지원
IBM 왓슨의 인지 컴퓨팅	• 톤 애널라이저 : 목소리로 온라인 자동 주문 서비스 • AI 오픈스케일(기업의 AI 개발 자동화) : 특정 데이터에 대한 맞춤형 AI 모델 자동 설계
페이스북 & 구글	• 광고 플랫폼 : 의류 업체가 페이스북에 데이터를 제공하면 페이스북 사용자의 특성에 최적화된 맞춤형 프로모션 진행 • 구글 텐서플로 : 알파고, 검색엔진, 번역기, 메일 등의 서비스에 활용
세일즈포스	• 아인슈타인 : CRM과 연동되어 영업능력, 고객서비스 품질 향상

▶ AI 기술은 지속적으로 혁신하고 있는데 어떤 기술이 뒷받침되어야 하나요.

학습 가능한 양질의 데이터와 고성능 컴퓨팅 기술 그리고 차별화된 알고리즘 확보가 핵심입니다. AI를 학습시키기 위해서는 일정량 이상의 데이터가 필요하며 이를 위해서는 고속 병렬처리가 가능한 고성능 컴퓨팅 자원이 필수적입니다. 또한 문제를 해결하기 위해서는 특화된 알고리즘 역시 확보되어야 합니다. 이는 데이터 학습으로 성능이 지속적으로 향상될 수 있습니다.

▶ AI 기술이 활용되는 분야가 궁금해요.

사람들의 댓글을 바탕으로 소설과 시나리오를 작성하고 있습니다. 친구들의 SNS을 통해 자신에게 잘 맞는 친구를 추천해주는 알고리즘뿐만 아니라 공공 분야(국방, 의료, 안전 등)에서도 머신러닝이 사용되며, CCTV 영상데이터를 활용한 시각지능 등을 활용하여 범죄를 예방하고 비대면 진료, 감시병 역할과 적의 상황을 분석하여 조기에 대비할 수 있음을 알 수 있습니다. 그래서 AI+X(자신의 전공 분야)를 융합한다면 인공지능이 발전하는 사회가 되더라도 그 역할을 잘 수행할 수 있을 것입니다.

인공지능의 현재와 미래 줄거리

이 책은 중국 후난 위성TV의 인기 과학 프로그램 '나는 미래다' 방송을 책으로 엮은 것이다. 인공지능 시대를 준비한 중국의 모습을 통해 자율주행, 로봇공학 등 상당한 기술 수준을 가졌음을 알 수 있다. 일부 분야에서는 한국을 추월하고 일본, 독일 그리고 미국과 겨루고 있다. 각기 다른 주제를 21명의 과학자 강연으로 구성한 이 책은 4차 산업혁명에 대한 전반적인 지식이 없다면 다소 어려울 수도 있다. 중국이 개발한 감성 인공지능 '샤오빙'의 등장과 휴머노이드 로봇의 생김새는 이제 기본이며, 피부 질감, 촉각을 구현한 로봇, 감정표현을 하는 로봇 등 점점 인간과 비슷해지는 기술 수준을 보여준다. 명곡을 만들고 사지를 움직일 수 없는 사람의 두뇌가 되어 신호로 의사소통하는 장면까지 다양한 분야에 도전하는 인공지능을 만나볼 수 있다.

▶ **인공지능의 미래를 이끄는 혁신적인 기술이 궁금해요.**

1	왕젠 (알리바바 그룹 기술위원회 의장)	미래 도시의 핵심 인프라는 데이터를 기반으로 하는 도시대뇌(City Brain)
2	라파엘로 드안드레아 (취리히 연방 공과대학교 교수)	유통에서 건설까지 혁명을 몰고 올 무인기, 드론
3	왕용동 (마이크로소프트 글로벌 수석 부총재)	인공지능(AI)도 느끼고, 창작하고, 인간과 교류할 수 있는 존재다
4	쉬카이 (공안부 제3연구소 수석 전문가)	지문의 완전한 판독, 사건 해결의 강력한 무기
5	쑹지창 (인텔 중국연구원 원장)	미래는 데이터의 마법이 구현하는 세계
6	션샤오웨이 (IBM 글로벌 부총재)	인공지능(AI), 가장 유능한 인간의 파트너
7	인치 (베이징 쾅스 과학기술 주식회사 창업자)	안면인식 기술로 우리의 얼굴이 곧 통행증이 된다
8	후위 (아이플라이텍 집행총재)	기계와 인간의 소통을 가능하게 할 음성인식 기술

9	한비청 (뇌-컴퓨터 인터페이스 회사 '브레인코'의 창업자)	생각만으로 모든 사물을 제어하는 마법, 두뇌제어 기술
10	위더차오 (이노벤트 바이오제약 주식회사 창립자)	암은 더 이상 두렵지 않다. 일반인을 위한 저비용 최첨단 약
12	주루이 (중국 과학원 시안 광학 정밀기계 연구소 연구원)	혈관에 들어가 질병을 치료하는 혈관 앤트맨, 심혈관 내시경
13	저우젠 (유비테크 과학기술 주식회사 창업자 겸 CEO)	인간을 닮은 반려 로봇, 휴머노이드 로봇
14	장원페이 (주하이 윈저우 스마트 과학기술 주식회사 창업자)	무인정은 미래 첨단 해양시대를 여는 관문
15	마오이칭 (상하이 옥사이 항공기 주식회사 창업자)	'천공의 성'을 현실화할 미래의 비행기 기술
16	류뤄펑 (선전 광치 고등 이공 연구원 창업자)	세상의 창조를 가능케 하는 새로운 물질, 메타물질
17	데이비드 핸슨 (표정로봇 기업 Hanson Robotics 창업자)	로봇은 인간이 만든 새로운 형태의 생명체
18	토마스 페어슨 (페스토 대중화지구 회장)	자연의 원리를 담은 생체 모방 로봇
19	장서우청 (단화 캐피탈 창업자)	꿈의 컴퓨터 양자 컴퓨터를 현실화할 수 있는 천사 입자
20	리빈 (니오 자동차 창업자)	무인 자율주행의 미래
21	후쥔하오 (스마트 쿠션 다르마의 창업자)	의료 데이터 수집을 통해 개인 맞춤형 정밀 건강관리 시대를 연다

▶ 중국의 대표적인 인공지능 기술이 궁금해요.

안면인식 기술은 항공 보안, 건설 분야를 비롯해서 비즈니스에서 보안 서비스까지 다양하게 활용되고 있습니다. 과학기술정보통신부에 따르면 중국은 2013년 이후 4차 산업혁명 관련 논문과 특허 건수를 이미 미국을 제쳤다고 평가했습니다. 이러한 기술이 적용된 대표적인 사례는 대륙의 스마트 시티 항정우

(杭州)입니다. 이곳은 현금과 신용카드 없이 경제활동이 가능하며 재래시장에서도 스마트폰으로 결제가 가능합니다. 최근에는 얼굴 인식 결제시스템을 도입해 세계 최초로 상용화했습니다. 2014년에 설립된 센스타임은 6만 명이 모인 콘서트장에서 수배 중이던 용의자를 안면인식기술로 체포한 사례도 있습니다.

⊙ 1년 안에 AI 빅데이터 전문가가 되는 법(서대호, 반니)

1년 안에 AI 빅데이터 전문가가 되는 법 줄거리

저자는 이 책의 도입부에서 빅데이터의 전문가가 되기 위해 무엇을 공부하고, 어떻게 공부해야 할지 단계별로 정리해놓았다. 비전공자도 이 책에서 제시하는 가이드를 따라 1년 정도 열심히 공부한다면 국내에서 요구하는 AI 빅데이터 분석은 충분히 할 수 있을 것이라고 강조한다. AI 빅데이터 전문가의 현 상황과 국내 AI 빅데이터 교육 시스템의 문제, 기본적인 공부방법, 자신만의 분야를 선정하고 경험을 쌓는 방법과 AI 빅데이터전문가로서 가지게 되는 마음가짐을 제시한다. 하지만 저자가 공부방법으로 추천하는 도서들은 다소 어려울 수 있다.

▶ 데이터마이닝이란 무엇인가요?

데이터에서 의미를 추출 즉, Mining(캐는 작업)을 의미합니다. 수많은 데이터 속에서 유용한 통계적 규칙이나 패턴 등을 찾는 것을 말합니다. 하루 평균 25억 개의 콘텐츠 공유와 500TB 이상의 데이터를 처리하는 Facebook은 대표적인 빅데이터입니다. 빅데이터 속에서 유용한 지식을 사람이 찾기에는 한계가 있어 데이터마이닝 기술이 필요할 수밖에 없습니다.

▶ 텍스트마이닝은 정형 데이터마이닝과 어떻게 다른가요?

텍스트마이닝은 비정형 데이터마이닝의 유형 중 하나입니다. 비정형 및 반정형 데이터에 대하여 자연어 처리기술과 문서 처리기술을 적용하여 유용한 정보를 추출, 가공하는 목적으로 사용하는 기술입니다. 논문, 신문, 잡지의 기사, 여론조사, 이메일, 디지털 형태의 문서 등 문서의 제목, 작가, 출판날짜, 길이 등 다양한 형태의 데이터로부터 구조화된 정보를 추출하여 데이터베이스화합니다.

구분	정형 데이터마이닝	텍스트마이닝
대상	수치 또는 범주화된 데이터	텍스트
구조	관계형 데이터 구조	비정형 또는 반정형 데이터
목적	미래 상황 결과를 예견 및 예측	적합한 정보를 획득하고 의미를 정제하고 범주화
방법	기계학습	기계학습, 인덱싱, 언어처리, 온톨로지 등

▶ AI 빅데이터 분야를 희망하는 학생들이 참고하면 좋을 책을 소개해주세요.

빅데이터, AI 빅데이터 분석, 데이터마이닝 등 추천도서 목록이 있지만 입문용으로 볼 수 있는 데이터 분석 책을 먼저 보길 권합니다.

입문용 데이터 분석 도서	• 파이썬 라이브러리를 활용한 데이터 분석(한빛미디어) • 파이썬으로 데이터 주무르기(비제이퍼블릭) • 빅데이터 분석 도구 R 프로그래밍(에이콘출판사) • R라뷰(더알음)
빅데이터 학습 도서	• 빅데이터 기초: 개념, 동인, 기법(시그마프레스) • 인공지능 시대의 비즈니스 전략(더퀘스트)
AI 빅데이터 활용 도서	• 빅데이터가 만드는 제4차 산업혁명(북카라반) • 빅데이터 비즈니스 이해와 활용(위즈하임) • 빅데이터 분석과 활용(학지사)

데이터마이닝 학습 도서	• 데이터 마이닝 개념과 기법(에이콘출판사) • 패턴인식(교보문고) • 데이터 마이닝 기법과 응용(한나래)

 이것이 인공지능이다 (김명락, 슬로디미디어)

이것이 인공지능이다 줄거리

저자는 1차로 창업한 배달서비스 사업을 실패하고, 2차로 인공지능 소프트회사 '초록소프트'를 창업해 그동안의 경험을 소개한다. 인공지능의 프로세스인 데이터 수집 및 전처리, 인공지능 모델 학습, 인공지능 모델 검증 내용들을 배경지식 없이도 이해할 수 있게 구성되어 있다. 빅데이터를 인공지능으로 활용하여 분류, 분석하는데 DT(Data Technology)를 활용한 혁신이 바로 4차 산업혁명이다. 인공지능이 반도체처럼 하이테크놀로지 분야에서만 활용될 수 있는 것이 아니라 커피나 패션처럼 기술과는 전혀 무관해 보이는 분야에서도 성공할 수 있도록 도움을 준다.

▶ **IT시대에서 DT시대로 넘어가면 어떤 변화가 일어나나요?**

스위스 다보스포럼에서 데이터는 4차 산업혁명을 촉발할 미래기술에서 꼭 필요하다고 제시합니다. 구글의 룬(Loon) 프로젝트를 통해 IoT(Internet of Things)를 넘어 IoP(Internet of People)로 지구촌 초연결 사회로 변화시켰습니다. 컴퓨터만 인터넷에 연결되었던 시대에서 스마트폰, 태블릿, 웨어러블 디바이스 등 한 사람이 소지하는 디바이스의 수가 늘어나고 있습니다. 전 세계 인구의 약 70억 명을 넘어서면서 앞으로 500억 개의 디바이스가 연결될 전망입니다. 이는 막대한 양의 데이터의 공급을 의미하지만 실제 미국의 경제전문지 포브스에 따르면 전 세계 데이터 중 실제로 사용되거나 분석되는 정도는 0.5%도 안됩니다. 앞으로 이

거대한 데이터를 정교하게 분석하고 활용한다면 차세대 거대시장의 새로운 사업 아이템들이 나올 수 있을 것으로 예측하고 있습니다.

▶ 데이터 사이언스는 어떤 전공인가요?

데이터 사이언스는 딥러닝, 기계학습, 관계 및 논리적 분석, 인공지능, 통계적 분석 등 대용량 데이터로부터 통찰력과 지식을 얻고 추리하기 위해 과학적 방법론을 연구합니다. 또한 풀고자 하는 문제영역의 지식을 바탕으로 다양한 형식의 방대한 원천 데이터의 획득, 정제, 모델링, 통합관리, 복합분석, 기계학습, 시각화 등 일련의 과정을 통해 인간과 사회에 유용한 디지털 솔루션을 만들어 적용하고 지속적으로 개선하는 공학적 측면을 포괄하는 새로운 학문입니다.

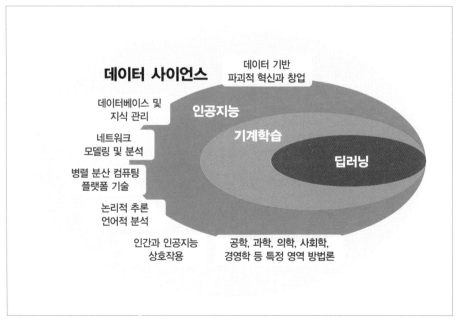

출처 : 서울대학교 데이터 사이언스대학원

반도체 제국의 미래(정인성, 이레미디어)

반도체 제국의 미래 줄거리

글로벌 반도체 시장에서 삼성전자, SK하이닉스는 메모리 시장 점유율 1, 2위이다. 두 업체의 비중은 60%에 이르며, D램과 낸드플레시 등 메모리 반도체 시장의 강자다. 저자는 어떤 경쟁과 혁신을 통해 메모리 강자가 되었는지 그리고 업계 종사자만 알고 있는 반도체 산업의 경쟁과 생존의 과정을 흥미롭게 소개한다. 신흥 강자로 부상한 TSMC, ARM, 엔비디아, 구글 등 이들이 반도체 산업에서 직면한 과제와 전략은 무엇이고 기존 반도체 기업들의 미래 산업의 방향은 무엇인지 등을 짐작할 수 있다. 이 책은 반도체 계열을 희망하는 학생들이 입문하기 위한 길잡이 도서라고 할 수 있다.

▶ D램과 낸드플레시는 어떤 차이가 있나요?

정보를 기억하고 저장하는 메모리 반도체 대표 주자로 D램과 낸드플레시가 있습니다. 데이터를 많이 저장하고 빠르게 처리하는 목표는 동일하지만, 각 저장 방법에 따라 응용 분야는 다릅니다. D램은 데이터 처리속도가 빨라 낸드플래시의 무려 1만 배에 이를 정도입니다. 하지만 전원이 꺼진다면 데이터도 사라지는 문제점을 가지고 있습니다. 낸드플래시는 데이터를 저장하는 데에는 많은 시간이 소요되지만 한 번 입력한 정보는 전원이 꺼져도 10년간 저장할 수 있는 장점을 가지고 있습니다. SK하이닉스는 인텔의 낸드플레시를 인수하여 데이터 센터에서 입지를 다진 인텔의 고객처를 확보하고 새로운 시장을 확보하여 입지를 다질 수 있었습니다.

▶ 어떻게 삼성전자와 SK하이닉스가 메모리 시장 점유율 1, 2위가 되었나요?

메모리는 CPU보다 설계의 난이도가 낮습니다. 삼성전자를 포함한 우리나라 기업들은 D램 제조를 시작으로 반도체 산업에 진입했습니다. 당시 메모리 시장은 고품질의 D램을 생산하는 일본이 주도하고 있었습니다. 하지만 개인 PC의 수요가 커지면서 시장의 변화는 긴 수명보다 가격이 중요하게 되었습니다. 삼성전자는 시장이 요구하는 만큼의 성능을 가진 D램을 생산하고 무엇보다 원가를 줄이는 데 집중했기 때문에 메모리 시장을 점유할 수 있었습니다. 박리다매로 많은 수익을 창출한 후 기술개발을 지속해 초고집적도 메모리반도체를 만들 수 있었습니다. 이렇게 기술 개발한 메모리를 스마트폰 시장과 데이터센터 시장의 성장으로 1, 2위를 유지할 수 있게 되었습니다.

▶ 반도체 입문 후 심화 탐구할 수 있는 방법이 궁금해요.

추천 세미나	**SEMICON KOREA(세미콘 코리아)** 국내외 많은 반도체 업체들이 참가하는 대표적인 전시로 주로 매년 초 코엑스에서 열립니다. 세미콘 코리아에는 AI, Smart Manufacturing, 5G 등 업계에서 가장 핫한 이슈를 만나볼 수 있습니다. 그뿐만 아니라 반도체 시장을 전망하는 세미나도 진행되므로, 반도체 산업에 대한 현재와 미래를 알아볼 수 있습니다. 더 나아가 전 세계 반도체 장비/재료 회사들이 참여하여 최신 기술을 보여주므로, 최신 반도체 재료, 장비, 기술을 만나볼 수 있습니다.
추천 사이트	**삼성전자 반도체 이야기 / SK하이닉스 뉴스룸** 반도체에 대한 기초 지식과 최신 기술 동향 등을 파악할 수 있습니다. 또한 반도체 양산에서 발생하는 이슈를 해결하는 엔지니어의 일상을 보며, 흥미와 적성을 알아볼 수 있습니다. 더 나아가 자신의 진로 선택에도 큰 도움이 될 것입니다.
추천 과학 영화	**마블 시네마틱 유니버스** AI, 디스플레이 등의 다양한 기술들이 나오는 아이언맨 시리즈부터 주인공이 커지고 작아지는 양자의 세계를 다루는 앤트맨까지 마블의 영화들이 다양한 기술들과 물리학적인 개념들을 곳곳에서 사용하고 있습니다. 마냥 어렵게만 느껴질 수 있는 양자역학, 전자기학 등의 물리를 재미있게 표현한 영화로 흥미를 유발하는 영화로 추천합니다.

추천 과학 서적	이종필의 아주 특별한 상대성이론(동아시아)
	이종필 교수의 아주 특별한 상대성이론은 물리학부 학부 과정에서 배우는 조금은 심오한 개념을 쉽게 수식으로 풀어내며, 1년간 진행된 실험을 바탕으로 이해하기 쉽게 쓴 책입니다. 고등학교의 수학 내용부터 시작하여 물리의 전반적인 내용을 다루고 있으므로 고등학교 수업뿐만 아니라 더 나아가 대학에서 어떠한 내용을 배우는지 선행하는 데 도움이 될 것입니다.

출처 : 고려대학교 전공안내서

 반도체전쟁(남윤선 외 2명, 한국경제신문사)

반도체전쟁 줄거리

4차 산업혁명 시대에는 IT전쟁이다. 중국은 막강한 자금과 적극적인 정부의 지원으로 반도체 산업의 신흥 강자로 떠오르고 있다. 이 책은 중국이 왜 반도체 산업에 도전하는지 '중국제조 2025'를 통해서 알 수 있다. 메모리반도체가 신업의 중심이자 뛰어난 생산능력으로 버틴 우리나라는 앞으로 어떤 미래를 맞이할 것인지 예상해볼 수 있다. 미래 사회는 반도체 소비가 차원이 다를 만큼 높아질 것이다. 첨단 기술들은 이미 컴퓨터와 연결되어 있기에 반도체의 소비는 지속적으로 늘어날 것이다. 중국 반도체 산업과 기술이 어떻게 성장했으며, 산업계와 학계에서 반도체 미래를 분석하여 반도체 계열 전공을 희망하는 학생들에게 큰 도움이 될 것이다.

▶ 중국 반도체와 한국 반도체의 격차는 어떻게 되나요?

한국의 삼성전자와 SK하이닉스는 하나의 셀로 4비트의 정보를 처리하는 QLC제품을 128단으로 구현한 유일한 업체입니다. 하지만 중국 최대 반도체기업 칭화유니그룹의 자회사 YMTC(양쯔메모리테크놀로지)는 2020년 4월에 128단 3D 낸드플래시를 개발했다고 발표했습니다. D램은 중국과의 기술 격차가 2년 이상이지만 낸드플레시는 1년 안팎까지 좁혀졌다고 볼 수 있습니다.

한국과 중국의 반도체 산업의 강약점 분석

구분	한국	중국
강점	• 메모리 강국 • 풍부한 반도체사업 경험 • 우수한 제조기술력 • 브랜드 인지도 체계화 • 도전적, 모험적, 민첩성의 국민성	• 전자시장 성장에 따른 국내수요 증가 • 현지 생산에 대한 정부의 세제 혜택 • 휴대폰 등 특정제품군의 현지부품조달 의무 비율 • 투자자금조달 양호:정부 소유의 은행 대출 용이 • 중앙정부의 적극적 지원 • 화교자본 유입 막대 • 파운드리 업체 급성장 • 저렴한 인건비
약점	• 시스템 IC 기술 취약 • 전문기술인력 부족 • 장비재료기술 취약 • 내수시장 협소	• 품질 문제로 인한 중국산 IC조달 회피 • 바세나르 협약으로 0.18㎛급 이하 수입규제 → 중국 반도체 기술 1.5~2년 후행 유도 • WTO 가입 후 반도체 무관세 조치에 따른 투자 유인 메리트 감소 • ·선진국 기업들의 IP 보호 전략

출처 : 한국과 중국의 반도체산업 비교분석, 주대영

▶ **시스템 반도체에 투자를 하는 이유가 궁금해요.**

시스템 반도체는 전체 반도체 시장 매출의 70%를 차지하며, 시장의 규모는 메모리 반도체 시장보다 2배 이상 큽니다. 앞으로 5G 통신, 고성능 컴퓨팅, 자율주행자동차, 인공지능 등 기술 발전에 따라 수요가 폭발적으로 늘어날 수 있습니다. 4차 산업혁명의 기반이 되는 시스템 반도체는 미래 유망산업 및 서비스 창출의 핵심 부품입니다. 앞으로 소프트웨어가 융합된 지능형 반도체로 사물인터넷, 스마트카, 웨어러블 디바이스 등 ICT 융합기술이 본격화될 것입니다.

▶ 메모리 반도체와 시스템 반도체의 큰 차이는 무엇인가요?

구분	메모리 반도체	시스템 반도체
용도	정보 저장	정보 처리
제품	D램, 낸드플래시 등	CPU, AP, 센서류 등
생산 방식	소품종 대량생산	다품종 소량생산
산업 특징	대규모 설비투자 필요	설계 인력 중심 기술집약

 쉽게 배우는 반도체(우치도미, 21세기사)

쉽게 배우는 반도체 줄거리

저자는 누구나 반도체의 기본지식을 읽고 이해할 수 있도록 그림과 함께 내용을 명료하게 설명한다. 또한 반도체 집적회로의 제조기술에서 반도체의 최신 동향까지 광범위한 반도체 지식을 단기간에 습득할 수 있게 구성하였다. 특히 전자만으로도 빛나는 양자폭포 레이저(QCL), 분말가루에서 반도체로 변신하는 산화아연(ZnO), 반도체와 자성체를 융합하는 스핀트로닉스 등 최신 동향의 내용들은 반도체로 공부하고자 하는 학생들에게 좋은 지적 호기심의 주제들이다.

▶ 순수 반도체가 불순물 반도체보다 더 좋은 것 아닌가요?

순수 반도체는 불순물이 섞이지 않은 순수한 반도체입니다. 원자가 전자가 4개인 실리콘(Si), 저마늄(Ge) 등으로만 이루어진 반도체로 양공이나 결합에 참여하지 않는 전자가 없어 전류가 잘 흐르지 않아 반도체로서 기능이 떨어지는 단점이 있습니다. 불순물 반도체는 순수 반도체에 극미량의 불순물을 첨가해 전류를 잘 흐르게 만든 반도체이며 종류로는 n형 반도체(15족 원소 도핑)와 p형 반도체(13족 원소 도핑)가 있습니다.

▶ 광전자공학이 무엇인가요?

전자공학과 광학을 하나로 합친 학문이며 주로 조명으로밖에 쓰이지 않는 빛을 연산이나 통신으로 이용하는 것을 목적으로 합니다. 이 학문에서 주로 광학소자가 대상이며 종류로는 광전지, 포토트랜지스터, 레이저, 발광 다이오드가 있습니다. 또한 광학소자는 백열전구와 달리 비선형 회로소자이며, 전자와 광자를 변화하게 하는 소자이기도 합니다.

▶ 트렌지스터 스위칭 기능이 궁금해요.

트렌지스터 스위칭은 전류가 흐를 때를 1, 흐리지 않을 때를 0으로 하여 스위치처럼 이용하는 것을 말합니다. 이 기능은 디스플레이의 픽셀을 켜고 끄는 등 밝기를 조절하는 데에 유용하게 사용됩니다. OLED 또는 LCD에는 각각 픽셀을 조절하는 아주 작은 박막트랜지스터(TFT)들이 무수히 많이 탑재되어 있습니다. 이 TFT들이 스위칭 기능을 할 수 있어 고정된 색이 아닌 다양한 밝기와 색깔을 표현할 수 있습니다.

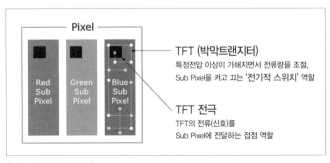

출처 : 삼성디스플레이

소프트웨어개발자 어떻게 되었을까? 줄거리

국내 각 분야 최고의 소프트웨어개발자들이 청소년 관점에서 자신들이 걸어온 길을 이야기한다. 소프트웨어개발자가 되는 법, 하루 일과, 소프트웨어개발자의 장단점 등을 생생하게 담은 직업 가이드북이다. 6명의 현직 개발자들의 커리어패스부터 현장경험 SW체험, 공모전, 대회 그리고 관련 도서와 영화까지 예비 소프트웨어개발자들을 위한 아카데미 파트까지 이 분야를 희망하는 학생들의 진로 고민에 큰 도움이 될 것이다.

▶ 시스템 소프트웨어 종류가 궁금해요.

컴퓨터를 작동시키고 효율적으로 사용하기 위한 프로그램입니다. 사용자가 컴퓨터를 쉽고 편리하게 사용할 수 있도록 컴퓨터와 사용자 간에 중계역할을 합니다. 대표적인 데스크톱 운영체제로는 윈도우(Windows), 리눅스(Linux), Mac OS 등이 있습니다. 스마트폰 운영체제로는 안드로이드, iOS가 대표적입니다.

▶ 응용 소프트웨어는 무엇인가요?

응용 소프트웨어는 특정 목적을 달성하기 위해 만들어진 프로그램입니다. 대부분 운영 체제에서 실행되는 모든 소프트웨어를 의미합니다. 워드프로세서, 엑셀, 파워포인트, 동영상 플레이어, 각종 게임 등이 해당됩니다. 응용 소프트웨어를 줄여서 어플리케이션(Application)이라 부르고 최근에는 더 줄여서 앱(App)이라고 합니다.

하드웨어, 시스템 소프트웨어, 응용 소프트웨어의 관계

입출력 장치			워드프로세서	
중앙처리 장치	하드웨어	시스템 소프트웨어 / 응용 소프트웨어	스프레드시트	사용자
주기억 장치			프로젝트 관리	
보조기억 장치			기타 응용프로그램	

▶ SW를 전문적으로 배울 수 있는 대학을 소개해주세요.

SW전문인력을 양성하고 학생·기업·사회의 SW경쟁력을 강화한 대학은 SW중심대학이라고 합니다. 전공자는 글로벌 경쟁력을 갖춘 실무형 인재로, 비전공자는 타 전공지식과 SW소양을 겸비한 융합형 인재로 양성시킵니다.

전국 SW중심 선정대학

서울·경기	가천대학교	서울여자대학교
	건국대학교	성균관대학교
	경희대학교	세종대학교
	고려대학교	숭실대학교
	광운대학교	아주대학교
	국민대학교	중앙대학교
	단국대학교	한국외국어대학교
	동국대학교	한양대학교
	상명대학교	한양대학교(ERICA)
	서강대학교	
강원	강원대학교	
	연세대학교 미래캠퍼스	
	한림대학교	

대전·충남	배재대학교	충북대학교
	선문대학교	카이스트
	우송대학교	호서대학교
	충남대학교	
광주·전북	원광대학교	조선대학교
대구·경북	경북대학교	안동대학교
	대구대학교	한동대학교
부산·경남	동명대학교	부산대학교
	동서대학교	
제주	제주대학교	

 처음 떠나는 컴퓨터 과학 산책(김현철 외 1명, 생능출판사)

처음 떠나는 컴퓨터과학 산책 줄거리

저자는 컴퓨터 과학을 과학, 공학의 지식과 방법을 사용하여 인간과 사회의 문제를 해결하는 학문이기 때문에 인문학이라고 강조한다. 공학적으로 인식했던 컴퓨터 과학에 인공지능 등의 다양한 기능이 도입되면서 인간의 모든 생활에 적용되기에 인간에게 필요한 것이 무엇인지, 고민하는 컴퓨팅 사고력이 무엇인지 소개한다. 알고리즘의 정의, 구조, 종류와 정렬, 함수 등 예시들은 파이썬으로 설명한다. 머신러닝, 딥러닝, 인공지능 알고리즘과 일반화되지 않았지만 빠른 속도로 개발되고 있는 슈퍼컴퓨터와 양자 컴퓨터 전망과 미래에 대해서도 살펴본다.

▶ **컴퓨팅 사고력(CT, Computational Thinking)에 대해 설명해주세요.**

2006년 미국 카네기 멜론 대학의 Wing 교수가 Computational Thinking라는 용어를 연구에 사용했으며, 2014년 국내 과학창의재단에서 컴퓨팅 사고력의 요소를 제시하였습니다.

- 컴퓨팅 사고력은 인간의 사고 과정 또는 종합적인 능력이다.
- 컴퓨팅 사고력은 인간이 실생활에서 문제를 인식하고 해결하려고 할 때 활용되는 능력이다.
- 컴퓨팅 사고력은 문제를 효과적이고 효율적으로 해결하도록 한다.
- 컴퓨팅 사고력은 문제해결 방법을 절차적으로 사고하게 한다.
- 컴퓨팅 사고력은 문제해결 과정에서 컴퓨팅 시스템의 능력을 활용한다.
- 컴퓨팅 사고력은 문제해결 과정에서 컴퓨터 과학적인 개념과 원리를 활용한다.

2015개정교육과정에서 소개하는 컴퓨팅 사고력은 컴퓨터 과학의 기본 개념과 원리 및 컴퓨팅 시스템을 활용하여 실생활 및 다양한 학문 분야의 문제를 이해하고 창의적 해법을 구현하여 적용할 수 있는 능력으로 설명합니다.

▶ **알고리즘과 데이터 구조의 관계가 궁금해요.**

간단하게 설명한다면 데이터 구조가 처리할 대상이라면 알고리즘은 처리하는 방법을 의미합니다. 데이터를 어떻게 분류하고 보관하고 사용하는가 하는 것이 데이터 구조라면, 알고리즘은 데이터를 어떻게 처리하여 원하는 결과를 만들어 낼 수 있는가 하는 프로그램입니다.

양자 컴퓨팅 입문(파라그 랄라, 에이콘출판사)

양자 컴퓨팅 입문 줄거리

양자역학에 대한 배경 지식이 없어도 양자 컴퓨팅 시스템의 개념과 작동방식을 이해할 수 있도록 설명한다. 양자 컴퓨팅은 매우 작은 원자 입자와 아원자 입자의 움직임을 설명하는 양자역학의 원리가 바탕이기에 기존 컴퓨터보다 연산을 빠르게 수행할 수 있다. 고전 물리학, 디지털 설계의 기초 정도는 접했지만, 양자 정보 처리가 익숙하지 않더라도 볼 수 있으며, 수학을 완전히 배제하지 않고 비전공자도 볼 수 있는 책이다. 2020년 대한민국학술원 우수학술도서로 선정되었으며, 이 분야에 관심 있는 학생들은 얼마나 기초과학과 컴퓨터 이해를 갖추어야 하는지를 헤아려 볼 수 있는 기회가 될 것이다.

▶ 양자 시뮬레이터가 무엇인가요?

양자 시뮬레이터는 기존 컴퓨터 양자 시스템에서 양자 알고리즘까지 실행할 수 있는 프로그램입니다. 이는 큐비트가 다른 작업에 반응하는 방식을 예측하는 환경에서 양자 프로그램을 실행하고 테스트하는 소프트웨어 프로그램을 의미합니다. MS의 QDK(Qualumer Development Kit)는 양자 컴퓨팅을 위한 무료 온라인 교육을 제공하며, 특수한 다른 양자 시뮬레이터와 함께 전체 상태 벡터 시뮬레이션을 할 수 있습니다.

▶ 양자 컴퓨팅을 이해하기 위한 기초 수학원리로는 어떤 것이 있나요?

양자 컴퓨팅을 이해하기 위해서는 선형대수학을 알아야 합니다. 선형대수는 양자 컴퓨팅의 언어이기에 일련의 명령에 응답하고 수행 작업하는 데 주로 사용됩니다. 최소한 벡터 및 행렬 곱 정도는 이해하면 좋습니다. 큐비트가 1 또는 0

상태이거나 중첩이거나 둘 다일 수 있어 벡터로 설명 가능하며 단일 열 행렬로 표시됩니다. 또한 양자 상태 벡터라고도 하며 $|a|^2 + |b|^2 = 1$라는 요구사항을 충족해야 합니다. 다음 행렬은 모두 유효한 양자 상태 벡터입니다.

$$\begin{bmatrix} 1 \\ 0 \end{bmatrix}, \begin{bmatrix} 0 \\ 1 \end{bmatrix}, \begin{bmatrix} \frac{1}{\sqrt{2}} \\ \frac{1}{\sqrt{2}} \end{bmatrix}, \begin{bmatrix} \frac{1}{\sqrt{2}} \\ \frac{-1}{\sqrt{2}} \end{bmatrix}, \text{ and } \begin{bmatrix} \frac{1}{\sqrt{2}} \\ \frac{i}{\sqrt{2}} \end{bmatrix}.$$

융합형
인재 독서

📍 AI시대, 문과생은 이렇게 일합니다(노구치 류지, 시그마북스)

AI시대, 문과생은 이렇게 일합니다 줄거리

저자는 AI는 두려워할 대상이 아닌 Excel처럼 누구나 사용할 수 있는 도구라고 주장한다. AI를 만드는 사람이 아닌 이용할 사람들을 위한 책이다. 문과 학생이 한 순간 이과 학생이 될 수 없으므로 문과 학생답게 AI를 활용하는 방법을 쉽게 설명해준다. 프로그래밍과 통계 내용을 깊게 다루지 않으며 AI전문용어를 가능한 사용하지 않고, 다양한 사례를 통해서 자신만의 AI 활용법을 만든다. 이 책은 8가지 AI 활용타입 그리고 각 기업의 AI 활용 사례 45개를 담았다. 또한 앞으로 다가올 일자리의 변화와 AI 공생을 위한 융합적 사고의 중요성을 강조한다.

▶ **AI를 활용하면 업무에 어떤 변화가 일어나는지 궁금해요.**

더욱 편리하게 일할 수 있습니다. 특히 자료조사 시 많은 시간을 할애하는 데 인공지능을 활용하면 보다 편리하고 빠르게 일할 수 있습니다. 따라서 더 다양한 일을 할 수 있으며, 여가시간도 많이 가질 수 있습니다. 저자는 5가지 스타일을 제시합니다. '어느 정도 비율로 AI에 업무를 넘기는가'라는 시점에서 사람과 AI가 함께 일하는 패턴을 5가지로 나눌 수 있습니다.

사람과 AI의 분업 스타일

분업 스타일	상태
① 사람만이 일하는 일자형	AI가 개입하지 않고 사람만으로 업무를 수행하는 상태
② AI가 사람의 일을 보조하는 T자형	AI가 일부 업무를 대신하며, 업무를 수행하는 중심은 사람
③ AI가 사람의 일을 확장하는 O자형	AI가 사람의 업무를 확장하며, 이제까지 사람이 할 수 없었던 업무를 가능하게 함
④ 사람이 AI의 일을 보조하는 역T자형	AI가 많은 업무를 대신하지만, 사람이 일부를 보조, 사람이 사전 준비하는 상태 또는 불완전한 부분을 확인하고 완성하는 상태
⑤ AI가 사람의 일을 완전하게 대신하는 I자형	AI가 업무 대부분을 담당하는 상태

▶ 문과생은 AI를 어떻게 활용하면 좋은가요?

문과형 AI 일자리는 이과형 AI 일자리가 하지 않는 'AI 활용에 필요한 모든 것'을 할 수 있어요.

문과형 AI 일자리	AI 기획	AI를 만드는(AI 구축) 프로젝트 매니저	AI 현장 도입	AI 이용 및·관리
		GUI 기반 AI 구축 환경 제작		
		이미 만들어진 AI 서비스 중에서 선정		
	AI 방침 및 투자 판단			

이과형 AI 일자리	AI 구축 데이터준비 ➡ 학습 ➡ 예측	실제 가동 AI 시스템 구축	AI 시스템 운영관리

출처 : AI시대, 문과생은 이렇게 일합니다_노구치 류지

교양으로서의 인공지능(이상진, 시크릿하우스)

교양으로서의 인공지능 줄거리

저자는 인공지능을 디지털 변혁시대를 살아가는 현대인의 필수 교양지식으로 보고 있다. 이상진(한국표준협회 회장) 저자는 2019년 중국 상해에 있는 인공지능 기업에서 직원 2,800명 중 무려 2,500명이 인공지능 솔루션 개발 엔지니어를 채용하여 운영하는 것을 보고 놀랐다. 또한 중국은 이미 인공지능 프로그래밍 언어 파이썬(python)과 인공지능 핵심 개념들을 중·고등학교 교과서로 만들어 가르치고 있다는 점에서 또 한 번 놀랐다. 상해에서만 매년 2,000명 가까이 한국 석사과정 정도의 인공지능 지식을 갖춘 고교생들이 졸업한다. 이 책은 인공지능을 전문 엔지니어들만 이해할 수 있다는 생각보다는 교양으로서 인공지능의 기초적인 원리와 적용 사례를 이해할 수 있도록 했다.

▶ 인공지능을 선도하는 기업이 궁금해요.

인공지능 기업 중 선두기업은 GPU를 개발하는 Nvidia(엔비디아)가 있습니다. 많은 사람에게 Semiconductor, 즉 반도체 칩이나 게임 그래픽 카드를 만드는 기업으로 유명하지만 사실 미래 기술산업에 포함되는 모든 기술에 관여할 정도로 유망한 기업입니다. 인공지능과 머신러닝의 핵심기술로 사용되는 무인자동차의 자가운전기술과 게임, 클라우딩, 빅데이터 등 미래 핵심기술을 대부분 선도하고 있는 핵심 선도업체입니다.

구글에서 인공지능은 광고에서부터 무인자동차, 인공지능 비서, 서치엔진에 이르기까지 거의 모든 산업 분야에서 활용되고 있기 때문에 AI에 대한 최고의 기업을 꼽으라면 구글을 뽑을 수 있습니다.

인공지능을 활용한 클라우딩 비지니스로는 Twilio 기업이 있는데, Speech to Text 기술로 전화통화 시 음성을 인식하여 글로 표현해주는 기술로 인식율이 매우 높습니다. 이처럼 인공지능을 활용하는 기업들이 계속 늘어날 것입니다. 아마존은 머신러닝으로 아이템의 서치랭킹에서부터 개인화된 추천상품, 수요 예측, 사기 방지, 물류창고 시스템 등 핵심사업에 사용하고 있으며, 인공지능은 알렉사(Alexa) 인공지능 비서에서부터 향후 시행될 드론 딜리버리와 캐쉬어가 없는 그로서리 스토어 등에서 활용이 되고 있습니다.

마이크로소프트의 유능한 인재들을 클라우드 기반의 툴들로 유전체학과 정밀의학, 휴먼 랭귀지 기술, 보조로봇, 메디컬 이미지를 이해하는 기술 등 수많은 신기술을 위한 인공지능 리서치에 투자하는 데 주저함이 없을 정도로 그 활용 범위를 넓히고 있습니다.

▶ 어떤 기준으로 인공지능 모델을 선택하면 좋은가요?

AI 사용 목적	AI능동/수동성				학습 종류
데이터에 내재된 군집·차원 발견 목적					비지도학습
특정 상황에 맞는 어떤 행위를 선택하거나 결과를 도출하려는 것인가?	행동을 취하고 그 결과를 지켜보고 이후 보정하려 하는가?	다양한 상황별 일련의 행동에 필요한 데이터가 충분하거나 수집·가공이 가능한가?	(if Yes.)		강화학습
			(if No)		AI적용불가
	수집된 과거 데이터를 단지 학습하기만 하면 충분한가?	특정상황별 많은 사례와 행동과 관련된 데이터에 접근가능한가?	(if No.)		AI적용불가
			(if Yes,and) 전문가의 AI 결과·데이터의 보정 판단 필요?	(if Yes.)	지도학습
				(if No,but) 인간이 발견 못했던 패턴 존재	지도학습
				(if No)	AI적용불가

출처 : 교양으로서의 인공지능, 이상진

문과생이 판치는 소프트웨어 개발 줄거리

저자는 사회복지학을 전공한 프로그래머로서 청년 취업난으로 인문계열 졸업생들에게 새로운 희망을 줄 수 있는 대표적인 사례의 주인공이다. '인구론'은 인문계 졸업생 90%가 논다는 의미이며 '문송합니다'는 문과라서 죄송합니다라는 신조어가 유행인 이 시기에 소프트웨어 개발 핵심 역할을 담당하는 것이 인문학이라는 것이다. 기술도 중요하지만 시행착오를 줄이고 문제의 본질을 볼 수 있는 통찰력과 기술과 인문학적 사고를 융합하는 노력은 문제를 해결하기 위한 필수조건이라고 주장한다. 비전공자가 IT 분야에 취업한 사례로 소프트웨어 개발을 희망하는 학생들에게 새로운 관점을 제시한 점에서 특별하다.

▶ 디지털 인문학(Digital Humanities)이란 무엇인가요?

디지털로 표현하고 디지털로 소통하는 새로운 방식으로 수행하는 인문학 연구와 교육 등 창조적인 저작활동을 의미합니다. 데이비드 베리 학자는 사회과학, 인문학, 공학 등이 어우러진 학문이라고 규정했습니다. 이처럼 융복합 시대의 필요한 관점이자 학문입니다. 관련 주제 및 기술 동향으로는 시각화, 온토로지, 빅데이터, 데이터 마이닝 등이 있습니다.

▶ 아카이브(Archive)는 무엇인가요?

아카이브는 기록 보관소를 의미합니다. 예를 들어 조선왕조실록을 보관했던 사고(史庫)들이 아카이브 일종입니다. 아날로그 기록물을 디지털화하여 이미지나 텍스트 등으로 변환하는 아카이브 작업들이 많이 진행되고 있으며, 이러한 작업을 아카이빙(Archiving)이라고 합니다. 과거 아카이빙의 대상은 주로 서책이었으나 현재는 영상, 음성 등 다양한 매체를 포함합니다. 대표적인 아카이브 프로젝트는 유로피아 디지털 도서관(www.europeana.eu/portal/en)으로 유럽 33개국, 2200개 이상의 기관이 참여해 유럽의 문화유산을 텍스트, 사진, 동영상, 3D 유형의 서비스로 제공합니다.

▶ 링크드 오픈 데이터(Linked Open Data, LOD)는 무엇인가요?

링크드 데이터와 공개 데이터를 합성한 용어이며 공공기관이 다루는 데이터 중 자유롭게 재생산할 수 있도록 개방한 데이터를 의미합니다. LOD의 가장 큰 특징은 URI(Uniform Resource Identifier)를 사용하는 것이며 온라인에 존재하는 데이터를 개별 URI로 식별하고 각 URI에 링크 정보를 부여해 상호연결이 가능합니다. 대표적인 사례로는 디비피아(DBpia)이며 위키피디아에 있는 정보를 RDF(Resource Description Framework)로 변환해 모아둔 저장소의 역할을 합니다.

 언어의 뇌과학(알베르트 코스타, 현대지성)

언어의 뇌과학 줄거리

저자는 언어와 뇌의 상관관계를 파악해서 이중언어를 사용하는 사람들의 뇌에서 어떤 일이 일어나는지 알려준다. 저자 역시 이중언어자이며, 스페인 바르셀로나에서 태어나 스페인어와 카탈루냐어를 동시에 사용할 수 있다. 언어와 관련된 뇌과학 분야 연구는 아직 초기 단계이며 언어의 습득이 주로 유아기 때 급격하게 발생하기 때문에 연구 진행에 한계가 있다. 그러나 아이들의 동공 움직임과 반응 등을 통해 놀라운 연구 결과들이 계속 나오고 있다. 언어 사용과정에서 주의력과 학습능력, 감정, 의사결정 등과 같은 인지 영역과 어떻게 상호 작용하는지 최근 연구 사례까지 소개한다.

▶ **이중언어자와 단일언어자의 뇌의 차이가 궁금해요.**

뇌의 영역은 동일하지만 피질 표상에 차이가 있습니다. 이중언어자의 경우 2가지 언어가 모두 활성화되지만 단일언어자의 경우 2가지 언어가 겹치는 부분이 적습니다. 마치 저글링으로 두 개 이상의 공을 처리하듯이 언어 간 상호간섭이 일어나지 않아 활성화 과정에서 하나의 언어를 끄는 것이 불가능합니다. 그리고 이중언어자는 단일언어자보다 뇌의 노화와 관련해 인지 예비 용량이 크기 때문에 치매로 신경과를 방문하는 일이 3년 정도 더 늦다고 알려져 있습니다.

▶ **시몬 효과가 무엇인가요?**

예를 들어, PC 화면에서 오른쪽에 나타난 왼쪽을 향하는 화살표를 보고 화살표의 '위치'가 어디인지 키보드로 누르는 과제를 수행할 때 참여자들은 응답 시간에 차이가 나는 경험을 하게 됩니다. 일상에서 누군가에게 오른쪽으로 돌아가야 한다고 말하면서 손으로는 왼쪽으로 돌아가는 표시를 하는 그 순간이 바로 '시몬 효과'입니다. 이중언어자들은 극심한 정보 간의 간섭이 발생했을 때 단일언어자보다 간섭의 영향을 덜 받는다고 합니다. 이는 이중언어를 사용하면서 언어 간 간섭을 극복하고 하나의 언어에 집중하는 행위가 반복되었기 때문이라고 추정합니다.

▶ **자연어 처리(Natural Language Processing)는 무엇인가요?**

자연어는 일상생활에서 사용하는 언어입니다. 자연어 처리(NLP)는 자연어의 의미를 분석하여 컴퓨터가 처리할 수 있도록 하는 인공지능의 핵심 기능 중 하나입니다. 이 기술은 정보검색, 빅데이터 분석 외에도 인간의 언어정보처리 원리와 이해를 위한 언어학과 뇌인지 언어정보처리 분야까지 핵심적인 요소로 작용합니다. 국내에서는 2017년 국립국어원 예산 중 말뭉치(컴퓨터가 읽을 수 있는 형태의 언어자료)구축만을 위해 예산 204억 원을 별도로 책정해 10억 어절 말뭉치를 구축하는 사업을 진행했습니다. 2022년까지 150억 어절 규모의 말뭉치를 구축할 목표를 가지고 있으며 한국전자통신연구원(ETRI)은 최첨단 한국어 언어모델 '코버트(KorBERT)'를 공개했습니다. 구글의 언어표현 방법을 기반으로 더 많은 한국어 데이터를 넣은 언어모델과 한국어의 교착어 특성까지 반영한 언어모델 2가지 종류입니다. 이처럼 자연어 처리를 통해 인공지능이 언어를 보다 쉽게 구분하여 분석할 수 있도록 도움을 주고 있습니다.

 다빈치가 된 알고리즘(이재박, MID)

다빈치가 된 알고리즘 줄거리

저자는 작곡과를 전공했으며 어느 날 컴퓨터가 그림도 그리고 작곡도 한다는 기사를 접하고 '기계도 창의적일 수 있는가'에 대한 답을 찾아 연구했다. 인공지능 시대를 살아가는 우리에게 일자리를 위협하며 등장한 AI는 단순 반복 업무만 가능하고 창의적인 일은 인간의 고유한 영역이라 생각했다. 이 책은 미래에 인공지능이 예술을 하고 기계가 인간보다 더 창의적인 시기가 온다면 어떻게 공존할 수 있을 것인가에 대한 질문을 던진다. 지금과는 다른 방식으로 예술을 만날 것이며 인공지능이 예술을 계산하는 세상, 알고리즘이 이미 다빈치가 된 것이라고 소개한다.

▶ 인공지능도 창의적일 수 있나요?

2017년 6월 구글은 80초짜리 피아노곡을 선보였는데 '마젠타 프로젝트'의 인공지능 프로그램이 딥러닝으로 창작한 음악입니다. 2018년 10월 세계적인 미술품 경매 회사 크리스티 경매장에서 한 초상화가 5억 원에 팔렸습니다. '에드몬드

벨라미의 초상화'라는 제목의 그림은 얼굴 형체도 뚜렷하지 않고 여백이 많은 미완성 작품처럼 보입니다. 인공지능이 그린 이 작품이 미술계에서 처음으로 판매된 것입니다.

예술은 인간만이 할 수 있는 유일한 활동이었지만 지금은 인공지능이 창작 활동을 하고 있습니다. 창의라는 정의와 기준을 어디에 두고 판단해야 할지 고민이지만 중요한 사실은 인공지능 예술작품들이 계속 나오고 있다는 것입니다.

▶ 구글의 딥드림(Deep Dream)은 어떤 원리인가요?

구글이 탄생시킨 딥드림은 대표적인 AI화가입니다. 구글 리서치 블로그에서 배포한 인공 신경망을 통한 시각화 코드이며 결과물들이 마치 꿈을 꾸는 듯한 추상적인 이미지를 닮아서 딥드림으로 부릅니다. 딥러닝(Deep Learning) 기술을 기반으로 하며, 그중 딥러닝 컴퓨터 비전 분야에서 대표적으로 이용되는 컨볼루션 신경망이라는 알고리즘이 이용되었습니다. 많은 이미지를 통해 충분한 학습이 일어난 컨볼루션 신경망에서, 오차 역전파를 증폭시키는 아이디어를 이용합니다. 이를 통해 이미 알고 있는 패턴이 부각되도록 이미지를 수정하여 자신이 아는 인식 결과로 나타나도록 이미지를 구성하고 왜곡해 다양한 이미지를 재탄생시킵니다.

인공지능 시대의 미래교육(Wayne Holmes 외 2인, 박영스토리)

인공지능 시대의 미래교육 줄거리

저자는 '인공지능 시대에 무엇을 가르치고 어떻게 가르쳐야 할까'라는 물음에 이 책을 통해서 '인공지능 기술의 교육적 활용'과 관련하여 두 가지 측면에서 논의한다. 첫째, 개념적 지식의 중요성이다. 이는 단순한 정보를 암기하는 것을 의미하지 않으며 다른 범주와 상황에 적용할 수 있는 가치가 높은 지식을 의미한다. 둘째, 학습자의 동기 자극에서부터 적응적 학습을 돕는 다양한 에듀테크의 사례다. 인공지능이 교사를 대체하는 것이 아니라 어떻게 교육 활동으로 변화시킬 수 있을지 질문을 제기한다. 이처럼 인공지능을 활용한 교육 시스템 혁신과 미래교육의 변화를 꿈꾼다면 이 책을 추천한다.

▶ **지능형 튜터링 시스템(Intelligent Tutoring System)이 무엇인가요?**

교사의 수업과 유사한 수준의 개별화 수업을 실현하는 컴퓨터 보조수업의 교수체제를 의미합니다. 예를 들면, 카네기 러닝의 소프트웨어 '미카'는 인지과학과 AI기술을 접목한 ITS입니다. 학습자들이 문제해결 과정에서 오개념을 진단하고 정신과정을 추적해 조언과 피드백 그리고 설명 등을 제공하는 학습지원 시스템입니다.

▶ **가상현실(VR)과 증강현실(AR) 기술이 교육현장에 사용될 수 있나요?**

2020년 교육부는 AI·VR을 접목한 '지능형 과학실'을 24년까지 전국의 모든 학교에 구축하겠다고 발표했습니다. 과학·수학·정보·융합 교육 발전 계획에 따르면 5년 동안 첨단 에듀테크가 교육현장에 지원되면 학업성취도와 흥미를 높이고 AI 역량도 체계화하고 원격으로 해외 석학·학생과 토론 활동 등을 진행해 나갈 것이라고 밝혔습니다.

▶ 국내 주요 에듀테크 스타트업이 궁금해요.

분야	기업명	주요내용
맞춤형 학습 서비스	뤼이드 (Riiid)	AI를 활용한 딥러닝 기술로 학습자가 틀릴 문제를 예측하고, 점수가 가장 빨리 오를 문제를 추천해 최단 시간 내에 점수를 향상할 수 있는 '산타토익' 서비스 제공
	노리 (KnowRe)	딥러닝 수학교육 기술 플랫폼을 활용하여 학습 능력을 진단하고 개인별 맞춤형 교육과정 및 콘텐츠 제공
	매스프레소 (Mathpresso)	질문·답변과 풀이 검색이 가능한 플랫폼 '콴다(QUANDA)' 운영. AI 기반의 광학문자판독(OCR) 기술을 개발해 모르는 수학 문제를 사진 촬영해 올리면 5초 안에 해설을 제공하는 '5초 풀이 검색' 서비스 제공
게임기반 학습	에누마 (Enuma)	중요 개념을 다양한 형태로 반복학습 할 수 있는 게임 형식의 수학학습 프로그램 '토도수학(TODO Math)' 서비스 제공. 유아~초등학교 2학년까지의 커리큘럼 제공
	캐치잇플레이 (Catchitplay)	게임으로 영어를 배울 수 있는 '캐치잇잉글리시' 애플리케이션운영. 머신러닝 기반의 AI 추천 시스템을 탑재해 사용자에게 맞춤형 학습법 제공. 단어와 문장의 동시 학습이 가능하고, 듣기와 말하기 연습도 함께 할 수 있음
외국어 교육	튜터링 (Tutoring)	학생과 튜터를 실시간으로 1:1 매칭해주는 영어/중국어 회화 학습용 모바일 플랫폼 개발 및 운영
	텔라 (Tella)	원어민 튜터와 채팅을 통해 실시간 첨삭을 받는 영어교육 플랫폼 '텔라톡' 운영
	에그번에듀케이션 (Eggbun education)	AI(인공지능) 챗봇으로 학습하는 외국어 AI튜터 서비스. 외국인을 대상으로 한 한국어/중국어/일본어 학습, 한국인 대상 영어교육 서비스 등 제공
코딩교육	엘리스 (Elice)	자체 개발한 코딩 플랫폼 '엘리스' 운영. 라이브 스트리밍 기반으로 비전공자 및 입문자에게 접근이 쉬움. 별도 코딩 프로그램 설치 없이 웹브라우저 상으로 실습이 가능
	코드스테이츠 (Code States)	비용 없이 배우고 취업 성공 후 연봉의 일부를 공유하는 코딩 교육 플랫폼 운영
	로지브라더스 (Logi Brothers)	초중등 대상 블록코딩 기반 코딩 교육 서비스 코드모스(CODMOS) 운영. 학습자 스스로 게임처럼 플레이하면서 문제를 해결해나가는 방식으로 코딩 기본 원리부터 심화 컴퓨팅 사고력 학습까지 가능하게 함

출처 : 에듀테크 시장 현황 및 시사점, 한국무역협회

기초 수학으로 이해하는 머신러닝 알고리즘(타테이시 켄고, 위키북스)

기초 수학으로 이해하는 머신러닝 알고리즘 줄거리

저자는 LINE Fukuoka 주식회사의 데이터 엔지니어이며 서비스와 안드로이드 앱 개발과 댓글, 텍스트 분류 등의 머신러닝을 활용한 개발 후에 LINE Fukuoka에서 데이터 분석과 머신러닝을 전문으로 하는 조직을 이끌고 있다. 이 책은 머신러닝을 배우고 싶지만 수식 때문에 힘들어하는 독자들도 쉽게 읽을 수 있게 구성됐다. 왜 머신러닝이 주목받으며 이를 어디에 활용하고 회귀나 분류 기법은 어떤 경우에 사용하는지 알 수 있다. 대화체로 되어있어 기본적인 머신러닝을 쉽고 재미있게 전달한다.

▶ 머신러닝에 선형회귀함수가 적용되는 이유가 궁금해요.

머신러닝 알고리즘에서 가장 쉬운 내용이 바로 선형회귀(Linear Regression)입니다. 이 알고리즘은 데이터의 분포를 가장 잘 설명할 수 있는 함수를 찾는 역할을 합니다. 데이터 모델에 가장 적합한 선을 찾기 위해 데이터의 점을 사용하고 이를 y = mx + c라는 방정식으로 나타낼 수 있습니다. y는 종속변수이며 x는 독립변수를 의미합니다. m과 c는 주어진 데이터셋을 기초적인 미적분을 적용해서 구합니다. 선형회귀는 독립변수가 하나만 사용되는 단순 선형회귀와 독립변수가 여러 개 사용되는 다중 선형회귀 2가지 종류가 있습니다.

▶ 머신러닝에서 선형대수학이 중요한 이유는 무엇인가요.

머신러닝은 컴퓨터가 이해할 수 있는 대량의 데이터들을 이용해 복잡한 수학적 계산을 수행하는 것을 말합니다. 이는 많은 연립방정식을 매우 간결하게 처리하고자 만든 선형대수학의 수식과 계산기업을 적용하여 최소한의 타이핑만으로도 대량의 계산을 컴퓨터에서 해결할 수 있도록 해줍니다. 선형대수학을 이해하기 위해서는 스칼라, 벡터, 행렬, 텐서의 이해가 필요합니다.

📍 인공지능을 위한 수학(이시카와 아키히코, 프리렉)

인공지능을 위한 수학 줄거리

저자는 2017년 인공지능 엔지니어를 위한 온라인 교육 서비스 'Aidemy'를 론칭하고 와세다대학 선진이공학 박사 과정에서 AI 프로그래밍 실습 과정을 지도하고 있다. 이 책은 인공지능 알고리즘을 체계적으로 배울 수 있으며 기존에 알고리즘으로 모델을 만들고 있지만 수학을 다시 정리하고 싶은 독자들에게 유용한 구성이다. 또한 프로그래밍과 관련된 수학 개념들과 연습문제부터 시작해 인공지능 알고리즘에 응용하는 수학까지 단계적으로 심화 학습할 수 있다. 2015개정교육과정에서 미적분 외 행렬연산을 배운 적이 없다면 다소 이해하는 데 어려움이 있을 수 있지만 개념 하나를 한 장으로 설명할 만큼 친절하다.

▶ 손실함수(Loss Function)가 무엇인가요?

출력값과 정답의 오차를 정의하는 함수이며 딥러닝 또는 머신러닝에서 컴퓨터가 가중치를 찾아가는 과정에 사용됩니다. 이는 데이터로 산출한 인공지능의 예측과 실측 간의 차이를 최소화해 인공지능의 성능을 높이는 기초적인 미분 기법입니다. 딥러닝에서는 주로 오차제곱합(Sum of Squares for Error, SSE)과 교차 엔프로피 오차(Cross Entropy Error, CEE)가 사용됩니다.

▶ 고등학교에서 인공지능 수학·인공기능 기초를 배울 수 있나요?

교육부는 2021년 2학기부터 인공지능(AI) 과목을 신설하고자 합니다. 인공지능 수학은 인공지능 속에 담긴 수학적 원리에 초점을 맞춘 과목입니다. 개정안은 고등학교 수학 과목 중 진로 선택 과목에 기존 기본 수학, 실용 수학, 기하, 경제 수학, 수학과제 탐구 외에 인공지능 수학을 추가합니다. 인공지능 기초는 인공지능 자체의 원리를 이해하는 데 중점을 둔 과목입니다. 농업 생명 과학, 공학 일반, 창의 경영, 해양 문화와 기술, 가정과학, 지식 재산 일반 등과 함께 기술·가정 진로 선택 과목으로 새롭게 추가됩니다. 두 과목 모두 선택과목이기 때문에 학생들의 희망 여부 조사 후 개설 여부가 결정됩니다.

인공지능 수학 목차 미리보기

대단원	중단원	관련 학습 요소
1. 인공지능 속의 수학	(1) 인공지능 속의 수학	
2. 자료의 표현	(1) 텍스트 자료의 표현	자료(정형자료, 비정형 자료, 범주형 자료, 연속형 자료), 집합, 상대도수, 막대그래프, 벡터, 행렬
	(2) 이미지 자료의 표현	
3. 분류와 예측	(1) 자료의 분류	거리, 산점도, 상관관계, 일차함수, 유사도, 추세선, 확률(통계적 확률, 조건부 확률)
	(2) 경향성과 예측	
4. 최적화	(1) 최적화와 의사결정	이차함수의 그래프와 최대·최소, 함수의 극한, 이차함수의 미분 계수, 손실함수, 경사하강법

📍 인공지능 시대, 십대를 위한 미디어 수업(정재민, 사계절)

인공지능 시대, 십대를 위한 미디어 수업 줄거리

저자는 언론학 박사이자 미디어와 엔터테인먼트 산업을 가르치는 교수로 미디어 편식을 하는 청소년들에게 미디어 리터러시의 중요성을 전한다. 미디어 홍수 속에서 직접 찾지 않아도 알고리즘으로 내 취향에 맞는 정보들만 보다 보면 확증 편향에 빠질 수 있기 때문이다. 또한 인공지능 미디어 시대에 소비자가 아니라 콘텐츠 생산자를 희망하는 청소년들에게 좋은 콘텐츠 생산을 위한 구체적인 방법을 제시한다. 또한 가짜 뉴스와 정보를 가려내는 수준의 미디어 리터러시 그 이상의 의미와 내용을 소개한다.

▶ **미디어 제작에도 AI 기술이 사용되나요?**

미디어 프로세스 전 과정에 AI 기술은 이미 도입되거나 도입이 시도되고 있습니다. 기획−제작−편집−유통−소비 모든 과정에 AI 기술이 사용되고 있으며, 기획단계에서 뉴스 소재를 발굴하거나 기사를 작성합니다. 구글, 삼성 등 글로벌기업들은 고화질 영상 변환 AI를 개발했으며 SM 엔터테인먼트는 스캐터랩의 '핑퐁'을 적용하여 특정인의 목소리로 음성을 생성하는 음성합성 기술을 개발했습니다.

제작 단계 AI 기술 적용 사례

구분	설명	관련 기업
번역	동영상의 음성을 문자로 변환 후 번역하여 자막 제공	유튜브
텍스트 변환	인터뷰 녹음 음성을 문자로 변환하고 요약	NHK

음성합성	특정인의 목소리로 음성 생성	SM엔터테인먼트, 스캐터랩(핑퐁), ObEN
작곡	팝송, 클래식 등 다양한 장르의 음악 작곡 및 인간과 협주	구글(마젠타 프로젝트), 소니(Flow machine), IBM, 스포티파이, Amper Music
영상 생성	영상 생성 및 변환 기술이 탑재된 창작활동 지원 도구	구글, 페이스북, 아마존, IBM, MS, 네이버, 카카오 등
고화질 영상 변환	저해상도 영상을 고해상도로 변환	구글, 삼성전자, 카이스트
자동촬영	녹화버튼 없이 카메라가 피사체의 움직임을 추적하면서 스스로 촬영	구글(Clips), 아마존(DeepLens)

출처 : ETRI 산업전략연구그룹 정리

 이끌지 말고 따르게 하라(김경일, 진성북스)

이끌지 말고 따르게 하라 줄거리

저자는 인간 사이의 소통과 리더십에 관한 다양한 연구 결과들을 부여준다. 사람과 사람 사이의 관계와 소통을 구체적인 메커니즘으로 밝히고자 한다. 새로운 시대에 이상적인 CEO가 되기 위해서는 직원의 마음과 조직의 심리를 읽고 지혜로운 의사결정으로 창의적인 조직을 만들어야 한다. 심리학 교수인 저자는 인지심리학을 바탕으로 바람직한 리더의 모습을 제시하며, 독자에게 다양한 상황에서 이러한 리더십 원형을 응용할 수 있게끔 한다. 최근 인공지능과 SW 분야에서도 많은 스타트업이 나오고 있다. 미래의 CEO를 꿈꾼다면 자신만의 리더십 역량이 필요할 것이다.

▶ 인공지능의 인지적 진화가 가능한가요?

인지지능(Cognitive Intelligence)은 AI 연구 초기단계이지만 앞으로 자율적 의식, 추론 능력 및 정서적 지각 능력을 발전시켜 인공지능의 인지적 진화가 실현

될 것입니다. 인지지능은 인지심리학, 뇌 과학 및 인간 사회 역사에서 영감을 얻어 인과 추론 및 지속적인 학습 기술을 결합해 효과적인 메커니즘을 만들어 기계가 지식을 이해하도록 합니다.

▶ 기업의 차세대 먹거리는 AI산업이라고 하는데 우리나라 AI 스타트업에는 어떤 분야가 있나요?

순위	회사명	분야	순위	회사명	순위
1	센드버드	메시징AI	14	인코어드테크놀로지스	에너지
2	뤼이드	에듀테크	15	휴이노	헬스
3	베어로보틱스	자율로봇	16	코어라인소프트	의료
4	비프로컴퍼니	스포츠	17	원프레딕트	설비관리예측
5	파운트	핀테크	18	제이엘케이인스펙션	의료
6	뷰노	의료	19	마인즈랩	인공지능 SI
7	플리토	번역	20	솔트룩스	인공지능 SI
8	크래프트테크놀로지스	핀테크	21	오드컨셉	패션
9	수퍼빈	환경	22	노타	에지AI
10	알체라	영상인식	23	잼페이스	뷰티
11	와이즈넛	인공지능 SI	24	마키나락스	제조
12	쓰리빌리언	의료	25	애자일소다	인공지능 SI
13	루닛	의료			

출처 : 경희대 빅데이터연구센터, 인공지능·비즈니스모델연구소

PART
4

자소서 엿보기

계열별 관련 학과
자소서 엿보기

 인공지능 관련 학과 자소서

학업경험

[필요는 발명을 이끈다]

지역사회 봉사활동으로 방문한 중증장애인보호시설에서 사회복지사와의 대화를 통해 돌봐야 할 사람들에 비해 사회복지사의 수가 적어서 돌보기 힘들다는 점과 CCTV는 가격이 부담되어 문제의 해결책으로 사용하기 어렵다는 것을 알게 되었습니다. 실제로 자료를 조사해 확인한 결과, 장애인 수의 증가에 비해 지원금이 점점 줄어들고 있는 현실에 안타까움을 느꼈습니다. 이에 해결방안에 대한 고민을 하며 〈장애인 거주시설에서 장애인과 사회복지사 사이를 연결해주는 스마트 핫라인 시스템 구축에 관한 연구〉라는 주제로 친구들과 함께 연구하게 되었습니다.

연구를 진행하면서 용도에 따른 여러 언어들이 있다는 것을 알게 되었고 그 언어들 중에 시스템 구축을 위해 필요한 언어인 HTML을 이용해 웹페이지를 만들고, node.js를 통해 서버를 만들고, 센서의 신호를 웹 데이터베이스 firebase를 이용하여 관리 시스템을 만들었습니다. 각 언어마다 코드를 작성하는 방법도 달랐는데, 특히 HTML를 사용하여 웹페이지에 표를 만들 때 한 칸 한 칸에 대한 코드를 직접 짜야 하는 번거로움이 있었습니다. 또한 데이터베이스 센서에서 오는 신호가 충돌하는 문제도 생겨 그에 대한 토의를 하던 중 저는 데이터베이스를 여러 개를 사용하여 서로 신호가 겹치지 않게 하자는 의견을 냈습니다. 제 의견을 듣고 한 팀원이 역으로 신호가 저장되는 경로를 합치자는 의견을 냈고 실제로 경로를 합쳐보니 문제가 해결되어 핫라인 시스템 구축을 완성하게 되었습니다.

이 연구가 장애인분들에게 작은 도움이 되었으면 하는 바람과 함께 시스템 구축의 문제점을 해결하는 과정을 통해 생각의 전환이 문제를 더 나은 방향으로 해결할 수 있다는 것과 더 넓은 시각을 가지고 문제를 봐야 한다는 것을 알게 되었습니다.

3학년 자율활동

교내 과학전람회를 준비하기 위해 코딩의 중요성을 느끼고 '코드업'이라는 사이트에서 c언어를 공부하면서 프로그래밍을 익힘. 그 과정에서 교내 프로그램 챌린지에 출전하여 자신의 실력을 확인함. 또한 교내 과학전람회를 준비하는 과정에서 교육과정에서는 배우지 않는 '파이썬', '쉘 스크립트', 'HTML'의 기초를 친구들에게 물어보면서 공부하는 열정을 보이며 gstreamer를 공부하면서 배운 컴퓨터비전에 관련된 라이브러리인 opencv에 대해 알게 됨. 이를 이용해 물체 인식 등을 할 수 있다는 것을 알게 됨.

정보과학

장애인 거주시설에서 장애인과 사회복지사 사이의 '스마트 핫라인' 시스템 구축에 관한 연구를 주제로 자유연구를 진행함. 라즈베리파이보드를 이용하여 시스템을 구축하고 3D프린터로 실제 실험 모형을 제작하는 데 큰 역할을 함. C언어 및 프로세싱 언어를 이용한 프로그래밍 수업에 열심히 참여하였으며 교내 프로그램 챌린지에서 우수한 성적을 거둠.

개인별 세특

자유탐구영역에서 '장애인 거주시설에서 장애인과 사회복지사 사이의 스마트 핫라인 시스템 구축에 관한 연구'라는 주제를 스스로 계획하고 성실히 탐구하여 실험능력을 인정받음.

독서

패러데이와 맥스웰
윤성우의 열혈C 프로그래밍
알고리즘 트레이닝
그로스 해킹
진화된 마케팅 그로스 해킹

의미 있는 활동

[척추측만증을 예방할 수 있는 기구 제작]
고등학교 1학년 때 대학 연계 프로그램을 참여하게 되었고 교수님과 대학원생들의 수준 높은 지도를 받는 연구프로그램에 참여하게 되었습니다. 연구주제는 학생들이 자유롭게 토의하여 척추측만증을 예방하기 위한 자세교정에 관한 장치를 만들기로 했습니다. 그 후에 교수님이 알려주신 strain gage와 wheatstone bridge의 개념을 이용하여 허리의 굽은 정도를 측정할 수 있게 되었으며 이것을 바탕으로 기구를 제작하였습니다.
이 기구를 제작하는 과정에서 '라이노'라는 3d 모델링 프로그램이 사용되었습니다. 저희 학교에서 사용하고 있는 프로그램과 달랐고 동시에 좌표를 이용하여 만들었기에 더 복잡해보이기는 했지만 좌표를 입력하여 원하는 위치에 하는 방식은 모델링에 더 적합하고 유용해 보였습니다. strain gage를 부착할 금속판을 찾을 때는 여러 금속판의 탄성을 하나하나 비교해보았습니다.

이러한 기구를 만들어 보면서 우리가 흔히 쓰는 전자제품들이 제품으로 나오기까지 많은 과정을 거쳐야 하며 그러한 과정을 거친 제품만이 우리가 사용한다는 것을 알고 어떠한 일을 할 때도 끊임없이 생각하며 더 나은 방법을 생각해야 한다는 점을 깨달았습니다.

3학년 자율활동

영어과학창의력 발표에서 현대인의 생활 습관 때문에 생길 수 있는 척추측만증과 같은 질병을 예방하고자 'straingage'라는 가변저항을 이용한 자세 보정 기구인 'health partner'라는 제품을 창작하여 발표함.

심화영어 세특

영어과학창의력 발표에서 'health partner'라는 제목으로 straingage를 이용한 자세교정 시스템에 대한 아이디어를 포스터로 만들어 발표함. 이 과정에서 올바르지 않은 자세가 인체에 주는 영향과 자신이 소개하는 시스템에 대해 수업시간에 배운 영어 표현들을 활용하여 설명함.

3학년 자율동아리활동

엔지니어를 담당하여 제품 설계 및 생산을 담당하고 3D모델링 프로그램을 사용하여 직접 제품을 설계하고 부족한 부분을 보완하면서 제품 개발과 판매를 위한 3D프린팅을 이용한 제품생산을 총괄함. 이 과정을 통해 설계의 미세한 차이에 따라 기능에 큰 차이를 불러올 수 있다는 것과 디자인에 따라서 같은 기능의 제품이라도 구매력을 높일 수 있다는 것을 깨닫게 됨.

2학년 행동특성 및 종합의견

3D그래픽이나 관련 지식이 많아 자신이 할 수 있는 영역에서 다른 친구들이 부탁을 하면 최선을 다해 도와주는 미덕이 있어 급우 간에 신임이 두텁고, 밝고 긍정적인 성격으로 친구들과 친밀한 관계를 형성하고 있음.

지원동기와 노력과정

[끝까지 포기하지 않으면 길이 열린다]

여행을 갈 때, 옷을 챙길 때 구김이 가는 문제와 여행 장소에서 옷걸이를 찾기 위해 분주하게 움직이는 문제를 해결하기 위해 옷걸이와 함께 접을 수 있는 '여행용 옷걸이'를 3개월간의 준비를 걸쳐 중간 평가를 받았습니다. 하지만 "아이디어를 실제로 구현하지 못할 것 같다, 기능이 제대로 작동하지 않을 것 같다, 수익성이 없을 것 같다."는 부정적인 평가를 받았습니다. 비록 실망은 했지만 저희의 목적이 상을 받는 것이 아니라 창업활동을 경험해본다는 것을 다시 상기하면서 공장에 연락하여 아이디어의 제품화를 의뢰하였더니 구조가 복잡하여 생산하기 힘들다는 말들을 3곳의 공장에서 들었습니다.

2번의 실패 후 시제품 상태로 제품을 만들기는 힘들 것이라는 생각이 들었습니다. 하지만 저희는 포기하지 않고 토의를 통해 '주르미'라는 아이디어를 생각해내고 도전하였습니다. 저희의 예상과 다르게 스토리성과 아이디어를 인정받았고 지원을 통해 중국으로 창업활동을 나갈 수 있게 되었습니다. 끝이라고 생각한 것이 사실은 끝이 아닐 수가 있고, 끝까지 포기하지 않으면 길이 다시 열릴 수도 있다는 것을 알게 되었습니다. 그리고 친구 할아버지의 소변통의 불편함을 개선한 점도 보람찼지만 제가 만든 제품을 구매해준 사람들을 보면서 큰 보람을 느끼게 되었습니다.

이후 펀딩 공모전에 도전하여 자본을 모아 실제 창업에 도전하려 했지만 결국 필요한 자본을 모으지 못하였습니다. 그 이유가 무엇인지 조사하면서 소비자의 필요, 디자인, 주요 타깃층과 같이 여러 조건을 고려해야 함을 알게 되었습니다. 이를 통해 창업을 하는 것은 단순히 아이디어만 좋다고 되는 것이 아니라는 것과 왜 창업으로 성공하는 사람이 1%도 채 되지 않는지도 알 수 있었습니다. 그렇기에 경영공부의 필요성을 느끼고 경영과 기술을 모두 공부할 수 있는 곳이 2트랙 제도를 운영하는 UNIST라고 생각되어 지원하게 되었습니다.

1학년 동아리활동

아두이노를 이용한 물리실험, 3D디자인 및 프린터 활용 수업을 통해 90°가 돌아가면 불이 켜지는 장치 등을 직접 제작해보기도 하고, VR콘텐츠 제작 수업에 흥미를 갖고 총 27회 걸친 실습수업을 성실히 수행함.

2학년 동아리활동

여러 번의 실패를 통해 개선한 아이디어인 '자바라형 역류 방지 소변통–주르미'라는 주제로 창업을 준비함. 10개월 이상 수시로 모여서 아이디어를 구상하고 토의과정을 통해 아이디어를 구현함. 상품 제작에 필요한 정보를 수집하고 공장이나 입제를 알아보면서 창업에 필요한 준비와 어려움을 알게 됨.

3학년 동아리활동

창업을 위한 활동에서 엔지니어를 담당하여 제품 설계 및 생산을 담당하고 3D모델링을 통해 제품 생산을 총괄함. 설계의 미세한 차이에 따라서 기능에 큰 차이를 불러올 수 있다는 것과 디자인에 따라서 같은 기능의 제품이라도 구매력을 높일 수 있다는 것을 깨닫게 됨. 창업과정에서 아이템 개발과 마케팅 비용을 얻기 위해 플리마켓 참여와 크라우딩 펀딩을 시도하여 자금을 모음.

2학년 행동특성 및 종합의견

3D그래픽이나 관련 지식이 많아 자신이 할 수 있는 영역에서 다른 친구들이 부탁을 하면 최선을 다해 도와주는 미덕이 있어 급우 간에 신임이 두텁고, 밝고 긍정적인 성격으로 친구들과 친밀한 관계를 형성하고 있음.

학업경험

중학생 때 읽은 〈로봇 다빈치, 꿈을 설계하다〉라는 책을 통해 아메바 로봇 등 다양한 분야에서 로봇이 활용되고 있다는 것을 알고 로봇의 매력에 빠지게 되었습니다. 인터넷을 통해 로봇을 만들기 위해 무엇이 필요한지 알아보면서 여러 분야 중 로봇의 뇌를 담당하는 소프트웨어가 중요하다는 것을 알게 되어 프로그래머라는 직업을 꿈꾸게 되었습니다. 고등학생이 되어서는 AWESOME PROGRAM 이라는 컴퓨터 동아리를 만들어 C언어를 배우고 로봇 팔을 제작하는 활동을 통해 로봇의 작동원리를 이해하게 되었습니다.

활동 중에서 다르파 세계재난로봇경진대회(DARPA Robotics Challenge) 영상을 보고 다수의 로봇들이 작동 도중 넘어져서 고장 나거나 부서지는 모습을 보게 되었습니다. 로봇은 무게도 있고 부품도 비싼 만큼 넘어질 때에 낙법 같은 움직임을 통해 충격량을 줄여가는 방식이 필요하다고 생각했고 그 방법을 알아보기 위해 자연에 있는 동물 중 충격량을 가장 잘 흡수하는 동물을 찾아보았습니다. 그중 1초에 약 15번 나무를 쪼아대는 딱따구리가 어떻게 충격량을 줄여가는지 궁금하여 탐구를 시행하였습니다. 딱따구리가 나무를 쪼는 모습을 재현한 장치를 만들었고 이를 통해 실험을 진행했지만, 충격량 측정 장비를 구할 수 없어 정확한 값을 측정하지 못해 연구의 난항을 겪게 되었습니다. 하지만 딱따구리 머리뼈를 만들기 위해 배웠던 3D모델링을 통해 알게 된 ansys(전산 유체역학 프로그램)을 통해 연구를 계속해 나갈 수 있게 되었습니다. ansys는 국내에 정보가 적어 사용하는 데 불편함이 있었지만 외국의 자료를 찾아보면서 사용법을 알게 되어 딱따구리가 나무를 쪼는 속도를 통제변인으로 놓고 머리가 나무에 부딪치는 각도를 조작변인으로 두어 실험을 진행했습니다. 많은 시간을 가지고 연구해야 하지만 배울수록 매력에 빠져 더욱 집중할 수 있었습니다. 또한 VR를 활용하여 학교 박물관을 만들어보면서 프로그래머로 꿈을 키워나갔습니다.

1학년 행동특성 및 종합의견

평소 로봇이나 프로그램에 관심이 많아 로봇공학자의 강연을 듣고 사람들에게 이로운 로봇을 만들고 싶은 생각에 'AWESOME PROGRAM'이라는 컴퓨터 동아리를 만들어 동아리장으로서 활동하면서 C언어를 공부하고 아두이노를 이용한 팔 제작 등의 활동을 진행함.

2학년 자율동아리

AWESOME PROGRAM 자율동아리를 로봇팔의 작동원리를 배우고 이를 직접 제작해봄. 로봇이 넘어질 때 충격을 완화할 수 있는 방법을 탐구함.

컴퓨터 자율동아리에서 '딱따구리의 나무를 쪼는 자세와 충격량에 흡수가 관계가 있을 것이다'라는 가설을 세우고 연구를 진행하게 되었습니다. 친구들과 3D프린터를 통해 딱따구리의 머리뼈의 모형을 제작하여 딱따구리의 나무를 쪼는 모습을 재현하여 충격량을 측정하려고 하였지만, 다양한 곳에 문의를 하여도 장비를 구할 수 없어 안타까워하고 있었습니다. 그러던 중 3D모델링을 배울 때 알게 된 ansys라는 전산 유체역학 프로그램에 대해 알게 되어 이를 활용하여 진행하자고 제안하였습니다. 처음에는 틴커캐드를 이용하여 딱따구리의 머리뼈를 모델링하였지만 연동되는 폭이 적어서 실패하였습니다.

이후 123D로 다시 제작해서 ansys는 물체의 재질이나 강도를 조정할 수 있었습니다. 뼈 재질이 없어서 인공뼈에 쓰이는 물질 중 프로그램에서 구현된 티타늄을 이용하여 사용하게 되었습니다. 부딪치는 곳은 나무로 하였고 딱따구리의 나무를 쪼는 속도인 시속 2천 킬로미터로 설정하였고 나무 벽과 부딪치는 각도를 달리해가면서 충격량을 측정했습니다. 딱따구리의 부리와 나무의 벽이 부딪치는 각도가 수직이 될 때 충격량이 가장 적다는 사실을 알게 되었습니다. 이는 다큐멘터리를 통해 확인했던 것과 똑같았습니다. 하지만 딱따구리의 두개골을 감싸는 기다란 설골과 두개골 뼈의 스펀지 구조 등을 고려하지 않았기 때문에 성공한 실험이라고는 볼 수 없었습니다. 하지만 딱따구리의 아래쪽 부리가 더긴 것이 충격을 머리 쪽으로 전달되는 충격력을 줄여줄 것이라고 예상하게 되었습니다.

실험은 크게 성공하지 못했지만 ansys라는 프로그램을 활용하여 많은 돈과 시간을 절약할 수 있었으며, 프로그램을 활용한다면 기존보다 편리하고 효과적으로 실험 데이터를 얻을 수 있을 것이라고 확신하면서 프로그래머에 확신을 가지게 되었습니다.

2학년 동아리활동

'딱따구리가 충격을 최소화하는 방법에 관한 탐구'라는 주제로 과제연구 프로젝트를 실행함. 모델링 프로그램을 123D와 틴커캐드를 사용할 줄 알며, 수원화성, 과학기구, 풀러렌 등을 모델링하여 제작함.

2학년 행동특성 및 종합의견

아두이노를 이용한 프로그래밍 작업을 직접해보며 프로그램을 만드는 과정이 흥미롭다는 것을 경험하고 자신의 진로와 관련된 유익한 정보를 얻기 위해 노력하는 모습을 보여줌.

2학년 진로활동

로봇 제작 및 프로그래머와 관련되는 지식을 배울 수 있는 3D프린팅 창의교실에 참가하여 주기적으로 3D프린팅 강의를 듣고 실험도구를 창의적으로 모델링함. 3D프린터를 사용하여 로봇을 모델링한 후 직접 프로그래밍한 알고리즘을 사용하여 로봇을 만들고 싶다고 포부를 밝힘.

과제연구

딱따구리가 90°에 가깝게 나무를 쪼는 행동은 충격량을 줄이는 행동이라는 결론을 내림. 전산 유체 역학 프로그램을 ansys를 능숙하게 다룰 수 있음.

[matlab을 통해 프로그래머 진로를 정하다]

'모든 길은 나에게로 통한다.' 저의 좌우명입니다. 어떤 공부를 하던지 상관없는 공부는 없으며 다른 쪽에 활용되기에 모든 과목과 활동에 적극적으로 참여하려고 노력하였습니다.

확률과 통계 수업시간에 공부를 하다가 '정규분포표로 나타낸 데이터를 분석했을 때, 실제와는 꽤 많은 오차가 있지 않을까? 혹시 이것을 정밀 프로그램으로 분석해볼 수는 없을까?'라는 의문이 생겼습니다. 많은 변수를 가진 다양한 변량의 값을 단지 평균과 표준편차라는 두 가지의 수치만을 가지고 나타내는 것은 정확도가 떨어질 것이라고 생각하여 이를 검증하고자 matlab을 이용해 우리 반 학생들의 키, 표준편차와 평균을 토대로 한 정규분포표와 확률분포표를 그려서 실제 결과와 비교해보았습니다. 그 결과 제가 예상한 것보다 통계는 정확했고, 극단적인 값의 변량이 아닌 이상 정규분포표의 결과와 실제 수치가 일치했습니다. 저는 이 원리를 이용하여 친구와 함께 자신의 점수와 학년평균, 전교생 수, 표준편차를 입력하면 자신의 등수를 알 수 있는 간단한 프로그램을 제작해보았습니다. 제 프로그램은 비록 완벽하게 성공하지는 못했지만 76%의 정확도를 보여주었으며 추후에 담임선생님께서 보여주신 석차산출프로그램과 제 프로그램을 비교해보며 기본적인 원리엔 큰 차이가 없다는 사실을 알게 되었습니다.

이 도전을 통해 연관이 없어 보이는 두 분야의 지식을 융합하여 실생활에서 의미 있게 쓸 수 있는 프로그램을 만들었다는 사실에 강한 희열과 더 좋은 프로그램을 만들어보고 싶다는 도전 욕구를 느꼈습니다. 이를 통해 확률과 통계 과목에 애정이 생겨 좋은 성적을 거두었을 뿐만 아니라 미래의 프로그래머로서 프로그래밍에 대한 자신감을 키울 수 있었습니다.

1학년 동아리활동

탐구동아리를 결성하여 컴퓨터공학에 대해 발표하며 '컴퓨터는 지구촌을 잇는 언어'임을 강조하며 C언어 공부의 필요성을 호소함. '컴퓨터 과학이 여는 세계' 강의를 듣고 〈프로그래머, 수학으로 생각하라〉를 읽고 토론활동을 이끌어 나감.

2학년 자율활동

소프트웨어교육 페스티벌에 참가하여 라즈베리파이를 이용한 교과융합 피지컬 컴퓨팅, 아두이노로 체험하는 자율주행차, 교육용 마인크래프트 체험 등 학생들을 대상으로 한 교육적 측면에서 SW코딩에 흥미를 느낌. MatLab언어를 이용하여 다양한 조건에서 문제를 해결할 수 있는 분석 활동을 하면서 코딩의 짜릿함을 느끼고 JAVA, Python 등에 대해서도 스스로 배우는 열정을 보임.

3학년 동아리활동

창업을 위한 활동에서 엔지니어를 담당하여 제품 설계 및 생산을 담당하고 3D모델링을 통해 제품 생산을 총괄함. 설계의 미세한 차이에 따라서 기능에 큰 차이를 불러올 수 있다는 것과 디자인에 따라서 같은 기능의 제품이라도 구매력을 높일 수 있다는 것을 깨닫게 됨. 창업과정에서 아이템 개발과 마케팅 비용을 얻기 위해 플리마켓 참여와 크라우딩 펀딩을 시도하여 자금을 모음.

2학년 행동특성 및 종합의견

소프트웨어교육 페스티벌에 참가하여 라즈베리 파이를 이용한 교과융합 피지컬 컴퓨팅, 아두이노로 체험하는 자율주행차, 교육용 마인크래프트 체험 등 학생들을 대상으로 한 교육적 측면에서 SW코딩에 흥미를 느낌. MatLab언어를 이용하여 다양한 조건에서 문제를 해결할 수 있는 분석 활동을 하면서 코딩의 짜릿함을 느끼고 JAVA, Python 등에 대해서도 스스로 배우는 열정을 보임.

의미 있는 활동

[친구들의 정보보안은 내 손으로]
워너크라이 랜섬웨어의 피해가 날이 갈수록 확산되고 있다는 뉴스를 보며 '어떻게 이런 사이버 범죄가 폭발적으로 널리 퍼질 수 있을까?, 어딘가에 배후가 있지 않을까?'라는 생각이 들었습니다. 랜섬웨어의 감염 경로와 특성에 대해 관심이 생겨 조사하던 도중 "The Deep Web: Surfacing Hidden Value"라는 보고서를 읽고, 중요한 정보의 보호를 위해 만들어졌으며 익명성을 띤 다크웹이 존재한다는 것을 알게 되었습니다. 하지만 다크웹이라 불리는 딥웹의 일부는 비트코인을 이용한 사기, 범죄 공모, 악성 프로그램 제작 등이 범죄에 악용된다는 사실 또한 알게 되었습니다.

사이버 범죄의 예방법에 관심을 가지게 된 저는 다크웹을 범죄뿐만 아니라 범죄수사에도 이용할 수 있을 것이라 생각하여 관련된 내용을 'Prevent the crime using dark nets!'라는 제목으로 기사를 작성하여 교내 영자신문에 실었습니다. 제 기사를 보고 사이버 범죄의 예방방법에 관심을 가지고 제게 질문을 하는 친구들이 많아지자 더욱 많은 친구들에게 이를 알리기 위해 학교게시판을 사용했습니다. 동아리 부원들과 함께 우드락과 색종이를 이용하여 windows 업데이트, 방화벽 관리, IP차단, 바이러스 검사 등 기초적인 사이버 범죄 예방법이 적힌 보드를 제작하여 게시했습니다. 평소에 정보보안에 관심이 없던 친구들도 제 글을 읽고 친구들에게 감사 인사를 받았습니다.

정보화 시대에 인터넷 보급률이 가장 높은 나라임에도 불구하고 정보보안에 대해 잘 모르는 사람들이 많다는 사실에 보안 관련 프로그램을 만들고 싶다는 생각을 했으며 정보보안에 대해 더 많은 사람들에게 알려야 함을 알게 되었습니다.

1학년 동아리활동	2학년 자율활동
정보보안 동아리에 가입하여 C언어를 배워 친구들에게 알려주는 활동을 수행함. 학급 컴퓨터 바이러스가 자주 감염되는 원인을 분석하여 컴퓨터 담당하여 바로 사용할 수 있는 상태가 되는데 기여함.	친구의 노트북에 랜섬웨어가 감염되어 결국 포맷시켜야 하는 것을 보고, 랜섬웨어의 특징과 감염 원인에 관심이 생겨 조사하던 중 사이버 범죄의 근원인 tor브라우저와 다크웹에 대해 알게 됨. 사이버 범죄의 예방법에 관심을 가지고 책과 논문을 읽고, windows 업데이트와 방화벽 관리라는 컴퓨터 시스템적 대처법과 ip차단 등의 방법을 게시판에 게시하여 친구들에게 알려줌.

 반도체 관련 학과 자소서

학업경험

로켓이 작용–반작용의 사례라는 물리 선생님 말씀을 듣고 '매개가 거의 존재하지 않는 우주 공간에서 어떻게 앞으로 나아갈까?'라는 의문이 들었습니다. 계 내부에 작용하는 힘은 그 계를 가속시킬 수 없기에 동일계인 로켓 동체와 연료는 서로를 가속시킬 수 없다고 생각했습니다. 이에 대한 해답을 찾던 중 로켓 방정식에 대해 알게 되었고 운동량 보존 법칙으로 로켓의 운동을 이해했습니다. 이를 통해 연료가 분출되는 순간 다른 계가 되어 연료가 외부 힘으로써 로켓을 가속시킨다는 것을 알 수 있었습니다. 이후 추진력을 직접 확인해보고자 로켓 대신 물을 매개로 하는 팝팝 보트를 제작해 물이 배 운동에 주는 영향에 대해 알아보았습니다. 단순암기하고 지나칠 수 있었던 물리적 현상에 대한 의문은 일상의 운동을 물리적으로 해석해보는 경험으로 이어질 수 있었고 이를 통해 물리가 우리 생활과 맞닿아 있는 학문이라는 것을 깨닫게 되었습니다.

배운 지식을 단순히 지식적으로 공부하는 것보다 실습을 통해 이해하는 것의 중요성을 느끼고 배운 지식을 아이들에게 알려주는 봉사활동에 참여하였습니다. '공명현상을 이용한 썬더 드럼 만들기'를 하면서 파동을 설명하는 과정에서 상쇄 간섭의 개념을 이해시키고자 노이즈 캔슬링 이어폰을 예로 들어 이해시켰습니다. 또한 '광섬유를 이용한 장신구 만들기' 실험을 진행하면서 빠른 통신이 가능한 이유를 소개하면서 전반사까지 설명하여 이를 이해시켜주었으며, 내시경 등 다양한 곳에 활용된다는 예시를 들어 생활 속 다양한 곳에 활용이 된다는 것을 알려주어 과학의 재미를 이끌어주었습니다.

1학년 동아리활동

지역 작은 도서관에 찾아가 아이들이 다양한 과학체험을 통해 과학에 흥미를 가지는 데 기여함. '베이킹 소다를 이용한 화산 분출 실험'과 '설탕물을 이용한 무지개층 만들기' 등을 진행하면서 재미를 가지게 한 후 다양한 실험을 통해 과학적 이론을 깨닫게 하는 데 기여함.
'공명현상을 이용한 썬더 드럼 만들기', '광섬유를 이용한 장신구 만들기' 등을 진행하면서 과학 도서를 활용하여 학생들을 이해시킴.

2학년 봉사활동

나무젓가락을 이용한 가장 높은 건축물 제작하기, 달걀 보호 낙하 구조물 만들기와 같은 활동을 하면서 아이들의 과학적 호기심을 자극하는 실험을 진행함. UFO자석 팽이 만들기 활동을 하면서 플레밍 왼손 법칙을 가상 시뮬레이션 프로그램을 활용해 시각적으로 설명하여 중학생들을 이해시킴.

물리학Ⅰ 세특

'작용 반작용의 대표적인 이용 사례로는 로켓이 있다'라는 말을 듣고 매질이 존재하지 않는 우주 공간에서 어떻게 작용과 반작용으로 설명될 수 있는지에 대해서 의문을 가지고 이를 탐구함. 이 과정에서 치올콥스키의 로켓 방정식을 공부하여 로켓의 운동을 운동량 보전의 법칙을 이용해 쉽게 설명해주어 좋은 반응을 얻음.

3학년 진로희망

최근 세계 시장에서 반도체 기업 간의 지형 변화에 대한 원인을 찾아보고 전망 있는 반도체 분야를 탐색하는 시간을 가짐. 반도체 관련 학과에 진학하여 반도체 소형화에 따라 발생하는 물리적 한계에 대한 대안을 연구하고 싶어함.

의미있는 활동

부의 정도에 따라 환경오염에 노출되는 정도가 다르다는 것을 알고 "이것이 과연 공정한 것일까?"를 생각했고 〈국경 없는 과학기술자들〉을 읽고 적정기술, 특히 환경 불평등 문제에 관심을 가지게 되었습니다.

사회적 약자에게는 미세먼지 차단을 위한 마스크 가격도 부담스러울 수 있다고 생각해서 과제연구로 '전기장을 이용한 재사용 마스크 제작 프로젝트'를 진행했습니다. 구멍 뚫린 콘덴서 형태의 필터를 만들어 마스크로 제작하고 부착한 전지를 충전하여 씻을 수 있는 필터를 고안했습니다. 처음부터 장비 부족으로 콘덴서의 도체로는 철 방충망을 사용하고, 부도체는 섬유재질의 방충망을 사용하였습니다. 제작 후 콘덴서 필터와 시중 마스크와의 성능 비교실험을 진행했을 때 콘덴서 필터가 시제품 마스크만큼은 아니지만 어느 정도 효용성이 있다는 것을 확인했습니다. 이후 건전지를 연결한 콘덴서 필터를 면으로 둘러서 절연을 한 마스크의 형태로 제작했으나 안전성을 이유로 전압을 낮추자 필터의 효율이 떨어지는 것을 볼 수 있었습니다.

1학년 진로희망

자원에 관한 정보를 검색하다가 울릉도와 독도 근해에 최소한 30년을 쓸 수 있는 가스 메탄 하이드레이트라는 천연가스가 6억 톤 매장돼 있다는 정보를 접하고 에너지연구원이 되어야겠다고 희망함.

3학년 동아리활동

과학잡지를 읽고 인상 깊은 내용을 탐구하여 발표하는 활동을 함. 뉴튼지에서 '신재생에너지'를 읽고 태양전지, 태양열, 풍력, 수력, 이온전지, 연료전지 등 핵심내용을 체계적으로 정리하여 발표함. 해상 윈드팜, 풍력발전을 보완하기 위한 방안으로 이온전지 사용의 장점 등에 대해 조사하고 실생활 적용 분야 및 활용 가능성으로 정산 제로 에너지의 건축물을 개발할 수 있을 것이라고 발표함.

1학년 과학 세특

환경오염과 기후변화에 관심이 많으며 이를 해결하기 위한 대체에너지 자원에도 관심이 많음. 과학반장으로서 리더십을 발휘하여 학급의 면학 분위기 조성에 크게 기여함.

2학년 지구과학 세특

자원, 에너지, 환경 분야에서 높은 흥미를 보이며, 지속 발전 가능한 신재생에너지 중 메탄 하이드레이트에 대해 생물, 화학적 접근법으로 깊이 있게 공부하여 친구들에게 이해하기 쉽도록 설명함. 특히 지구 온난화의 원인에 대해 관련된 자료를 읽거나 심도 있는 자료를 분석하여 신재생에너지의 조사와 활용에 높은 관심을 보임.

의미 있는 활동

동아리 '화학이야기반'에서 '신재생에너지'에 대한 잡지를 읽고 나서 보고서를 작성하고 발표 활동을 통해 알게 된 해상 윈드팜을 태양광 분야로 적용시킨 사례가 없는지에 대해 호기심을 갖고 조사하다가 '수상 태양광'이라는 새로운 지식을 알게 되었습니다. 삼면이 바다인 우리나라의 지리적 특성을 이용하여 해상 윈드팜과 마찬가지로 수상 태양광을 적용하여 전력을 생산하면 효율이 높을 것이라고 생각되었습니다. 수상 태양광발전을 조사하던 중 '수상 태양광전지가 물에 의한 냉각 효과로 에너지효율은 높아질 수 있지만, 물의 온도가 상승하여 바다 생태계를 파괴하지 않을까?'라는 의문이 생겼습니다. 자료를 조사해도 나오질 않아 결국, 학교 선생님께 찾아가 답을 얻었으나, 그 답은 '물은 비열이 커서 온도가 잘 올라가지 않는다.'라는 너무 간단한 원리였기 때문에 적지 않은 충격을 받았습니다. 왜냐하면 마냥 어렵게만 생각하여 기본적인 원리를 잊고 있었기 때문입니다. 이를 통해 결국 제아무리 어려운 내용이더라도 과학은 기본적인 지식과 원리에서부터 기초하여 이루어진다는 것을 깨달았습니다.

3학년 진로희망

인류의 미래를 좌우하는 것으로 가장 큰 것이 에너지 분야라는 것을 인식함. 태양광 발전의 효율을 높이기 위해 수상 태양광과 에너지 변환 효율을 높일 수 있는 방법에 대해 탐구하면서 전력반도체에 관심을 확장시킴.

기하 세특

자신의 진로와 연관된 풍력과 기하를 융합한 벨루가 스카이세일스에 대한 자료를 찾아 보고서를 작성해 발표함.

화법과 작문 세특

자유 주제 5분 말하기에서 희망하는 신재생에너지 연구원과 관련해 '초박형 태양광 셀'과 발전 가능성이 높은 '투명한 태양광 패널'에 대한 특징과 예시를 들어 원리와 장단점, 전망 등에 대해 발표함. 수업시간에 진행된 정보전달 말하기에서 '전기유변성 유체의 특징과 전기유변성의 원리'라는 주제로 발표함. 전기유변성 유체를 산업현장에서 활용하기 위해 파악해야 하는 항복응력에 대한 설명을 맡아 어려운 주제를 그림 자료를 활용하여 쉽게 설명함.

3학년 동아리활동

과학잡지를 읽고 인상 깊은 내용을 탐구하여 발표하는 활동을 함. 뉴튼지에서 '신재생에너지'를 읽고 태양전지, 태양열, 풍력, 수력, 이온전지, 연료전지 등 핵심내용을 체계적으로 정리하여 발표함. 해상 윈드팜, 풍력발전을 보완하기 위한 방안으로 이온전지 사용의 장점 등에 대해 조사하였고 실생활 적용 분야 및 활용 가능성으로 정산 제로 에너지의 건축물을 개발할 수 있을 것이라고 발표함.

 전기전자공학 관련 학과 자소서

의미 있는 활동

우리가 사용하는 작은 크기의 물건에서부터 큰 건물과 구조물도 모두 아주 작은 나노물질로 만들어졌음을 알게 되었습니다. 나노기술에 관심을 가지고 난 후 한국교육학술정보원에서 대학 오픈강의를 통해 여러 가지 나노기술에 대해 알아보았습니다. 특히 '나노과학개론'을 관심을 가지고 듣게 되었습니다. 아직 나노기술에 대해 전문적인 과학 지식이 부족한 저는 나노과학 전반의 다양한 주제들을 입문적 수준에서 배울 수 있는 기회가 되었습니다. 효율이 높은 태양전지에 대해 알아보다 '나노 태양전지', '나노구조 소재를 이용한 태양전지 동향' 자료를 읽고 결정형 실리콘 웨이퍼의 광–변환 효율이 13~16% 수준임을 알고 장기적인 관점에서 태양광 발전의 실효성에 의문을 가지게 되었습니다.

대안으로 박막형 태양전지로 적은 양의 반도체를 사용하여 더 넓은 면적을 대량 생산할 수 있다는 장점이 있다는 것을 알게 되었습니다.

최근에는 태양광 특성에 따라서 퀀텀 닷을 활용하여 진동수가 큰 파장부터 흡수될 수 있도록 입자의 크기별로 태양광 구조체를 구성하면 좋다는 것을 알게 되었습니다. 또한 기존 전력 생산비용과 동등한 수준으로 끌어올릴 수 있다는 점을 알게 되었습니다. 이후 퀀텀닷 태양광 발전이 가능한지 추가적으로 조사하였더니 이중층 구조로 누설 전류를 막고 전류 손실도 기존보다 20% 감소하여 에너지 효율을 47%까지 향상시켜 앞으로 태양광 발전이 퀀텀닷으로 대체될 것이라고 확신하게 되었습니다. 또한, 태양광 에너지에 관심을 가지고 태양광 자동차에 대해서도 관심을 가지고 원리를 조사하면서 다른 분야도 다양하게 적용할 수 있을 것이라고 예상하였습니다.

2학년 진로활동	3학년 동아리활동
대학 오픈강의 사이트를 통해서 전기공학에 대한 지식을 습득함. 인공광합성으로 지구온난화와 에너지를 동시에 해결할 수 있는 방법에 관심을 가지고, '첨단소재의 세계'라는 강의를 통해 박막형 태양전지 등 다양한 신소재의 중요성을 인식함.	'신재생에너지의 이해' 강의를 통해 다양한 신재생에너지의 종류를 알게 되었고, 각국에서 신재생에너지가 얼마만큼 활용되는지 조사하여 미래 유망한 에너지원으로 태양광 발전의 미래를 확인함.

학업경험

저는 답이 논리적이고 명확하게 나오는 수학에 매력을 느꼈습니다. 미적분2 조별과제 시간에 조장을 맡아서 지수함수와 로그함수의 역함수관계에 대해 설명하는 시간을 가졌는데, 발표를 마친 이후 자연상수e가 어떻게 정의되었는지 질문을 했습니다. 대답할 때 '알려져 있다'라고만 설명했던 것이 마음에 걸렸습니다. 그래서 자연상수e를 이해해서 친구에게 증명하고 싶었고 무한급수의 합이라는 증명을 찾아보게 되었습니다. 이를 증명하기 위해서는 테일러 급수를 이해하고 증명과정을 보며 n!의 역수를 더해가는 이유를 확실하게 알았습니다. 증명을 통해 공부하자 더 쉽게 이해가 되었고, 계속해서 더하는 차수는 곡률을 나타낸다고 알게 되었습니다. 이를 더 찾아보자 테일러 급수를 통해서 많은 선형함수는 근사한 다항식으로 변환할 수 있음을 알게 되었습니다. 또한 테일러급수가 활용되는 오일러 방정식의 증명을 접하면서 오일러 방정식 증명을 이해하고 발표하는 것을 목표로 미적분2 공부에 박차를 가했습니다.

마침내 오일러 방정식을 적분, 미분, 테일러 급수, 수학2의 기초를 통해서 증명할 수 있습니다. 삼각함수와 지수함수가 그래프의 형태가 달라 관련이 없을 것이라고 생각했지만 오일러 방정식을 통해서 수학은 유기적으로 연결되어 있음을 깨닫게 되었습니다.

수학 공부에 불이 붙어 심화 수학을 공부하는 동아리인 융합수학탐구부와 방과 후 교실 심화논술반에 들어갔습니다. 〈수학이 필요한 순간〉, 〈문과생도 이해하는 전기·전자 수학〉과 같은 도서를 읽으면서 수학의 필요성과 원리를 깊이 있게 학습했습니다. 심화논술 문제에서 절대값이 있는 삼각함수의 적분문제를 풀 때 어려움이 있었습니다. 적분을 하면서 절대값 구간을 나누지 않았기 때문입니다. 직각사각형의 종이접기 문제를 저는 넓이를 이용해서 풀었던 반면, 친구는 임의의 각을 잡아 푸는 방식을 취하는 것을 보면서 편향된 시각을 폭넓게 바라보고 다양한 각도에서 문제를 풀이하는 것의 중요성을 깨달았습니다.

미적분 세특

조별과제 활동으로 지수함수와 로그함수의 역함수 관계에 대해 발표함. 특히 자연상수 e를 이해하고 친구들에게 증명하여 이해시키는 데 기여함. 증명하는 과정에서 테일러 급수가 활용하는 과정에서 오일러 방정식을 증명을 이해하기 위해 심층 학습까지 하면서 이해하는 모습을 보임.

2학년 동아리활동

융합수학탐구부에서 심화논술 문제를 풀이하면서 논리적인 풀이법을 익혔으며, 부원들과 풀이법에 대해 논의하면서 다양한 풀이법을 익히는 시간을 가지게 됨. 생활 속에서 수학이 활용되는 것을 이해하고자 〈수학이 필요한 순간〉, 〈문과생도 이해하는 전기·전자 수학〉 책을 읽으며 수학적 지식의 중요성을 깨닫게 되었다고 탐구보고서를 제출함.

의미 있는 활동

[전기전자 멘토링 동아리]
평소 친구들 사이에서 '공부 질문에 꼼꼼하게 잘 답변해주는 친구'로 소문이 났습니다. 쉬는 시간 친구들에게 질문을 받았는데 가장 기억에 남는 질문은 '왜? 전자레인지에서 나오는 마이크로파가 눈에 있는 수분을 익히지 않냐?'라는 질문을 했는데 생각지 못한 질문이었습니다. '찾아보고 설명해준다'라고만 대답해줄 수밖에 없었습니다. 그래서 전자기 차폐현상을 통해서 금속망에서 마이크로파가 걸러짐을 학습하고 설명해주었습니다.

지식을 나눔으로써 기쁨을 느껴 지식의 배움과 나눔을 실천하기 위해 전기·전자 멘토링동아리를 만들었습니다.

격주 화요일 야간 자율학습시간마다 친구들 간 멘토와 멘티를 지정하여 페러데이의 전자기유도, 트랜지스터 등의 기초적인 물리지식을 알려주고, 서로 질문하는 시간을 가졌습니다. 또한 혼자였다면 다소 어려웠을 아두이노 회로실습, 논문탐구를 함께 하며 깊이 있는 학습을 할 수 있었습니다.

멘토링 동아리활동에 큰 의미를 느낀 이유는 멘티들이 저에게 질문하면서, 저 역시도 학습을 통해 제 꿈을 구체화할 수 있었고, 지식을 나누는 것의 진정한 즐거움을 알게 되었습니다. 멘티들에게 좀 더 구체적이고, 확실한 대답을 해주기 위해 물리현상의 원리와 관련된 미래 기술을 넓고 깊게 학습했습니다. 멘티들로부터 감사 인사를 받을 때마다 오히려 설명해주면서 제게도 큰 도움이 되었다고 멘티에게도 고맙다고 답했습니다. 그 결과 전기·전자멘토링동아리는 학교에서 참여율이 가장 높은 동아리로 선정되었습니다. 함께 탐구하고, 토론하고, 지식을 나눈 전기·전자멘토링에서의 경험은 대학에서도 함께 성장해 나갈 것입니다.

1학년 동아리활동

STEAM학습법을 기반으로 실험설계 방법과 과학적 사고력을 기반으로 이해시킴. '쉽게 만드는 발전기' 주제로 전자기 유도법칙에 대해 발표하고 CD와 네오디뮴 자석을 활용하여 발전기를 제작하여 학생들의 이해를 도움.

물리학Ⅰ 세특

물리 교과에 대한 예습과 복습을 성실하게 유지하면서 교과의 기본개념을 잘 이해하며 이해한 내용을 급우들에게 친절하게 잘 알려줌. 탐구능력이 우수한 학생으로 생활 속 전자레인지 마이크로파에 관심을 가지고 어떻게 물체를 데우는지 궁금증을 가지고 탐구함. 자기표현이 뛰어난 학생으로 조별 탐구활동에 따른 토론 및 발표를 잘하고, 전기공학에 대한 호기심과 학습의욕이 우수함.

2학년 동아리활동

동아리 부회장으로 물리학Ⅰ 시간에 배운 전자기 유도 현상을 공학적으로 이용할 수 있는 수단으로 아두이노로 탐구함. 아두이노에 흥미를 가지고 가변 저항을 이해해 초음파 센서를 이용한 거리측정센서를 만들어 보면서 브레드보드를 이용한 회로구성을 익힘.

1학년 행특

공학에 관심이 많아 관련 자료 탐색을 많이 하며 배경지식이 매우 많음. 자신의 잠재적인 가능성 실현을 위해 최선을 다하는 모습이 다른 교우들에게 모범이 되며 꾸준히 자신의 꿈을 위해 노력함. 동아리 활동을 통해 다면적 사고를 통해 다양한 방법으로 접근하여 탐구하는 모습을 엿볼 수 있음. 동아리 축제 준비 시 창의적인 기획을 제안하고 협력하여 성공적으로 발표하는 모습을 보임.

'전기변환연구원'이 되어 효율적이면서도 안전하고 친환경적인 전력변환기술을 개발해 에너지 자립을 이루는 데 기여하기 위해 광운대 전기공학부에 지원하였습니다.

고등학교 1학년 등교를 위해 집을 나서다 아파트에 "탄소 포인트제 최우수 아파트"라는 글씨가 쓰인 큰 현수막을 보게 되었습니다. 어머니께 여쭈어보니, 우리 지역에서 탄소 포인트 1위를 달성하여 지원금을 받았다는 사실을 알려주셨습니다. 탄소 포인트제는 국민이 온실가스 감축을 위해 에너지를 절약하고, 감축량에 따라 보상을 받는 제도라는 것을 알게 되었습니다. 지구온난화를 늦추는 일에 크게 이바지했다는 점이 뿌듯했습니다. 한편으로 환경을 위해 에너지를 개인이 절약하는 방법과 함께, 기술적인 해결책이 함께한다면 훨씬 효과적이겠다고 생각하게 되었습니다. 기술적인 대안을 탐구하면서 기존의 석유나 원자력에너지를 친환경적에너지로 대체하고, 이를 기존 에너지처럼 활용할 수 있게끔 저장 및 변환하는 기술에 흥미가 생겼습니다. 막연히 물리과목이 좋아 전기공학과로의 진학을 생각하던 저에게 꿈이 생긴 순간이었습니다. 친환경적인 전력변환기술을 개발함으로써 더 편리하고 건강한 생활환경을 만드는 연구원이 되고자 전기공학과로의 진학을 결심하게 되었습니다.

3학년 진로희망

에너지 관련 기사를 탐독하면서 미세먼지 감소를 위한 CNG버스와 전기자동차를 늘리는 이유를 이해함. 다양한 신재생에너지의 보급과 연구가 선택이 아닌 필수임을 깨닫고, 에너지 변환의 중요성을 느끼게 됨.

3학년 동아리활동

〈신재생에너지〉 책을 읽고 태양전지, 태양열, 풍력, 수력, 이온전지, 연료전지 등 현재 개발 중인 신재생에너지에 대해 장단점을 정리하여 보고서를 제출함. 풍력발전을 이용해 얻은 수익성, 해상 윈드팜 등 실생활 적용 분야 및 활용 가능성으로써 정산 제로 에너지의 건축물 개발에 높은 관심을 가짐. 특히 3면이 바다이니 해상 윈드팜의 높은 가능성을 강조함.

2학년 진로활동

아파트 배란다에 태양광 발전 설비를 하여 누진제가 완화된다는 기사를 접하고 관련 자료를 조사함. 하루 발생 에너지량을 조사하여 전기 누진제가 완화되는 이유를 잘 정리해 에너지 신문을 만들어 제출함.

3학년 진로활동

신재생에너지로 발전된 에너지를 저장할 수 있는 2차 전지인 ESS에 대해 잘 소개함. 스마트그리드 산업으로 밤에 남은 유휴전력을 ESS에 저장하고 낮에 사용한다면 원자력 발전소가 없어도 충분히 신재생에너지로 전력을 충당할 수 있음을 영상으로 잘 설명함. 또한 기술 개발이 가속되어 태양광 발전단가가 내려가 화석연료를 대체시킬 수 있는 그리드 패리티에 조만간 도달할 수 있다는 내용을 발표함.

메카트로닉스 관련 학과 자소서

학업경험

2015 전남 수학축전에서 딱딱한 수학의 틀을 깨고 일상생활에서 사용되는 수학을 알아보기 위해 참여하게 되었습니다. 상향등 해부를 통해 기하와 벡터의 이차곡선을 이용하여 여러 가지의 빛을 한 초점으로 모아 좀 더 멀리 빛을 보낼 수 있는 것을 알게 되었습니다. 그로 인해 교과 발표 시간에 수학이 미래의 직업에 미치는 영향과 이차곡선의 원리가 실생활에 적용되는 사례를 찾아 발표해 수학 수행평가에 높은 점수를 받았습니다.

이러한 활동으로 수학적 원리의 필요성을 깨닫게 되는 계기가 되었습니다. 공식의 증명과정을 제대로 알지 못하고 암기만을 하면서 문제를 풀다 보니 응용능력이 떨어지는 것이라고 판단되어 수학공식을 증명하면서 원리를 이해하는 학습을 하기 위해 '극한'이라는 동아리를 만들어 증명하는 활동을 하였습니다. 특히, '로피탈의 정리'를 이해하지 못해 '공학수학(연세대학교-김동호)' 강의를 들으면서 궁금했던 공식에 대한 증명과정을 이해하게 되었습니다. 또한 '테일러의 급수'라는 내용 설명을 듣고 공학계산기가 직접 삼각형을 그려 삼각함수를 계산할 수 없음으로 이러한 공식을 이용하여 최대한의 근사값을 구할 때 사용함을 알게 되었습니다. 테일러의 급수를 증명하는 과정에서 ROLLE의 정리와 평균치의 정리에 대한 내용을 복습할 수 있었고 테일러 급수를 이용하여 우리가 미적분2에서 배우는 지수, 삼각, 로그함수와 같은 초월함수를 다항함수로 표현을 해보는 활동을 하였습니다. 그러나 낯선 정의인 잉여항에 대한 이해 때문에 어려움을 겪었습니다. 이를 이해하기 '무한급수와 함수의 전개(서울과학기술대학교-양영균)'라는 강의를 듣고 잉여항에 대한 의미를 정확히 알게 되었으며 테일러 급수 뿐만 아니라 이를 이용한 매클로린 급수 또한 알게 되었습니다. 이렇게 배운 내용을 멘토링을 통해 친구들과 같이 토론해보고 응용문제를 해결하면서 수학을 깊이 있게 탐구하면서 원리 이해와 탐구가 재미있어졌습니다.

1학년 자율활동

수학축전에 참여하여 자동차 상향등 빛이 더 멀리 나아갈 수 있도록 안쪽을 오목하게 설계한 것을 알게 됨. 이러한 사례를 추가적으로 찾아보면서 궁금증을 해결하는 모습을 보임.

1학년 동아리활동

수학동아리에서 '로피탈의 정리'를 이해하지 못해 친구들에게 물어보아도 이해가 되지 않아 추가적으로 '공학수학' 강의를 들어 증명과정까지 이해하는 모습을 보임. 테일러 급수 내용을 듣고 공학용 계산기가 직접 삼각형을 그려 삼각함수를 계산할 수 없기에 근사값을 구하여 알려준다는 것을 알게 됨.

미적분 세특	독서
지수함수, 삼각함수, 로그함수와 같은 초월함수를 다항함수로 표현해보는 활동을 하면서 '무한급수와 함수의 전개' 강의를 들으면서 잉여항에 대한 내용을 이해하고 이를 친구들에게 설명해줌.	맛있는 해석학(김백진) 경제수학(정필권) 미적분으로 바라본 하루(오스카 E페르난데스)

의미 있는 활동

눈으로만 보았던 과학축전을 제대로 준비해서 참가하고 싶어 'Science Master'라는 동아리를 만들었습니다. 3D프린터로 물건을 만들기 위해 'CADian3D'라는 프로그램을 이용하여 기본적인 3D모델링을 해보았습니다. 특히 3D프린터로 와인잔 걸이 만들기를 하는 중 블랜드를 서로 다른 원통을 연결할 때의 어려움이 있었으며 단축키를 사용하는 데의 어려움을 겪어 간단한 와인잔 걸이를 만드는 데 1시간가량 걸리게 되었습니다.

이러한 활동들로 저만의 모델을 만들어보고 3D프린터 모델링에 대한 전문성을 키워나갔습니다. 또한 부원들에게 '3D프린터의 활용 및 현황 고찰'과 '3D프린터와 형상기억합금을 이용한 유연 복합재 구동기'라는 논문을 토대로 만든 PPT와 함께 3D프린터로 만든 항공기 B787엔진을 동영상을 보여주며 3D프린터에 대한 전문성과 관심을 높였습니다. 그러나 3D프린터 부분으로 과학축전에 참가하기 위해서는 3D프린터 기계가 필요한데 기계를 빌리는 어려움과 기존에 연결되었던 전문가들과 연락이 되지 않아 3D프린터 부분으로는 출전하지 못하게 되었습니다. 하지만 제가 모델링한 것을 직접 만들어보고 싶은 마음으로 광주창조경제혁신센터를 방문해 3D프린터로 직접 물건을 출력해보았습니다. 표면이 매끄럽지 못해 매끄럽게 출력할 수 있는 SLA방식의 3D프린터로 출력해보고 싶다는 생각을 가지게 되었습니다.

한 달에 2번씩 있는 독서, 토론활동시간에 공학에 관심이 많은 친구들을 모아서 공통의 책을 정하고 그 책에 대해 토론을 하는 그룹을 만들었습니다. '노벨상과 수리공'이라는 책을 읽고 순수과학과 엔지니어링 중 어느 분야가 우선시 되어야 하는지에 대한 토론을 하였습니다. 저는 '엔지니어링이 순수과학을 이끈다'라는 주장으로 토목 엔지니어링의 산물인 중세시대 독일의 쾰른성당이 과학적 산물인 뉴턴역학 이전에 존재했음을 통해 엔지니어링이 과학보다 먼저 존재했음을 주장하여 공학의 중요성을 알렸습니다. 또한 〈공학이란 무엇인가〉를 읽고 14가지 분야로 분류된 공학을 두 가지씩 맡아 조사하여 발표하는 활동에서 '기계공학'과 '산업 및 시스템 공학'에 대한 보고서를 작성하여 발표하는 활동을 통해 기계공학의 미래를 분석할 수 있는 기회를 얻게 되었습니다.

2학년 동아리활동

'CADian3D'라는 프로그램을 이용하여 와인 잔 걸이 만드는데 1시간가량 걸려 모델링 연습을 열심히 수행함. 부원들에게 '3D프린터의 활용 및 현황 고찰'과 '3D프린터와 형상기억합금을 이용한 유연 복합재 구동기'를 참고하여 3D 프린터로 B787엔진을 제작할 수 있다는 동영상을 보여주며 3D프린터의 발전가능성을 소개함. 이후 창조경제혁신센터를 방문해 3D프린터로 직접 물건을 출력해 보면서 표면을 매끄럽게 출력할 수 있는 SLA방식의 3D프린터로 출력해보고자 함.

2학년 진로활동

한 달에 2번씩 독서 토론활동을 진행함. 〈노벨상과 수리공〉이라는 책을 읽고 토론에서 '엔지니어링이 순수과학을 이끈다'라는 주장함. 엔지니어링이 과학보다 먼저 존재했음을 주장하며 공학의 중요성을 강조함. 또한 〈공학이란 무엇인가〉를 읽고 14가지 분야로 분류된 공학을 두 가지씩 맡아 조사하여 발표하는 활동에서 '기계공학'과 '산업 및 시스템 공학'에 대한 보고서를 작성하여 발표하면서 기계공학의 발전 가능성을 예측하게 되었다고 함.

지원동기와 노력과정

3D프린터 모델링에 대한 관심을 갖다 보니 자연스럽게 기계설계 및 시스템에 대한 관심이 많아졌습니다. 그래서 기계공학 지식을 활용하여 인간과 환경에 유용한 가치를 창출할 수 있는 기계시스템공학 전문인이 되고 싶어 경기대학교 기계시스템공학과에 지원하게 됐습니다. 기계시스템공학을 전공해 생산기계시스템에 대한 지식을 축적하고 본교의 산업기술종합연구소에서 생산기술 발전에 필요한 조사연구 및 기술 지도에 대한 연구한 후 한국과학기술정보연구원에서 현장체험을 통해 경험을 쌓는다면 제 꿈을 실현시킬 수 있을 것이라고 생각되어 지원하게 됐습니다.

저는 3D프린터 모델링과 같이 설계에 대한 관심이 많은 친구들과 함께 '사이엔티아'라는 동아리를 만들었습니다. 제품 설계에 대한 능력을 쌓기 위해 우리 지역의 '쓰리디쿡'이라는 3D프린터를 체험할 수 있는 곳을 찾아 직접 찾아가 모델링을 하는 법을 배우게 되었습니다. 또한 디자인 능력을 쌓기 위해 CADian3D 프로그램을 통해 간단한 파이프부터 스탠드 조명까지 만들어 보았습니다. 유튜브를 통해 기본적인 지식을 쌓고 단축키를 익혀 3D모델링이 익숙해지면서 저만의 제품을 만들 수 있었습니다.

성공적인 제품 설계를 위해서는 제품의 기능과 모양 그리고 제품의 재질과 제조 방법을 결정하기 위한 다양한 공학적 지식이 필요하다는 것을 깨닫게 되어 '동역학(서울과학기술대학교-김대현)' 강의를 듣고 질점의 역학과 강체의 역학의 개념과 특징을 이해할 수 있었습니다. 그러나 강체의 운동 중 회전운동에 대한 부분이 잘 이해가 가지 않아 이 내용을 더 잘 이해하기 위해 공학에 관심 있는 친구들과 스터디그룹을 결성하여 '물리학Ⅰ(인하대학교-이병창)'강의 중 강체의 회전운동과 평형에 대한 강의를 듣고 기본적인 내용을 이해했으며 회전운동 중 우리가 흔히 사용하는 여닫이문을 이용한 돌림힘에 대한 실험 또한 해보았습니다. 이런 경험을 통해 기계설계의 기초가 되는 공학적 지식뿐만 아니라 기계설계를 체험해볼 수 있었습니다.

2학년 동아리활동

'사이엔티아'라는 동아리를 결성하여 3D프린터 모델링에 대한 관심을 가지고 스스로 학습하여 이를 부원들에게 알려줌. 직접 3D프린터를 체험하면서 고장 난 부분을 해결할 수 있는 방법을 터득함. 또한 디자인 능력을 쌓기 위해 CADian3D 프로그램을 통해 간단한 파이프부터 스탠드 조명까지 만들어 보면서 빠르게 모델링하기 위해 단축키를 익힘.

2학년 진로활동

공학적 설계를 위해 '동역학' 강의를 듣고 질점의 역학과 강체의 역학 개념 특징을 이해하게 됨. 강체의 운동 중 회전운동에 대한 부분이 잘 이해가 가지 않아 스터디 그룹을 결성하여 강체의 회전운동과 평형에 대한 강의를 듣고 여닫이문을 이용한 돌림힘을 이해함.

의미 있는 활동

[공학 활동]

인근 대학에서 실시한 공대 캠프에 참여하여 공학자로서 갖추어야 할 태도에 대한 강의를 듣고 제가 공학자로서 세상에 어떤 기여를 할 수 있을지에 대해 깊게 생각해보았고 지역사회 문제를 공학으로 해결하는 활동을 했습니다. 3D 프린터 작업실이 출력물 변형 방지를 위해 에어컨을 틀 수 없어 덥다는 문제점을 발견했고 펠티어 소자의 냉각부로 노즐의 열을 낮추고 발열부로 그 열을 출력물 주변 온도 보존에 재활용하자는 아이디어를 제시하였습니다. 또 제작과정을 구체화하고 설계도를 구축하여 실제 크기의 프로토타입을 제작해보았습니다. 이 과정에서 교수님, 친구들과 꾸준히 피드백을 주고받았으며, 사람마다 각자 생각하는 문제점이 달랐지만 절충적인 개선 방안을 생각해나갔습니다. 수없이 반복되는 과정에서 지치기도 했지만 제 아이디어가 방향을 잡아나가는 과정을 체감할 수 있었으며, 아이디어가 변해온 과정 기록하여 발자취를 거슬러 올라가 보니 또 다른 공학의 재미를 느낄 수 있었습니다.

저는 사람을 돕는다는 생각을 가지고 공학적으로 설계하고 탐구하는 활동을 통해서 공학이 가진 참뜻을 깨달았습니다. 또한 저의 발명품이 많은 사람들의 피드백을 거쳐 완성되어 가는 것을 보며 공학은 혼자 해낼 수 없다는 것과 협업의 중요성을 깨달았으며 공학자의 꿈을 확고히 하는 계기가 되었습니다.

2학년 동아리활동

동아리 부장으로 3D프린터 조작방법을 빨리 익힌 후, 잘 따라오지 못하는 부원들을 이끌어가는 모습이 돋보임.

3학년 동아리활동

'어그제틱 재료'의 원리를 이용한 겨자구조체를 직접 3D프린터로 만들어 보는 시간을 가짐.

3D프린터기를 이용해 제품을 뽑아낼 때 필라멘트가 걸려 작동이 중단되었지만 이를 당황하지 않고 고쳐내는 모습이 인상적임.

정사면체 구조에서 격자식 구조 형태가 나오도록 깎아나가는 방식을 이용해 직접 제작해보면서 모델링을 익힘. 특히, 재료가 플라스틱 필라멘트 어그제틱 재료의 특징인 충격완화 효과를 볼 순 없었지만 초경량으로 제조가 가능함을 증명함.

3학년 진로활동

진로탐색 과제연구로 물리에 관한 일상생활에 버려지는 열에너지 재활용 방안을 탐구함. 펠티어 소자를 이용하여 열에너지를 회수할 수 있는 방안에 대해 탐구하면서 교육용 펠티어 소자로 효율이 낮음을 알고 전문적인 소자가 필요함을 느낌.

독서

전기이야기(김석환)
야누스의 과학(김명진)
세계 시장을 주도할 크로스 테크놀로지100(닛케이 BP사)

부록

학과별 면접
기출문제

인성면접 이해하기

💬 인공지능 관련 학과

평가항목	1	2	3	4	5
머신러닝에 사용된 선형 회귀란 무엇인가요?					
드론조종 프로그래밍에 사용한 코드를 설명해보세요.					
문제해결 소프트웨어 경진대회와 알고리즘 소프트웨어 경진대회의 차이점은 무엇인가요?					
사물인터넷 개발자를 희망하는 이유와 활동을 소개해주세요.					
딥러닝과 머신러닝에 대해서 설명해주세요.					
데이터 시각화 수상경험에서 본인의 역할을 중심으로 설명해보세요.					
인공지능의 원리를 사용한 프로그래밍 경험을 소개해주세요.					
파이썬만 학생부에 활동이 있는데 다른 언어를 공부한 경험이 있나요?					
컴퓨터 언어 인식 주제로 발표한 탐구 내용이 무엇인가요?					
〈혼자 공부하는 파이썬〉을 읽은 계기는 무엇인가요?					
〈머신러닝 with 텐서플로〉 책을 읽고 느낀 점을 말해보세요.					
인공지능과 수학은 어떤 관련이 있나요?					
파이썬과 R언어 강의에서 배운 내용 중 하나를 소개해보세요.					
〈처음 배우는 인공지능〉을 읽고 얻은 2가지 결론은 무엇인가요?					
자율주행자동차의 사물 인식에 쓰이는 딥러닝의 원리를 설명해보세요.					
경사하강법을 사용하는 이유와 미분의 연관성은 무엇인가요?					

평가항목	1	2	3	4	5
온라인 강의 [파이썬으로 배우는 기계학습 입문]에서 가장 기억에 남는 내용을 하나 말해보세요.					
인공 뉴런의 동작 원리와 다층 신경망의 구조는 무엇인가요?					
〈컴퓨터 과학이 여는 세계〉를 읽고 깨달은 점을 말해보세요.					

••• SW·컴퓨터공학 관련 학과

평가항목	1	2	3	4	5
이 학과를 지원하기 위해 프로그래밍 언어를 배워본 적이 있나요?					
화이트해커가 되고 싶은 이유와 노력과정을 말해보세요.					
교내 정보올림피아드대회에서 어떤 준비를 했나요?					
랜섬웨어 데이터 암호화 활동을 소개해보세요.					
기계공학과 컴퓨터공학의 가장 큰 차이점은 뭐라고 생각하나요?					
AI인공지능이 발달하는 시대에 희망 전공을 어떻게 적용할 수 있을까요?					
리처드 스톨만의 업적에 대해서 설명해주세요.					
소프트웨어학과로 진로를 결정하게 된 계기와 이유는 무엇인가요?					
왜 소프트웨어 아키텍트가 되고 싶은가요?					
소프트웨어 개발, 컴퓨터 시스템의 분석·설계·운영, 프로젝트 관리 및 소프트웨어 품질관리 등 주요 영역으로 고려하고 있는 분야가 있다. 본인은 어떤 분야를 주로 하고 싶은지 이유와 함께 말해보세요.					
인공지능 소프트웨어 교육을 배우고 싶은 이유를 말해보세요.					
JAVA의 클래스와 인스턴트의 차이점은 무엇인가요?					
C언어와 JAVA의 차이점과 C언어 포인터는 언제 사용되나요?					
〈글로벌 소프트웨어를 만들다〉를 읽고 깨달은 점을 말해보세요.					
RSA 암호가 무엇인가요?					
정보보완전문가에게 필요한 역량은 무엇이며 지원자는 이러한 역량을 갖추었나요?.					
지원자가 알고 있는 데이터 사이언티스트가 무엇이며 왜 컴퓨터공학을 전공하고 싶은지 이유를 말해보세요.					

평가항목	1	2	3	4	5
아두이노를 어떻게 배웠으며 가장 기억에 남는 활동과 이유를 말해보세요.					
가상현실전문가가 되고 싶은 이유와 입학 후 학업계획을 무엇인가요?					

반도체공학 관련 학과

평가항목	1	2	3	4	5
〈쉽게 읽는 반도체 이야기〉를 읽고 느낀 점에 대해 말해보세요.					
반도체가 만들어지는 공정을 간략하게 설명해보세요.					
4차산업혁명시대에 반도체가 중요한 이유를 설명해보세요.					
태양전지의 원리를 설명해보세요.					
양자역학으로 어떻게 반도체의 원리를 설명할 수 있나요?					
일본의 화이트리스트 사건을 설명하고 우리나라 수출규제 상품은 무엇이 있는지 말해보세요.					
P형 반도체와 N형 반도체를 각각 설명해보세요.					
반도체 공정 중 식각공정에서 대한 설명과 문제점을 말해보세요.					
트렌지스터의 원리와 종류에 대한 관심이 많다고 했는데 이유를 말해보세요.					
반도체 센서에 대해 설명하고 예시를 하나 말해보세요.					
불확정성의 원리가 반도체 공정에 사용된다고 생각하나요?					
EUV 공정을 설명하고 유전 공정의 차이는 무엇인가요?					
반도체 국산화 탐구보고서의 내용을 소개해주세요.					
뉴로모픽반도체 개발의 필요성과 배경은 무엇인가요?					
반도체 마이너스 현상에 대해서 설명해보세요.					
EUV 이전의 공정방법을 설명할 수 있나요? 작은 소자는 어떻게 처리하나요?					
〈반도체전쟁〉을 읽은 이유와 배우고 느낀 점을 말해보세요.					
미래 반도체에 저전력 반도체 개발이 필수인 이유는 무엇인가요?					
미래 반도체 소재가 실리콘에서 그래핀으로 바꿔야 하는 이유를 설명해보세요.					

💬 전기전자공학 관련 학과

평가항목	1	2	3	4	5
물리 동아리에서 진행한 패러데이의 법칙을 설명하고 실생활에 쓰이는 예를 말해보세요.					
어떤 계기로 발전설비기술자를 꿈꾸게 되었나요?					
간이홀로그램을 만들었는데 그 과정과 본인의 역할을 중점으로 말해보세요.					
물리II 과목을 수강하지 않은 이유는 무엇인가요?					
공학 월간지 제작 활동을 소개하고 뉴럴 더스트 센서를 설명해보세요.					
왜 의료전자공학자 되고 싶은지 그 이유와 계기를 구체적으로 말해보세요.					
탈원전에 대한 본인 생각을 말해보세요.					
〈블록체인혁명〉을 읽고 배우고 느낀 점은 무엇인가요?					
타이어 트레드 패턴에 따른 논문 작성을 했는데 그 결과와 과정을 말해보세요.					
항복 전압이 무엇인가요?					
〈상대성 이론〉과 〈코스모스〉 읽었는데 간략하게 소개해보세요.					
양자역학이 무엇인가요?					
고급 수학을 수강했는데 편미분을 설명해보세요.					
전자피아노를 아두이노로 코딩하면서 어려웠던 점은 없었나요?					
오일러 공식은 어디에 사용되나요?					
전자공학에서 화학이 사용되는 예를 말해보세요.					
우주에서 작용 반작용의 법칙이 달라지는 이유를 설명해보세요.					
물리 과제연구에서 진행한 도로교통 연구 활동을 소개해보세요.					
광센서가 빛을 쏘면 다시 돌아오는데 이때 광센서가 무슨 역할을 하는지 생각해보았나요?					

📣 메카트로닉스 관련 학과

평가항목	1	2	3	4	5
기계공학이 아니라 메카트로닉스학과에 지원한 이유를 말해보세요.					
무동력 자동차가 무엇이며 원리를 설명해보세요.					
장애인 복지시설 봉사 경험을 하였는데 이 전공과 연관 지어 어떤 활동을 할 수 있을까요?					
라인트레이서는 무엇인가요?					
RC카를 가지고 물리의 가속도와 같은 법칙을 이해할 수 있나요?					
자동차에 관심이 많은 것 같은데 30년 뒤 자동차는 어떤 모습일까요?					
뉴턴 1, 2, 3 법칙을 설명해보세요.					
대학 전공 체험 수업에서 진행된 자율주행실습교육을 말해보세요.					
교류 유도 전동기에 대해서 얘기해보세요.					
MOSFET트렌지스터는 무엇이며 어떤 특징이 있는지 설명해보세요.					
불확정성의 원리를 어떻게 슈뢰딩거의 고양이로 이해했나요?					
오비탈에 대해 설명해보세요.					
이온풍 비행기 조사 경험이 있는데 자세히 설명해보세요..					
〈공학이 필요한 시간〉을 읽고 새롭게 배운 내용은 무엇인가요?					
적외선 센서를 활용한 호버크래프트 제작 과정을 설명해보세요.					
일함수는 무엇인가요?					
로봇팔을 만들 때 어떤 코팅 프로그램을 사용했나요?					
자율제어시스템이 무엇이며 어떤 활동에 사용했는지 말해보세요.					
잠자리 날개의 트러스트 구조를 이용해 글라이더의 날개를 제작한 이유를 말해보세요.					

심층면접 이해하기

💬 **제시문**

OO인공지능연구소 소장은 서울에서 개최된 한 포럼에서 국내 자동차-금융-정보통신(it) 등 다양한 산업 분야의 전문가들과 함께 한 자리에서 4차 산업혁명 시대의 윤리적 딜레마와 기술 발전 방향에 관한 흥미로운 화두를 다음과 같이 던졌다.

"도로 왼쪽에는 어린이가, 오른쪽에는 노인이 걸어가고 있을 때 자율주행자동차가 사고를 피할 수 없는 상황이라고 가정해 보지요. 인공지능(AI)은 어떤 선택을 해야 할까요? 결과도 중요하지만, 본질은 내린 결정에 대한 이유를 인공 지능 스스로 설명할 수 있어야 한다는 것입니다."

인공지능기술이 발달할수록 향후 이 기술을 활용하는 산업 분야는 다양해질 것이며 따라서 인공지능의 역할 또한 더욱 중요해질 것이다. 이에 인공지능 개발자인 당신은 '인공지능이 반드시 지켜야 할 원칙'에 대해 고민하여 '생명존중'을 최우선의 원칙으로 결정하였으며, 추가적으로 다음 여섯 가지 원칙에 대해 고려하고 있다.

(가) 공정성(차별과 편견이 없을 것)
(나) 공익성(사회에 혜택과 이익을 줄 것)
(다) 개인정보 보호(프라이버시를 존중할 것)
(라) 투명성(결정에 대한 설명이 가능할 것)
(마) 합법성(법과 규칙을 준수할 것)
(바) 인간적 가치 추구(인간의 존엄과 권리에 부합할 것)

Q 인공지능 개발자로서 (가)~(바) 중 우선적으로 고려해야 한다고 생각하는 원칙 세 가지와 우선순위를 결정하고, 그 이유를 설명해보세요.

💬 **제시문**

1907년 서울 종로 3가에 단성사가 세워졌을 당시 영화관은 주로 전통 연극을 공연하는 장소였다. 그런데 1990년대 이후 관람 수요가 급증하고 영화 시장이 개방되면서, 영화관은 다양한 영화를 상영할 뿐

만이 아니라 식사와 쇼핑 등을 즐길 수 있는 복합적인 공간인 멀티플렉스로 거듭나게 되었고, 어느덧 우리 삶 속의 문화 공간으로 자리 잡았다. 광진구에 있는 세종 영화관에서는 총 4개의 일반영화관(300석, 200석, 100석, 100석)과 커플들을 위한 특별 상영관(50석, 최대 25커플)이 있다. 이때, 고객의 만족도와 영화관의 이익을 모두 높일 수 있는 방안이 무엇인지 아래 조건을 이용하여 제시하고, 그 근거를 논리적으로 설명하시오.

1. 상영 영화의 다양성을 위해 각 장르별로 1편 이상의 영화를 상영해야 한다.
2. 한 영화는 최대 3개관에서만 동시상영이 가능하며, 한 상영관에서는 여러 영화가 상영 가능하나 상영시간이 같은 영화만 상영이 가능하다.
3. 상영관 운영시간은 10시부터 22시 30분까지이며, 각 상영관은 하루에 3회에서 5회까지 영화를 상영할 수 있다. 단, 대기 및 청소시간은 영화상영시간 내에 포함되었다고 가정한다.
4. 요금 : 일반상영관은 좌석당 10,000원, 특별상영관은 좌석당 30,000원 (커플요금 60,000원)
5. 고객의 만족도는 상영횟수, 예매율, 장르, (출/퇴근)시간 등 다양한 요소에 영향을 받을 수 있으므로, 적절하게 가정하여 문제를 풀 수 있다.
6. 그 외에 주어지지 않은 정보들은 상식적인 선에서 적절하게 가정하여 문제를 풀 수 있다.

[표1] 장르별 영화 상영시간 및 평균 좌석 예매율 정보

장르 구분	영화	상영시간	평균 좌석 예매율
로맨스	타이타닉	2시간 30분	80%
	건축학개론	2시간	60%
액션	어벤저스	3시간 30분	100%
	봉오동전투	2시간 30분	60%
	범죄도시	2시간	60%
코미디	극한직업	2시간 30분	80%
가족	알라딘	2시간	80%
지난 10일간 평균 일매출액			3,000만 원

나만의 학생부에서
면접문제 뽑아보기

자소서 기반 면접문제

학업역량

Q 고등학교에서 배운 교과목 중 가장 흥미 있었던 교과목과 공부하기 어려웠던 교과목은 무엇이었는지, 그 이유와 함께 설명해주세요.

Q 고등학교 생활을 하면서 애증의 과목이 수학이라고 하였는데, 그 과목을 위해 한 노력과 느낀 점은 무엇인지 설명해주세요.

Q 교과 외 활동 중 가장 의미를 부여하고 수행한 활동은 무엇이며, 그렇게 의미를 부여한 이유를 설명해주세요.

전공적합성

Q 고급물리를 선택해서 수업을 듣고 느끼고 배운 점을 설명해주세요.

Q 공동교육과정으로 과학과제탐구(또는 프로그래밍 등)를 선택하여 수업을 수강한 이유에 대해 설명해주세요.

Q SW개발동아리에서 본인의 역할과 가장 기억에 남는 활동을 소개해주세요.

발전가능성

Q 진로를 결정하는 데 큰 영향을 준 책(또는 롤모델)이 있다면 설명해주세요.

Q 자신의 진로에 관심을 가지고 수행한 활동은 무엇이며, 경험하고 난 후 자신에게 생긴 변화에 대해 자세히 설명해주세요.

Q 탐구활동을 수행한 후, 어떤 점이 성장했다고 생각하는지 설명해주세요.

인성

Q 공감능력이 필요한 이유에 대해 설명해주세요.

Q 연구원으로서 가장 필요한 소양(또는 직무윤리)은 무엇이라고 생각하는지 설명해주세요.

Q 학급임원으로서 가장 필요하다고 생각하는 덕목은 무엇인지 설명해주세요.

Q 자신이 수행한 활동으로 가장 보람이 있었다고 생각하는 대표적인 사례를 설명해주세요.

💬 학업에 기울인 노력과 학습경험

Q 인공지능연구원으로서 어떤 자질이 필요한지 설명해주세요.

Q 반도체 공정입문–반도체 제도 강의를 수강해서 새롭게 알게 된 점을 설명해보세요.

Q 로봇의 부드러운 움직임이 미분과 어떤 관련성이 있는지 설명하세요.

Q 무선 충전의 종류와 송신 과정에서 영향을 미치는 전기적 요인을 설명하세요.

공통문항	학생부 기록사례	소재 확장 및 연계
학습경험		
학습경험		

💬 **지원학과와 관련된 의미 있는 교내 활동**

Q 고체물리학과 반도체 탐구 활동 중 소자 처리방법인 게터링, 웨이퍼클리닝, 클린룸을 각각 설명해보세요.

Q 동아리 시간에 제작한 라인트레이싱 로봇으로 어떻게 장애물을 감지하려고 했는가?

Q 척추측만증을 예방할 수 있는 기구 제작에 사용된 3D모델링 프로그램을 어떻게 사용했는지 설명해보세요.

Q 랜섬웨어의 감염경로와 특성을 조사하기 위해 읽은 "The Deep Web: Surfacing Hidden Value"를 설명해주세요.

학생부 기반 면접문제

공통문항	관련 질문	예상 문항
진로 동기	• ○○이 무엇을 하는 직업인가요? 그 직업에 대해 알게 된 경로는? • 3년 동안 꿈이 ○○인데, 그 꿈을 가지게 된 계기는 무엇인가요? • ○○이라는 직업인의 자질은 무엇이 있는가? • 지원자가 꿈꾸는 직업에서 존경하는 사람은 누구인가?	
	• 수학창의력경진대회에서 수상할 수 있었던 이유는? • 반장으로 활동하며 친구들과의 갈등, 힘들었던 점을 극복했던 경험은? • 반장이 된 이유가 무엇인가? • 의미 있게 한 학교활동에 대해 말해 주세요.	
창의적 체험활동	• 동아리에서 ○○에 관해 연구했네요. 기억나는 이론이 있나요? • 동아리 기장으로 활동했는데, 어떻게 뽑혔나요? • 동아리를 창설했는데, 그 과정에서 어려웠던 점은 무엇인가요? • 동아리에서 실험을 했는데, 어떤 과정으로 실험했나요? • 컴퓨터공학동아리에서 딥페이크 기술의 올바른 활용 방법에 대한 토의과정을 설명해보세요. • 시스템반도체 주제로 연구 활동을 하였는데 주제선정 이유와 준비하면서 배운 점은 무엇인가요?	
	• 자신의 진로를 바탕으로 한 발표대회에 나갔다고 했는데, 무슨 내용으로 발표를 하였나요? • 지원학과에 관심을 갖게 된 계기(책, 사람, 기사 등)가 있다면, 소개해볼까요? • 지원학과에 입학하기 위해 준비한 가장 대표적인 노력이 있다면, 하나만 소개해볼까요?	

공통문항	관련 질문	예상 문항
교과 세특	• 기하와 벡터 실생활의 예를 하나만 들어보 세요. • 2학년 미적분I 세특 내용에 모둠대표로 논 리적인 수학적 기호를 자신만의 언어로 수학 화하여 친구들에게 설명하였다고 하는데, 설 명한 내용 중 기억나는 수학적 기호를 설명해 주세요.	
	• 물리과목에서 어느 파트가 흥미 있었나요? • 실험을 좋아한다 했는데 물리실험과목의 성 적이 낮은데, 이유는 무엇인가요? • 과제연구 과목에서 탐구활동에서 맡은 역할 과 실험 과정에 대해 설명해주세요. • 물리II를 이수하지 않았는데, 전기전자공학과 진학을 위해 정규교과 이외에 어떤 노력을 기 울였는지요?	
	• 과제연구 과목에서 탐구활동에서 맡은 역할 과 실험 과정에 대해 설명해주세요. • ○○탐구보고서를 작성했는데, 이 보고서의 내용과 결론을 간단하게 설명해주세요. • 본인의 과제탐구 활동의 구군별 불평등 상황 을 장하준 교수의 〈나쁜 사마리아인들〉과 연 결시켜 설명할 수 있나요?	
독서	• ○○의 저자는 무엇을 알려주려고 책을 썼다 고 생각하는가? • 3년 동안 읽었던 책 중 가장 인상 깊었던 책 은 무엇인가? • ○○학과 지원 시 가장 영향을 준 책을 소개 해주세요. • 전공과 관련된 책 중에서 가장 기억나는 책이 있다면? • 독서활동에서 〈반도체 제국의 미래〉를 읽었 는데 내용과 느낀 점에 대해서 설명해주세요. • 〈공학이란 무엇인가〉을 읽고 알게 된 점을 소 개해주세요.	

국가 AI 전략사업
이해하기

글로벌 AI 강국을 위한 비전

국민들의 높은 교육 수준과 최신 기술 수용성, 세계 최고의 ICT 인프라, 반도체 및 제조기술 등의 강점을 극대화할 수 있는 전략을 수립하여 중점 양성하여 인공지능 강국으로 전략을 세우고 있다.

출처 : 인공지능 국가전략 발표_과학기술정보통신부

'IT 강국을 넘어 AI 강국으로'를 비전으로, 2030년까지 디지털 경쟁력 세계 3위, AI를 통한 지능화 경제효과 최대 455조 원 창출, 삶의 질 세계 10위를 위해, 3대 분야의 9대 전략과 100대 실행과제를 마련한다.

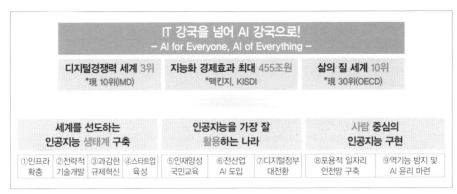

출처 : 인공지능 국가전략 발표_과학기술정보통신부

인공지능 인재 양성

💬 AI 관련학과 신·증설 및 교수의 기업 겸직을 허용한다.

대학	학과	장학금/특징
가천대	인공지능학과	대기업 취업률 26%, 산업체 고용트랙 운영
가톨릭대	인공지능학과	의료인공지능, 정밀의학, 헬스케어, 스마트메디신 특화
건양대	의료인공지능학과	네이버클라우드 협업
경기대(수원)	인공지능전공	360만 원/년 지원
동덕여대	HCI사이언스전공 빅데이터인공지능트랙	
동명대	AI융합대학	마이크로소프트 온라인 교육
상명대(서울)	휴먼지능정보공학전공	1인 2개의 회사 Fellowship 프로그램 중심의 실무교육
서울과학기술대	인공지능응용학과	대학원 진학 시 9학기까지 전액 장학금
서울시립대	인공지능학과	
성균관대	첨단융합학부	4년 장학금

성신여대	AI융합학부	산학연계 프로젝트 및 현장 실습
세종대	인공지능학과	
숭실대	AI융합학부	국제IT연수, LG전자 인턴십
울산대	인공지능학과	AI기업형, AI창업형, AI연구형
인하대	인공지능공학과	수시 50%, 정시 100% 등록금 전액지원
전남대	인공지능학부	
전주대	인공지능학과	국내 IT기업과 산학협력 체결을 통한 인턴십 프로그램
조선대	인공지능공학과	
중앙대	AI학과	최초 합격자 2년 장학금
한국외대	융합인재학부	
한양대	심리뇌과학과	
한양대(에리카)	인공지능학과	

💬 **최고 수준의 AI 인재를 양성할 AI대학원 프로그램 확대하고 다양화한다.**

대학	장학금		
	석사	박사	석박사
KAIST	등록금 전액 지원		
	70만 원/월(2년간)	100만 원/월(4년간)	
성균관대	등록금 50%		
고려대	–	250만 원/월	4학기 180만 원/월 이후 250만 원/월
포항공대	180만 원/월	250만 원/월	
한양대	–	2년간 등록금 전액	3년간 등록금 전액
연세대			
UNIST	등록금 전액 지원		
	80만 원/월	110만 원/월	

GIST	등록금 168만 원 지원	등록금 354만 원 지원	등록금 전액 지원
	47만8천 원/월		

💬 미래 사회 필수역량인 SW·AI를 어릴 때부터 쉽고 재미있게 배울 수 있도록, 초중등 교육시간 등 필수교육 확대한다.

💬 교원의 양성·임용과정부터 SW·AI 과목 이수하도록 자격 기준을 개정하고 취득할 수 있도록 지원한다.

💬 일반 국민을 위한 온·오프라인 AI 평생교육 기회를 확대한다. 특히, 학점은행제(AI과정 포함), K-MOOC 등 온라인 플랫폼을 활용하여 교육의 기회를 제공한다.

분야별 AI 도입·활용 과제

대학	장학금/특징
제조	• AI 기반 스마트공장 보급('30년, 2,000개), 업종별 산업 데이터 플랫폼 구축·확산
중소기업	• 소상공인용 데이터 분석·활용 플랫폼 구축('21년)
바이오·의료	• 신약개발플랫폼 구축('21년), 의료데이터 중심병원 지원('20년, 5개), AI 의료기기 임상검증 표본데이터·심사체계 구축('21년)
도시·물류	• 스마트시티 데이터 허브 구축('20년~), 자율주행 대중교통 기술 개발('21년~)
농수산	• 스마트팜('22년) 및 스마트양식 테스트베드('22년) 조성
문화콘텐츠	• 지능형 캐릭터 제작엔진 개발('21년)
국방	• 국방 데이터 활용 지능형플랫폼 및 지휘체계 지원기능 개발('20년~)

코딩 관련 대회 및
공부법 안내

알고리즘 경시대회 및 도서 안내

💬 알고리즘 대회 안내 및 준비방법

구분	대회명	비고
국가	한국정보올림피아드(KOI)	초, 중, 고등부
	국제정보올림피아드(IOI)	KOI수상자 중
	ICT어워드코리아	개인 및 단체
대학교	국민대학교 알고리즘 대회	고등학교 재학생 및 졸업생
	한양대학교 컴퓨터과학경시대회	초·중·고등부 별도 시행
	이화여대/한국화웨이 전국 여고생 프로그래밍 경진대회	학교장 추천을 받은 여고생
	부산 코딩경진대회(부산대, 동명대 주관)	고등부, 대학부 별도 시행
기업체	넥슨코딩대회(NYPC)	12~19세 학생
	Google CodeJam	참가자 제한 없음. 4~8월
	Facebook HackerCup	참가자 제한 없음. 6~8월

- 대학에서 주최하는 대회에서 수상하면 해당 대학의 입시(특별전형 등)에서 혜택을 받을 수도 있습니다. 자세한 사항은 대학의 입시요강 및 해당 대회 요강을 참조 바랍니다.
- 컴퓨터를 이용해서 수학적인 문제를 해결하는 알고리즘을 작성하는 경시대회

246

가 주를 이루고 있기에 충분한 수학적 사고력, 문제해결력이 뒷받침되어야 좋은 결과를 얻을 수 있습니다. 따라서 수학에 소질이 있는 학생들이 준비하여 참가하면 유리합니다. 특히, 정보올림피아드와 같은 일부 대회에서는 알고리즘과 관련된 창의수학 시험을 따로 보는 경우도 있습니다.

• 대부분의 과학고, 영재고와 일부 자사고의 경우 알고리즘 문제 풀이와 관련된 내용을 '정보', '정보과학' 과목 커리큘럼에 포함해서 수업이 진행되기도 합니다.

• C, C++ 프로그래밍 언어의 문법에 대한 전반적인 이해가 필요하고, 이를 응용하여 실제 알고리즘을 구상하고 코딩하는 방법을 공부해야 합니다. Java, Python 등도 가능하나, 알고리즘 대회에 가장 적합한 언어는 C, C++입니다. 다양한 문제를 접하고 채점해 볼 수 있는 온라인 저지(online judge) 사이트에서 많은 문제를 실제로 풀어보는 연습이 중요합니다.

💬 기초 C, C++ 문법 추천 도서

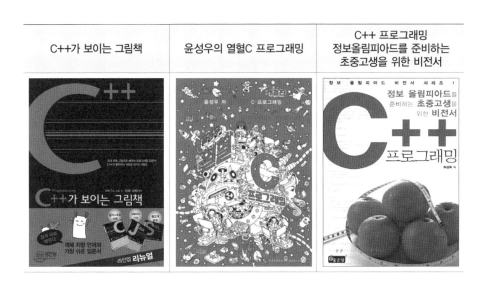

| C++가 보이는 그림책 | 윤성우의 열혈C 프로그래밍 | C++ 프로그래밍
정보올림피아드를 준비하는
초중고생을 위한 비전서 |

- 설명도 재밌고 친절하게 되어 있어서 재밌게 읽힙니다. 예제 코드를 따라하면서 기본 문법을 익힐 수 있습니다. 하나하나 세세하게 익힐 필요는 없고, 책한 권을 골라서 입출력문, If문, for&while문, 재귀함수, 구조체 정도를 우선 공부하면 좋을 것 같습니다.
- 기초 문법에 어느 정도 익숙해졌다면 온라인 저지 사이트에서 문제풀이를 시작하면 됩니다.

💬 온라인 저지 사이트

- 백준 온라인저지(acmicpc.net) : 가장 활성화되어 있는 사이트이자 알고리즘 대회 준비하는 사람이라면 자주 방문해야 하는 사이트입니다. 난이도별로 기초문제부터 쉬운 문제, 어려운 문제, 각종 대회 기출문제, 해외문제 등 매우 다양한 문제가 수록되어 있습니다. 활동하는 사람도 많아서 Q&A도 활발하게 진행되고 있으며, 인터넷 블로그나 커뮤니티에서도 문제들에 대한 토론이 활발하게 진행되고 있습니다. 단계별 학습체계나 문제의 유형별 분류도 잘 되어있다는 것도 큰 장점입니다. 쉬운 문제들로 시작해서 알고리즘 문제형식에 익숙해지는 연습을 먼저 하고, 준비하고자 하는 대회의 기출문제 위주로 공부하면 좋을 결과를 얻을 수 있습니다. (참고로 이곳에서 제공하는 알고리즘 유료 강의도 내용이 좋습니다)
- 알고스팟(algospot.com) : 역시 아주 다양한 문제들이 수록되어 있고, 가장 큰 장점은 '프로그래밍 대회에서 배우는 알고리즘 문제 해결 전략 1,2(구종만)'에 수록된 문제들이 이곳에서 채점 가능하다는 것입니다. 이 책과 함께 공부할 계획이라면 이 사이트를 추천합니다.
- 더블릿(dovelet.com) : 가장 좋은 점은 오답을 제출했을 경우 어떠한 데이터에

서 오답을 냈는지 구체적으로 알려주기 때문에 입문자 입장에서 헤매는 시간을 가장 줄일 수 있다는 것입니다. (실제 대회에서는 어떤 데이터에서 오답을 냈는지 알려주지 않기 때문에 이러한 도움을 받지 않고 틀린 점을 스스로 찾아 고치는 연습도 대회 준비에 있어서 중요합니다) 또 사이트 곳곳에 필요한 지식들을 설명하는 문서들이 함께 있다는 것도 큰 장점입니다. 가장 큰 단점은 다른 사이트와는 달리 부분적으로 유료라는 것입니다.

- 구름Level(https://level.goorm.io/) : 가장 좋은 점은 별도의 C언어 프로그램 설치 없이 온라인에서 직접 코딩과 채점이 가능하다는 것입니다. 유형별/대회별 분류도 잘 되어 있고 자신이 문제를 출제해서 등록해 볼 수도 있는 사이트입니다.

💬 상위권 입상을 위한 추천 도서

추천도서	추천내용
	정보 올림피아드를 준비하는 초중고생을 위한 알고리즘1/알고리즘2/다이나믹 프로그래밍 (하성욱) 대회에 자주 출제되는 중요한 문제 위주로 수록되어 있어서 분량이 많지 않습니다. 빠른 시간 내 대회 준비를 해야 한다면 추천합니다.
	프로그램 대회에서 배우는 알고리즘 문제 해결 전략 1,2 (구종만) 저자의 이름을 따서 흔히 '종만북'이라고 불리는 책으로 현재 알고리즘 대회의 바이블과 같은 책입니다. 알고리즘 대회에 필요한 지식들을 꼼꼼하고 자세하게 설명해주고 질 좋은 문제들에 응용하는 연습을 할 수 있습니다. 알고리즘 대회 준비에 많은 시간을 투자할 수 있다면 이 책을 한 번 정독하는 것을 강력 추천합니다.

알고리즘 트레이닝 : 자료구조, 알고리즘 문제 해결 핵심 노하우 (스티븐 할림, 펠릭스 할림)

종만북과 함께 알고리즘 대회의 바이블과 같은 책입니다. 프로그래밍 대회의 오랜 경력자인 저자의 많은 경험이 잘 녹아들어 있는 설명이 돋보입니다.

프로그래밍 콘테스트 챌린징 (타쿠야 아키바, 요이치 이와타, 마스토시 키타가와)

좋은 문제들이 엄선되어 수록되어 있는 문제집입니다. 자세한 설명이 생략되어 있는 부분이 많아 초급자에게는 추천하지 않습니다. 종만북이나 알고리즘 트레이닝을 충분히 읽고 나서 추가적인 공부를 하고 싶다면 추천합니다.

- 시간이 많이 없다면 책으로 대비하는 것보다는 온라인 저지 사이트에서 난이도가 낮은 기출문제를 먼저 풀어보면서 유형을 익히는 것을 추천합니다.
- 책을 읽고 이해하는 것도 중요하지만, 이를 실제 문제를 풀어보면서 코딩으로 적용해 봐야 대회 당일에도 구현해 낼 수 있습니다.

💬 글로벌 프로그래밍 대회 사이트

- codeforces.com : 강력 추천합니다. 전 세계의 알고리즘 코더들이 모여서 대회를 열고 참가하는 경쟁의 장소이자, 지식의 공유가 활발히 일어나는 가장 유명한 프로그래밍 대회 사이트입니다. 프로그래밍 대회 경력자들 사이에서 이 사이트의 닉네임과 레이팅(랭킹)으로 자신을 소개할 정도입니다. 실제 대회 형식으로 세팅된 문제를 제한시간 내에 푸는 연습을 할 수 있어 실전 감각을 익히는 데 좋습니다.

- 다른 유명한 알고리즘 대회 사이트로 탑코더(TopCoder), 코드셰프(CodeChef)가 있습니다. 한국어로 된 사이트들도 요즘 많이 생겨나고 있지만 꾸준하게 대회를 개최하는 활성화된 곳은 아직 많이 없는 상황입니다.

소프트웨어 개발방법 및 공모전 안내

💬 소프트웨어 공모전

- 학생이 참가할 수 있는 공모전 중에서는 한국코드페어가 가장 대표적입니다.
- 대학교, 각종 기관, 기업에서 주최하는 것까지 포함하면 셀 수 없이 많습니다. 매년 많은 대회가 신설되기도, 사라지기도 하니 주기적으로 관심을 가지고 찾아보는 것이 좋습니다.
- 컨테스트코리아(https://www.contestkorea.com/)의 IT&창의 페이지에 접속하면 현재 예정된 대회와 열리고 있는 대회에 대해 자세히 파악할 수 있습니다.

💬 소프트웨어 개발 시 유의사항

- 프로그래밍 언어의 전반적인 내용에 대해 깊이 있는 이해보다는, 본인이 개발하고자 하는 프로그램 제작 시에 필요한 내용들만 참고 서적에서 그때 그때 찾아서 학습하는 방법을 추천합니다. 프로그래밍 언어의 기능은 너무 많고, 프로그램 하나를 제작하는 데에는 생각보다 많은 개념이 필요하지 않기 때문입니다. 기초부터 꼼꼼히 쌓으려고 하면 시간 낭비할 위험이 크고, 자신이 개발하려고 하는 프로그램의 방향과 전혀 맞지 않은 학습을 할 위험이 큽

니다. 프로그래밍 언어 자체에 대한 충분한 학습은 관련 학과를 진학한 후에 해도 늦지 않습니다.

- 프로그램의 성격에 따라 어떠한 개발 툴로 개발할 것인지를 잘 선택하는 것이 중요합니다. C/C++, C#, Java, Python 등이 대표적인 개발 툴이고, PHP(웹 프로그래밍), tensorflow(인공지능 프로그래밍), Unity(3D 프로그래밍/가상현실), Unreal(3D 프로그래밍/가상현실), MATLAB(수학), R(통계분석)도 이용됩니다. 하드웨어 프로그래밍을 위해 아두이노를 함께 사용하기도 합니다. 이를 제외하고도 프로그래밍 언어나 개발 툴은 그 목적에 따라 아주 다양하게 활용됩니다.

- 개인적으로 많은 컴퓨터 서적이 있는 큰 서점에 가서 다양한 프로그래밍 언어/개발 툴의 입문서를 직접 보면서 어떤 언어가 적합할지 골라보는 것도 좋은 방법이라고 생각합니다.

- 간단한 프로그램의 경우 텍스트로 코딩을 하지 않아도 쉽게 소프트웨어를 만들 수 있는 프로그램 언어들이 존재하기도 합니다. 예를 들어 앱 인벤터, 스크래치 등이 있습니다. 하지만 아주 간단한 프로그램을 개발하려는 것이 아니라면 오히려 추천하지 않는데, 복잡한 프로그래밍일수록 텍스트 코딩이 훨씬 쉽고 직관적이어서 훨씬 유리하기 때문입니다.

💬 추천 사이트

- 인프런(www.inflearn.com) : 실용적이고 아주 다양한 분야의 지식을 인터넷 강의 형식으로 습득할 수 있습니다. 무료 강의도 많고, 유료라고 해도 가격이 매우 합리적인 편입니다. 실제 코딩 현장에서 종사하는 분들이나 해당 분야 전문가들이 자발적으로 나서서 만든 강의가 많아 강의내용도 아주 유익하고

실용적입니다.

- 구름EDU(https://edu.goorm.io/) : 인프런과 비슷한 사이트로 역시 실용적이고 다양한 분야의 지식을 인터넷 강의 형식으로 알려줍니다.
- 구름IDE(ide.goorm.io) : 코딩을 하려고 하면 컴퓨터 사양이 안 맞거나, 프로그래밍 언어 설치가 어려워 어려움을 겪을 때가 많습니다. 구름에서는 불편하고 복잡한 준비과정 없이 개발을 시작할 수 있는 클라우드 통합 온라인 개발 환경 IDE를 제공합니다.

인공지능 학습법 및 도서 안내

💬 인공지능 학습 시 필요한 선행조건

- 인공지능은 다양한 수학(미적분학, 선형대수학, 통계학 등)과 컴퓨터공학 이론이 접목되어 만들어진 최신 학문 분야입니다. 일반적인 고등학교 수학 지식만으로 학생 수준에서 완벽하게 이해하는 것이 어려울 수 있습니다.
- 우선 용어를 명확하게 이해하는 것이 중요합니다. 머신러닝, 딥러닝, 강화학습, 비지도/지도학습, 신경망 등의 개념들이 무엇인지(정의), 이를 이용해 어떤 문제를 해결할 수 있는지(적용범위) 파악하는 것이 중요합니다. 이러한 개념이 탄생하게 된 역사적 배경, 간단한 수학적 원리와 배경지식에 대한 전반적인 학습으로 '큰 그림'을 그려야 합니다. 이후 인공지능을 프로그래밍 언어로 구현해 보는 것이 좋습니다.
- 면접을 준비한다면 사회적으로 이슈가 되었던 사건들을 이해하는 것이 중요합니다. 알파고, 왓슨, 자율주행차 등에 대해서 먼저 학습하는 것을 추천합

니다. 인공지능은 지금 이 순간에도 발전을 거듭하고 있는 최신 분야라서 필요하다면 관련된 논문도 찾아서 읽어볼 것을 추천합니다.

• 인공지능은 보통 python, R로 코딩을 하는데, 이들을 따로 배우는 것보다는 인공지능 개념을 배우면서 함께 배우는 예제 코드 위주를 학습하면서 실력을 키워나가는 것을 추천합니다.

💬 추천 도서

추천도서	추천내용
	모두의 딥러닝(조태호) 인공지능 분야 중 딥러닝에 관해 설명한 책인데, 인공지능과 관련 수학에 대해 깊이 알지 못해도 재밌게 읽을 수 있습니다. 쉬운 개념 설명과 다양하고 적절한 예시들을 직접 실습할 수 있게 책이 구성되어 있어서 '딥러닝으로 실제 무엇을 할 수 있는지'에 대해 쉽게 감을 잡을 수 있습니다. 이 책에 나오는 개념이나 용어들만 잘 익혀도 학생 수준에서 딥러닝 전문가가 될 수 있을 것입니다.
바닥부터 배우는 강화학습	바닥부터 배우는 강화학습(노승은) 인공지능 분야 중 강화학습에 관한 전반적인 내용을 쉽게 설명한 책으로, 역시 배경지식이 부족하더라도 쉽게 읽을 수 있습니다. 개념 설명부터 적용까지 논리적이면서도 간명한 설명이 돋보이는 책이고, 알파고 등 강화학습이 실제로 적용된 사례에 대한 분석도 담고 있기 때문에 관련 학과 면접을 준비할 때에도 유용할 것입니다.

추천 강의

추천 강의	추천내용
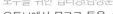https://c11.kr/jta2	모두를 위한 딥러닝(김성훈) 유튜브에서 무료로 들을 수 있는데, 무료 강의답지 않게 내용이 쉽고 재밌으면서도 알찬 내용으로 구성되어 있습니다. 특히 딥러닝에 입문하는 사람에게 가장 먼저 추천하는 강의입니다. 이론 설명과 실습으로 구성된 강좌를 하나씩 듣고 따라하다 보면 어느새 딥러닝에 대해 많은 것을 이해하고 있는 자신을 발견할 수 있습니다.
https://c11.kr/jtad https://c11.kr/jta6	RL course by David Silver(Deepmind) 알파고로 유명한 딥마인드의 David Silver가 진행하는 강화학습 강의로 영어를 할 수 있다면 강력 추천하는 강의입니다. 강화학습(reinforcement learning)에 대해 많은 사람들이 찾아 듣는 강의다. 영어가 어렵다면? 한국인들이 이 강의 내용을 바탕으로 진행한 스터디 영상을 참고하는 것도 좋습니다.

추천 사이트

• 캐글(https://www.kaggle.com/) : 인공지능 분야에서 가장 크고 활발한 사이트입니다. 각종 인공지능 대회들이 진행됩니다. 이러한 대회에 직접 참여해보는 것이 가장 좋겠지만 지식이나 시간이 부족하더라도 가끔 방문해볼 것을 추천합니다. '인공지능으로 이런 것도 할 수 있구나!', '인공지능은 이런 분야들이 존재하구나!'와 같이 많은 상식을 얻을 수 있습니다. 인공지능 연구에 필요한 데이터셋을 얻을 수도 있고, '인공지능의 모든 것'이 모여 있는 사이트라고 생각하면 좋습니다. 단점이라면 한국어 커뮤니티는 따로 활성화되어 있지 않아 영어로만 지원된다는 것입니다.

💬 추천 논문

- 인공지능 분야는 지금 이 순간에도 끊임없이 발전하고 있으므로 흥미로운 논문이 계속해서 나오고 있으니 논문 검색 사이트에서 본인의 관심 분야에 관한 논문을 골라 읽어 보는 것을 추천합니다.
- 가장 유명한 논문은 네이처지에 실린 딥마인드의 알파고 논문과 알파스타 논문입니다.
- "Mastering the game of go without human knowledge." nature 550.7676 (2017): 354-359. (https://www.nature.com/articles/nature24270)
- Vinyals, Oriol, et al. "Grandmaster level in StarCraft II using multi-agent reinforcement learning." Nature 575.7782 (2019): 350-354. (https://www.nature.com/articles/s41586-019-1724-z)

🌸 면접 전날 정리할 사항 🌸

- 통학방법 : 지원대학까지 통학 방법 및 소요시간 등을 대략 알아 둘 것
- 가치관 형성에 도움을 준 독서(책제목, 저자, 독후감)
- 학과를 결정하는 데 도움을 준 독서(책제목, 저자, 독후감)
- 특기, 자격증에 대하여
- 생활신조, 좌우명
- 존경하는 인물 또는 롤모델
- 최근의 관심사에 대해서 정치, 경제, 사회문제(최근 10대 뉴스 정리)
- 오늘자 신문 중 전공과 관련된 이슈 정리
- 지역과 고등학교 생활 소개
- 고등학교 시절 가장 기억에 남는 추억
- 잘하는 교과목, 부진한 과목
- 지망 대학에 대해서
  - 교육이념, 건학정신, 교육방침,
  - 지원 동기(이 학과를 선택한 이유는 무엇인가?)
  - 이 대학에서 무엇을 하고 싶은가?(학업계획)
  - 졸업 후 진로에 대해서(희망, 포부)(진로계획)
